国家级一流本科专业建设点教学成果

高等学校会计学与财务管理专业系列教材

ZHONGJI CAIWU KUAIJI

XITI YU ANLI

中级财务会计习题与案例

主 编 王 艳

副主编 叶 斌 刘 飞

中国教育出版传媒集团

高等教育出版社·北京

内容提要

本书是高等学校会计学与财务管理专业系列教材之一。

全书共十四章,分别是总论,货币资金,存货,金融资产,长期股权投资,固定资产,无形资产,投资性房地产,资产减值,负债,所有者权益,收入、费用与利润,财务报表,会计政策、会计估计变更与差错更正。

本书作为《中级财务会计》配套教材,提供了丰富的练习题和案例,有助于读者巩固所学知识。本书既可作为高等学校会计学与财务管理专业相关课程教材,也可作为社会人士自学用书。

图书在版编目(CIP)数据

中级财务会计习题与案例 / 王艳主编. -- 北京 ：高等教育出版社，2024. 8. -- ISBN 978-7-04-062416-8

Ⅰ. F234.4-44

中国国家版本馆 CIP 数据核字第 20245EY742 号

策划编辑	张正阳	**责任编辑**	张正阳	**封面设计**	张文豪	**责任印制** 高忠富

出版发行	高等教育出版社	网　　址	http://www.hep.edu.cn
社　　址	北京市西城区德外大街 4 号		http://www.hep.com.cn
邮政编码	100120	网上订购	http://www.hepmall.com.cn
印　　刷	上海华教印务有限公司		http://www.hepmall.com
开　　本	787 mm×1092 mm　1/16		http://www.hepmall.cn
印　　张	12.75		
字　　数	267 千字	版　　次	2024 年 8 月第 1 版
购书热线	010 - 58581118	印　　次	2024 年 8 月第 1 次印刷
咨询电话	400 - 810 - 0598	定　　价	29.00 元

本书如有缺页、倒页、脱页等质量问题,请到所购图书销售部门联系调换

版权所有　侵权必究

物　料　号　62416-00

教师教学资源服务指南

关注微信公众号"**高教财经教学研究**",可浏览云书展了解最新经管教材信息、下载教学资源、申请教师样书、下载试卷、观看师资培训课程和直播录像等。

◎ 下载教学资源

电脑端进入公众号点击导航栏中的"教学服务",点击子菜单中的"资源下载",或浏览器输入网址链接http://101.35.126.6/,注册登录后可搜索相应资源并下载。

◎ 申请教师样书

点击导航栏中的"教学服务",点击子菜单中的"云书展",了解最新教材信息及申请样书。

◎ 下载试卷

高教财经教学研究公众号目前提供基础会计学、中级财务会计、财务管理、管理会计、审计学、税法、税收筹划、税务会计课程试卷下载。点击导航栏中的"教学服务",点击子菜单中的"免费试卷",下载试卷。

◎ 观看教师培训课程

高教财经教学研究公众号上线了名师谈"中级财务会计教学""高级财务会计教学""财务报表分析教学""管理会计教学""审计学教学",以及"智能投资在线课程""Python量化投资在线课程"等课程。点击导航栏中的"教师培训",点击子菜单中的"培训课程"即可观看教师培训课程和"名师谈教学与科研直播讲堂"的录像。

◎ 联系我们

联系电话:(021)56718921　　　　高教社本科会计教师论坛QQ群:116280562

前　言

　　社会的发展,有赖于文明的推动;人类的进步,需要文化的哺育;财务会计的发展进步,离不开会计之"道德"的督促。只有"道"可以回答诸如:"什么是会计的本质?会计通过怎样的职能和方式服务经济和社会? 什么样的会计人才是我们所需要的?"等问题。特别是近些年企业违反商业道德的行为频发,引起了社会的广泛关注。怎样能够培养出合格的社会主义市场经济所需要的会计人才,如何能在新时代会计教育中体现中国智慧和道德,是目前亟需解决的问题。

　　本教材依据《企业会计准则》及其指南,对相关会计科目和账务处理进行系统梳理,以受托责任观为主线,主要介绍了财务会计的基本理论,以及财务会计信息的确认、计量、记录和报告方法,包括货币资金、存货、金融资产、长期股权投资、固定资产、无形资产、投资性房地产、资产减值、负债、所有者权益、收入、费用与利润、财务报表、资产负债表日后事项、会计政策、会计估计变更和差错更正等内容。

　　本教材是《中级财务会计》(王艳主编,高等教育出版社,2023)的配套习题与案例集。教材中内容包括学习目标、练习题(判断题、单项选择题、多项选择题、计算分析题)和案例分析等。本习题与案例集的目的是让学生通过练习,能全面深入掌握课本的知识和方法,此外,案例分析能使学生将具体理论和实际相结合,为以后实习和参加工作奠定基础。

　　教材后配有相关练习和案例的参考答案,便于学生进行核对。本教材可作为高等院校会计等相关专业学生和参加各类会计考试人员的学习参考书。

　　本教材由广东外语外贸大学王艳担任主编,广东外语外贸大学叶斌、广州工商学院刘飞担任副主编,研究生胡心琳、邓向科、何钰良、刘露溢参与编写。

　　由于编者水平有限,教材中难免存在疏漏和不足之处,敬请读者指正。

编　者

2024 年 6 月

目　录

第一章　总　　论

学习目标

1. 掌握财务会计的概念与特征；
2. 理解会计基本假设与质量标准的要点；
3. 掌握六大会计核算基本要求与会计计量属性的内容；
4. 了解我国会计法规体系。

练习题

(一) 判断题

1. 区分收入和利得、费用和损失，区分流动资产和非流动资产、流动负债和非流动负债以及适度引入公允价值等，都体现了会计信息质量要求的可靠性。　（　　）

2. 企业提供的会计信息应当清晰明了，便于财务报告使用者理解和使用体现的是会计信息质量要求的可理解性。　（　　）

3. 会计信息质量的可比性要求同一企业不同时期发生的相同或者相似的交易或者事项，应当采用一致的会计政策，不得变更。　（　　）

4. 生产中不再需要，并且已无使用价值和转让价值的存货，属于企业的资产。　（　　）

5. 利得是指由企业非日常活动所形成的、会导致所有者权益增加的、与所有者投入资本无关的经济利益的净流入，具体包括直接计入所有者权益的利得和直接计入当期损益的利得。　（　　）

6. 企业对会计要素进行计量时，只能采用历史成本计量。　（　　）

(二) 单项选择题

1. 下列关于会计目标的说法中，正确的是（　　）。

A. 会计目标是将财务报告提供给投资者内部使用

B. 会计目标是要求会计工作完成的任务或达到的标准

C. 会计目标是按照更有利于吸引投资者的方向篡改数据

D. 会计目标是反映企业投资者受托责任的履行情况

2. 企业提供的会计信息应当清晰明了,便于财务会计报告使用者理解和使用,这体现了会计信息质量的( )。

A. 相关性要求
B. 可靠性要求
C. 及时性要求
D. 可理解性要求

3. 下列经济业务中,一定不会引起费用变动的是( )。

A. 销售产品且满足收入确认条件
B. 资产减值
C. 金融资产公允价值上升
D. 计提折旧

4. 权责发生制和收付实现制两种不同的会计基础的差异是基于( )。

A. 会计主体
B. 持续经营
C. 会计分期
D. 货币计量

5. 下列各项中,企业应将其确认为一项资产的是( )。

A. 盘亏的存货
B. 以经营方式租入的一项固定资产
C. 委托加工物资
D. 企业急需购买的原材料

6. 下列各项中,属于利得的是( )。

A. 处置固定资产取得的净收益
B. 出租无形资产取得的收益
C. 销售商品取得的收益
D. 提供劳务取得的收益

7. 下列项目中,会导致企业所有者权益总额发生变化的是( )。

A. 盈余公积转增资本
B. 支付股票股利
C. 盈余公积补亏
D. 回购库存股

8. 下列关于会计要素的表述中,正确的是( )。

A. 负债的特征之一是企业承担的潜在义务
B. 利润只包括企业一定期间内收入减去费用后的净额
C. 资产的特征之一是预期能够给企业带来经济利益
D. 收入是所有导致所有者权益增加的经济利益的总流入

9. 下列各项中,符合可靠性信息质量要求的是( )。

A. 同一企业不同时期发生的相同事项采用一致的会计政策
B. 在财务报表中对收入和利得、费用和损失进行分类列报
C. 金额较小的低值易耗品采用一次摊销法摊销
D. 以实际发生的交易事项为依据进行确认、计量和报告

10. 下列关于历史成本计量的表述中,正确的是( )。

A. 历史成本就是公平交易中,熟悉情况的交易双方自愿认可的成本
B. 历史成本就是某些财产物资的账面价值
C. 历史成本就是取得或制造某项财产物资时所实际支付的现金或现金等价物
D. 历史成本就是取得某些财产物资时考虑了资金时间价值的成本

11. "本月收到上月销售产品的货款存入银行",对于该笔业务,正确的处理是( )。

A. 收付实现制下,应当作为本月收入

B. 权责发生制下,应当作为本月收入

C. 收付实现制下,不能作为本月收入

D. 权责发生制下和收付实现制下都应当作为本月收入

12. 根据权责发生制原则,下列属于本期的收入或费用的是( )。

A. 当期按照税法规定预缴的税金

B. 支付下年的报纸杂志费

C. 本期预收的销货款,货物尚未生产完成

D. 商品在本期销售,但货款尚未收到

13. 下列关于会计主体的表述中,不正确的是( )。

A. 会计主体是指企业会计确认、计量和报告的空间范围

B. 明确会计主体,才能划定会计所要处理的各项交易或事项的范围

C. 会计主体必然是法律主体,法律主体也必然是会计主体

D. 会计主体既可以是一个企业,也可以是一个独立核算的车间

14. 下列各项中,体现谨慎性会计信息质量要求的是( )。

A. 不同时期发生的相同交易,应采用一致的会计政策,不得随意变更

B. 对已售商品的保修义务确认预计负债

C. 提供的会计信息应当清晰明了,便于理解和使用

D. 及时将编制的财务报告传递给使用者

15. 下列业务中,会引起企业会计等式中资产和负债同时增加的是( )。

A. 收到购货方前欠的货款,存入银行

B. 从银行存款中提取现金备用

C. 以银行存款偿还前欠劳务款

D. 从银行取得借款,存入银行

16. 下列业务中,会引起企业资产和所有者权益同时增加的是( )。

A. 经股东大会批准向股东宣告分配现金股利

B. 收到投资者投入的一台设备

C. 取得一笔短期借款并存入银行

D. 经股东大会批准以现金回购本企业股票

17. 资产按照现在购买相同或者相似资产所需支付的现金或者现金等价物的金额计量,称为( )。

A. 历史成本　　　　B. 重置成本　　　　C. 公允价值　　　　D. 现值

18. 企业提供的会计信息应有助于财务会计报告使用者对企业过去、现在或者未来的情况作出评价或者预测,这体现了会计信息质量要求的( )。

A. 相关性　　　　B. 可靠性　　　　C. 可理解性　　　　D. 可比性

19. 云山公司 1 月发生下列支出：预付全年行政办公楼租金 36 000 元；以现金 520 元购买行政管理部门使用的办公用品；预提本月应负担的银行借款利息 4 500 元。按权责发生制确认的本月费用为（　　　）元。

A. 57 220　　　　　B. 8 020　　　　　C. 24 220　　　　　D. 19 720

20. 下列各项中，属于成本类账户的是（　　　）

A."主营业务成本"　　　　　　　　B."制造费用"

C."管理费用"　　　　　　　　　　D."其他业务成本"

（三）多项选择题

1. 财务报告外部使用者主要包括（　　　）。

A. 投资者　　　　　　　　　　　B. 债权人

C. 政府及其有关部门　　　　　　　D. 社会公众

2. 下列各项中，符合谨慎性会计信息质量要求的有（　　　）。

A. 因企业实现利润超过预期，对厂房大幅计提减值准备

B. 无形资产计提减值准备

C. 把企业集团作为会计主体编制合并财务报表

D. 或有应付金额符合或有事项确认预计负债条件，应将其确认为预计负债

3. 下列各项中，属于资产特征的有（　　　）。

A. 资产预期会给企业带来经济利益

B. 资产预期产生的经济利益来自企业日常活动

C. 资产应为企业拥有或者控制的资源

D. 资产是由过去的交易或事项形成的

4. 下列各项中，属于流动负债的是（　　　）。

A. 应付债券　　　B. 应付票据　　　C. 预付账款　　　D. 应付利息

5. 下列有关所有者权益的说法中，正确的有（　　　）。

A. 所有者凭借所有者权益能够参与企业利润的分配

B. 公司的所有者权益又称为股东权益

C. 企业接受投资者投入的资产，在符合资产确认条件时，就相应地符合了所有者权益的确认条件

D. 企业接受投资者投入的资产，当该资产的价值能够可靠计量时，所有者权益的金额也就可以确定

6. 下列各项中，属于广义费用的有（　　　）。

A. 所得税费用　　　　　　　　　　B. 罚款

C. 原材料采购人员的差旅费支出　　　D. 研发费用

7. 关于会计等式"资产＝负债＋所有者权益"，下列说法正确的有（　　　）。

A. 该等式反映企业特定时期的经营成果

B. 该等式是最基本的会计等式

C. 该等式是编制资产负债表的依据

D. 即"资产＝权益",从任何一个时点看,资产与权益之间永远保持数量上的平衡关系

8. 下列项目中,不应作为负债确认的有(　　　　)。

A. 因购买货物而暂欠外单位的货款

B. 按照购货合同约定以赊购方式购进货物的货款

C. 计划向银行借款 100 万元

D. 因经济纠纷导致的法院尚未判决且金额无法合理估计的赔偿

9. 根据现行企业会计准则的规定,下列支出不能作为费用要素确认的是(　　　　)。

A. 销售原材料的成本 50 万元

B. 采用经营租赁方式出租固定资产计提折旧的 20 万元

C. 水灾导致一批商品发生霉烂的损失 30 万元

D. 用银行存款 40 万元购买工程物资

10. 下列关于利润的说法中,正确的有(　　　　)。

A. 利润是指企业在一定会计期间的经营成果

B. 直接计入当期利润的损失和利得,是指应当计入当期损益、会导致所有者权益发生增减变动的,与所有者投入资本或者向所有者分配利润无关的利得或者损失

C. 利润反映企业某一时点的财务状况

D. 利润金额的确定主要取决于收入和费用的计量,不考虑利得和损失金额的影响

案例分析

基于金正大财务造假案的会计职业道德分析

被称作山东"肥料大王"的金正大是一家主营肥料业务的企业,多年居于复合肥行业销量首位。2015 年至 2018 年,金正大财务报表业绩优异,中国八大会计师事务所之一的大信会计师事务所(以下简称大信)对其 2015 年至 2017 年的年报出具了标准无保留审计意见。在更新后的 2018 年年报中,大信出具了保留意见的审计报告。审查发现,该企业存在在无"实物流"的情况下虚开发票进行资金流转且未披露关联方关系等重大问题。2020 年 9 月,证监会正式开启调查。2022 年 1月 4 日,证监会出具处罚决定书,山东金正大生态工程集团股份有限公司(以下简称"金正大集团")因财务造假被罚,公司实际控制人万连步被罚 10 年市场禁入。处罚决定书直指金正大集团多年来财务造假,虚构贸易业务和关联方往来,造假金额巨大,造成极大的社会危害。

金正大集团的财务造假事件持续发酵,对此,你作为云山证券公司的研究员展开对金正大集团财务状况调查分析,以下是你收集整理的相关资料:

1. 公司基本情况

金正大集团成立于20世纪90年代,前身是临沂市金大地复合肥有限公司。金正大集团的总部在山东省临沂市,注册资本约32.86亿元,集团实际控制人为万连步,整个集团拥有上万名员工。金正大集团主要研发、生产、销售肥料产品,包括复合肥、水溶肥、生物肥、硝基肥等,年生产能力可以达到700余万吨。同时,金正大集团也为种植户提供一些土壤改良、农产品品质提升等农业种植方面的解决方案。在所在的行业当中,金正大集团曾经连续多年产销量处于领先的地位。

2. 财务造假情况

(1) 虚增收入。

为证明公司在宏观环境发生变化时依然保持了足够的市场竞争力,金正大集团管理层千方百计地维持公司的收入和盈利水平,主要采用了以下两种方法:一是公司与富朗签订合作协议,虚增产成品,确认高额收入和利润。通过这种方式,2018年和2019年金正大分别虚增收入1.78亿元和4.89亿元。二是从2015年开始,公司利用其在产业链中上游地位的优势,依托其打造的"农业一体化平台"金丰公社,与处于产业链下游的农民和小商户,分别签订农产品购销合同和农业服务或化肥购销合同,虚构收入和利润。2015年至2018年,公司用这种手段共虚增收入230.73亿元,占4年总收入的32.14%;虚增利润19.9亿元,占4年总利润的50%以上。

(2) 利用与政府和高校合作项目骗取银行贷款。

2010—2015年,金正大集团因参与多项化肥产品国家标准的制定,与农业农村部建立了良好的合作关系,并同其合作设立数个国家级实验室。同时,作为以科研闻名的化肥生产企业,金正大集团还与多所高校开展合作项目。为了缓解公司的资金压力,万连步意识到可以利用实验室及合作项目向银行借款。因此,自2018年7月始,金正大集团以购买材料用于生产改良和研发的名义,向多家国有银行申请短期借款,作为向银行保证还款的承诺,公司将与高校的合作项目及国家级实验室抵押给借款银行。

(3) 未按规定披露关联方及关联交易。

调查发现,诺贝丰公司实控人为金正大集团实控人万连步的妹妹,但金正大集团未如实披露关联关系。金正大集团向诺贝丰公司支付的资金是非经营性质,金正大集团选择将其披露为经营性质,该行为将关联关系进行了掩盖式披露。

综合分析题

1. 从金正大集团财务造假案例中,可以看出存在哪些会计职业道德问题?
2. 金正大集团财务造假案带给你什么启示?

第二章 货币资金

学习目标

1. 理解货币资金的概念及货币资金的内部控制；
2. 掌握库存现金、银行存款、其他货币资金的核算；
3. 掌握银行存款余额调节表的编制；
4. 理解货币资金管理中职业道德和诚信的重要性。

练习题

（一）判断题

1. 库存现金清查中发现现金短缺，属于无法查明的其他原因，据管理权限，经批准后处理，应借记"管理费用——现金短缺"账户。（　　）

2. 对于银行已经入账而企业尚未入账的未达账项，企业应当根据银行对账单记录的金额入账。（　　）

3. 企业因到外地临时采购而将款项汇往在采购地银行开立的采购专户时，应当借记"其他货币资金"账户。（　　）

4. 货币资金是指可以立即投入流通，用于购买商品或劳务，或用于偿还债务的交换媒介，是企业内流动性较弱的一种资产。（　　）

5. 实物货币和形式货币都有价值量，存在契约价值。（　　）

6. 货币收支由出纳人员和记账人员共同负责且共同办理。（　　）

7. 经核定的库存现金限额，开户单位必须严格遵守。需要增加或者减少库存现金限额的，应当向开户银行提出申请，由开户银行核定。（　　）

8. 因特殊原因及特殊情况必须使用现金的，开户单位可向开户银行提出申请，由本单位出纳人员签字盖章，经开户银行审核后，予以现金支付。（　　）

9. 存款人开立一般存款账户没有数量限制，一般存款账户既可以办理现金缴存，也可以办理现金支取。（　　）

10. 托收承付结算方式适用于异地订有经济合同的商品交易及相关劳务款项的结算，但是代销、寄销、赊销商品的款项，不得办理托收承付结算。（　　）

11. 企业应当每季度至少一次将银行存款日记账与银行对账单进行核对,如二者不符,应当予以调整。 (　　)

12. 银行汇票是指由出票银行签发的,委托付款人在指定日期无条件支付确定的金额给收款人或者持票人的票据。 (　　)

(二) 单项选择题

1. 现金清查时发现短款,经查是出纳人员失责造成,应由出纳人员赔偿,应借记(　　)账户。

　　A."管理费用"　　　　　　　　　　B."库存现金"

　　C."银行存款"　　　　　　　　　　D."其他应收款"

2. 下列关于母公司集中统一管理模式的说法中,不正确的是(　　)。

　　A. 子公司暂时闲置不用的资金,都需要及时汇给母公司

　　B. 子公司需要资金时,母公司通过其他应付款的通道将子公司所需资金交由子公司使用

　　C. 母公司通常具有较强的货币资金管理和统筹能力

　　D. 母公司将自己整合的整个集团的资金进行统一调度使用

3. 下列关于企业货币资金内部控制流程,正确的是(　　)。

　　A. 依据事实进行资金收付→授权部门审批→财务部门复核→出纳支付资金

　　B. 依据事实进行资金收付→出纳支付资金→授权部门审批→财务部门复核

　　C. 授权部门审批→财务部门复核→依据事实进行资金收付→出纳支付资金

　　D. 授权部门审批→依据事实进行资金收付→财务部门复核→出纳支付资金

4. "费用报销单的审批单必须有审批和签字才能办理相关业务",这属于企业货币资金内部控制中的(　　)。

　　A. 职责分工和职权分离制度　　　　B. 内部记录和核对制度

　　C. 授权和批准制度　　　　　　　　D. 安全制度

5. 下列关于库存现金收付的表述中,不正确的是(　　)。

　　A. 收到现金时,借记"库存现金"账户;支付现金时,贷记"库存现金"账户

　　B. 通过库存现金日记账的设置进行明细分类核算

　　C. 库存现金日记账须采用订本式账簿,一般采取两栏式格式

　　D. 现金收支的核算应当遵循账实相符、账账相符的原则

6. 存款人按照法律、行政法规和规章,对其特定用途资金进行专项管理和使用而开立的银行结算账户是(　　)。

　　A. 基本存款账户　　　　　　　　　B. 专用存款账户

　　C. 临时存款账户　　　　　　　　　D. 一般存款账户

7. (　　),见票即付,不予挂失,当场抵用,付款保证程度高。(　　)有使用灵活、票随人到、兑现性强等特点,适用于先收款后发货或钱货两清的商品交易。

A. 商业汇票；银行汇票　　　　　　　B. 银行汇票；银行本票

C. 支票；银行本票　　　　　　　　　D. 银行本票；银行汇票

8. 将银行存款划拨给证券公司开立账户以进行股票投资,应(　　)。

A. 借记"其他货币资金——存出投资款"账户

B. 借记"银行存款"账户

C. 贷记"交易性金融资产"账户

D. 贷记"其他货币资金——信用保证金"账户

9. 下列关于现金管理说法中,不正确的是(　　)。

A. 企业内部各部门周转使用的备用金一般通过"库存现金"账户核算

B. 开户单位支付现金,不得从本单位的现金收入中直接支付,即不得"坐支"现金

C. 不得谎报用途套取现金

D. 开户单位现金收入应当于当日送存开户银行

10. 云山企业在现金盘点时发现库存现金短款 245 元,经核准需由出纳员赔偿 200 元,其余短款无法查明原因,下列关于现金短款的账务处理正确的是(　　)。

A. 借记"财务费用"账户 45 元　　　　B. 借记"其他应付款"账户 200 元

C. 借记"管理费用"账户 45 元　　　　D. 借记"营业外支出"账户 45 元

11. 下列各项中,不会导致云山企业银行存款日记账余额小于银行对账单余额的是(　　)。

A. 云山企业开具支票,对方未到银行兑现

B. 银行误将其他公司的存款计入云山企业银行存款账户

C. 银行代收货款,云山企业尚未接到收款通知

D. 云山企业收到购货方转账支票一张,送存银行,银行尚未入账

12. 9 月 30 日,云山企业银行存款日记账账面余额为 216 万元,收到银行对账单的余额为 212.3 万元。经逐笔核对,该企业存在以下记账差错及未达账项:从银行提取现金 6.9 万元,会计人员误记为 9.6 万元;银行为企业代付电话费 6.4 万元,但企业未接到银行付款通知,尚未入账。9 月 30 日调节后的银行存款余额为(　　)万元。

A. 212.3　　　　B. 225.1　　　　C. 205.9　　　　D. 218.7

13. 下列各项中,不会引起其他货币资金发生变动的是(　　)。

A. 企业销售商品收到商业汇票

B. 企业用银行本票购买办公用品

C. 企业将款项汇往外地开立的采购专用账户

D. 企业为购买基金将资金存入证券公司指定的银行开立的账户

14. 云山企业为增值税一般纳税人,10 月该企业使用信用卡购买一批办公用品,取得的增值税专用发票上注明价款 1 000 元,增值税税额 130 元。不考虑其他因素,下列关于购买办公用品的账务处理,正确的是(　　)。

A. 借记"管理费用"账户 1 130 元

B. 借记"材料采购"账户 1 130 元

C. 贷记"其他货币资金"账户 1 130 元

D. 贷记"银行存款"账户 1 130 元

15. 下列业务中,企业一般不能使用库存现金进行结算的是(　　)。

A. 按规定颁发给科技人员的创新奖金

B. 发放给职工的劳保福利

C. 向个人收购农产品的价款

D. 向外单位支付的机器设备款

16. 现金盘点时发现现金盈余,无法查明原因的,经批准后记入(　　)账户。

A. "营业外收入"   B. "财务费用"

C. "管理费用"   D. "其他业务成本"

17. 支票的持票人应自出票日起(　　)内提示付款。

A. 3 天   B. 5 天   C. 10 天   D. 15 天

18. 银行本票自出票日起,付款期限为(　　)。

A. 一个月   B. 两个月   C. 三个月   D. 一年

19. 按照国家《人民币银行结算账户管理办法》规定,企业的工资、奖金等现金的支取,只能通过(　　)办理。

A. 基本存款账户   B. 专用存款账户

C. 临时存款账户   D. 一般存款账户

20. 下列各项中,不属于货币资金的是(　　)。

A. 银币、纸币   B. 银行活期存款

C. 国库券   D. 银行本票存款

(三) 多项选择题

1. 下列业务中,属于现金使用范围的有(　　)。

A. 结算起点以下的零星支出   B. 支付职工福利费

C. 结算起点以上的零星支出   D. 支付银行借款利息

2. 下列项目中,属于广义现金范围内的有(　　)。

A. 保付支票   B. 定期储存存单

C. 职工欠款借条   D. 邮政汇票

3. 在企业的银行账户中,可以办理现金支取的有(　　)。

A. 基本存款账户   B. 临时存款账户

C. 专用存款账户   D. 一般存款账户

4. 下列各项中,属于其他货币资金的有(　　)。

A. 信用证存款   B. 银行本票存款

C. 银行汇票存款   D. 汇到外地并开立采购专户的款项

5. 下列经济事项中,不符合银行结算纪律要求的有(　　　　)。

A. 考虑到未来的现金收入,可以签发远期支票

B. 支票必须由指定人员签发,其他人员一律不准签发

C. 不论账户是否有足够的资金,是否付款都由企业决定

D. 可以根据业务核算需要开立多个基本存款账户

6. 下列结算方式中,可用于同城结算的有(　　　　)。

A. 托收承付结算方式　　　　　　　　B. 汇兑结算方式

C. 银行本票结算方式　　　　　　　　D. 委托收款结算方式

7. 下列各项中,属于《支付结算办法》中规定的结算纪律的是(　　　　)。

A. 不准签发没有资金保证的票据或远期支票,套取银行信用

B. 不准签发、取得和转让没有真实交易和债权债务的票据,套取银行和他人资金

C. 不准无理拒绝付款,任意占用他人资金

D. 不准违反规定开立和使用账户

8. 下列票据中,可以背书转让的有(　　　　)。

A. 现金支票　　　　　　　　　　　　B. 转账支票

C. 银行汇票　　　　　　　　　　　　D. 银行本票

9. 造成企业银行存款日记账与银行对账单不符的主要原因有(　　　　)。

A. 存在企业已付、银行未付的账项　　B. 存在企业已收、银行未收的账项

C. 存在银行已付、企业未付的账项　　D. 存在银行已收、企业未收的账项

10. 现金溢缺的核算会涉及的会计科目有(　　　　)。

A. "其他应收款"　　　　　　　　　　B. "财务费用"

C. "营业外收入"　　　　　　　　　　D. "营业外支出"

(四) 计算分析题

1. 12 月 31 日,云山公司银行存款日记账的余额为 5 400 000 元,银行转来对账单的余额为 8 300 000 元。经逐笔核对,发现以下未达账项:

(1) 企业收到并送存转账支票 6 000 000 元,并已登记银行存款增加,但银行尚未记账。

(2) 企业开出转账支票 4 500 000 元,并已登记银行存款减少,但持票单位尚未到银行办理转账,银行尚未记账。

(3) 企业委托银行代收某公司购货款 4 800 000 元,银行已收妥并登记入账,但企业尚未收到收款通知,尚未记账。

(4) 银行代企业支付电话费 400 000 元,银行已登记企业银行存款减少,但企业未收到银行付款通知,尚未记账。

要求:根据资料,编制银行存款余额调节表(表 2-1)。

表 2 - 1 银行存款余额调节表   单位:元

项 目	金额	项 目	金额
银行存款日记账余额		银行对账单余额	
加:银行已收、企业未收		加:企业已收、银行未收	
减:银行已付、企业未付		减:企业已付、银行未付	
调整后的存款余额		调整后的存款余额	

2. 4 月 12 日,采购员小黄回厂,报销从南京仪表厂购买原材料的货款和运费共 4 500 元,材料已验收入库。4 月 15 日,银行转来银行汇票第四联(余款收账通知),南京仪表厂退回银行汇票多余款 500 元,已收存银行。

要求:根据资料,编制相关会计分录。

3. 4 月 23 日,云山公司向上海机械厂销售 10 台柴油机,每台 2 260 元(含增值税税额 260 元),开出转账支票代垫运杂费 1 000 元,当即填写托收承付结算凭证,共 23 600 元。

要求:根据资料,编制相关会计分录。

4. 云山公司发生以下经济业务:

(1) 3 月 1 日,签发现金支票一张,从银行提取 2 500 元现金备用。

(2) 3 月 6 日,本单位职工李帅因公出差预借差旅费 1 800 元,财务部门付给现金。

(3) 3 月 16 日,李帅因出差报销费用 1 850 元,财务部门补付其 50 元现金。

(4) 3 月 25 日,支付管理部门房屋租金 1 050 元。

(5) 3 月 26 日,云山公司的生产车间领用备用金 500 元(采用定额管理)。

(6) 3 月 28 日,张良预借现金 600 元用于购办公用品。报销时,实际采购金额为 570 元,交回剩余现金 30 元。

(7) 3 月 21 日,生产车间报销办公费 80 元。

(8) 3 月 28 日,在现金清查过程中,发现长款 188 元,原因待查。

(9) 3 月 30 日,在现金清查过程中,发现短款 50 元,原因待查。

(10) 3 月 31 日,经领导批准,上述现金长款转作营业外收入。经核查,上述短款由出纳人员失责造成,应由其赔偿。

要求:根据资料,编制相关会计分录。

5. 云山公司发生以下经济业务:

(1) 5 月 4 日,采购员李芬到广州采购材料,存入 30 000 元在广州工商银行开设的外埠存款账户。

(2) 5 月 9 日,采购员李芬回厂,采购发票上列明购进材料价款 16 000 元,增值税税额 2 080 元,共计 18 080 元,材料验收入库。

(3) 5 月 10 日,将在广州工商银行的外埠存款清户,收到银行收账通知,外埠存款余额 11 920 元收妥入账。

(4) 5 月 15 日,企业申请办理银行汇票,将银行存款 66 000 元转为银行汇票存款。

(5) 5 月 17 日,采用银行汇票结算方式采购材料,价款为 45 000 元,增值税税额为 5 850 元,共计 50 850 元,材料验收入库。

(6) 5 月 20 日,银行将多余款项 15 150 元退回,收妥入账。

(7) 5 月 27 日,企业将银行存款 50 000 元存入信用卡。

(8) 5 月 28 日,用信用卡支付业务招待费 5 000 元。

要求:根据资料,编制相关会计分录。

案例分析

从"存贷双高"看东旭光电债务违约风险

2019 年 11 月 18 日,东旭集团债券"17 东旭 01"出现 37% 的离奇暴跌,次日东旭光电发布了提示性公告,表明本该 11 月 18 号完成回售付息的两只债券(规模合计 30 亿元,应兑付 20.1 亿元),由于公司资金暂时出现短期流动性困难,未能如期兑付相关本金和利息。2019 年 12 月 3 日,东旭光电未能如期兑付其第三只债券(规模 17 亿元,应兑付 15.85 亿元),再次造成实质性违约。令市场疑惑的是,东旭光电 2019 年三季报显示货币资金余额为 183 亿余元,远高于到期债务的规模,为何拿不出钱进行兑付?

东旭集团债券违约的事件持续发酵,不少人开始质疑东旭光电货币资金的真实性和合理性。对此,你作为云山证券公司的研究员展开了对东旭光电货币资金的专项调查分析,以下是你收集整理的相关资料:

1. 公司基本情况

东旭光电科技股份有限公司(简称"东旭光电")前身是上市于 1996 年的石家庄宝石电子玻璃有限公司(简称"宝石 A"),原为国有控股企业,主要生产、销售彩电显像管玻璃壳。2012 年,东旭集团实现全资控制宝石集团,并于 2014 年将"宝石 A"的证券简称更改为"东旭光电"。如今,东旭光电第一大股东东旭集团持股 15.97%,第二大股东宝石集团持股 5.8%。

东旭光电深耕于光电显示产业,从 2013 年开启了业务扩张的历程,通过定向增发募集资金,增加生产线巩固主业;通过收购的方式拓展业务,涉及领域包括高端设备制造、石墨烯材料、新能源汽车等。东旭光电已从单一的光电显示材料制造商,转变成为了一家综合性的高新技术企业。

2. 资金流入情况

(1) 经营性现金流与净利润不匹配。从表 2 - 2 中,我们可以看到,2015—2018 年净利润呈上升趋势,然而经营现金流量却逐年下降。2018 年公司实现净利润 22.69 亿元,但经营活动现金流量净额仅有 3.88 亿元,2019 年公司经营业绩

表 2-2　东旭光电 2015—2019 年净利润和经营性现金流

项　目	年　份				
	2015	2016	2017	2018	2019
净利润/亿元	13.93	13.11	19.39	22.69	−15.58
经营活动产生的现金流量净额/亿元	17.80	13.90	12.66	3.88	−30.12
净利润现金比率	1.28	1.06	0.65	0.17	1.93

数据来源:东旭光电财务报告

大幅下滑,经营现金流量和净利润均下降为负值。总体来看,2015—2018 年,东旭光电经营活动现金流量净额与净利润增长趋势相反,净利润现金比率不断下降,由 1.28 降为 0.17,表明公司获得的利润没有充足的现金支撑。

(2)"存贷双高"现象明显。从图 2-1 中我们可以看到,东旭光电账面上一直留有大量的货币资金,却还大规模进行对外借款。2015—2017 年货币资金占总资产比重均高于 40%,2018—2019 年该占比也处于 20% 左右的较高水平,可见其资金使用效率低。同时,这五年东旭光电有息负债额很高,基本与货币资金金额持平。2019 年公司有息债务规模达 225.41 亿元,其中短期债务占有息负债总额的比重高达 78.3%。由此可得,东旭光电通过债务获得大量资金,导致"存贷双高"的现象,从而面临着严峻的短期流动性压力。

图 2-1　东旭光电 2015—2019 年货币资金状况

数据来源:东旭光电财务报告

(3)高比例股权质押。根据东旭光电年度报告中的股东持股情况,东旭集团作为第一大股东,直接持有 15.97% 的股权;第二大股东宝石集团持有 5.8% 的股权。然而,宝石集团实际控制人也是东旭集团,这就意味着东旭集团共持有 21.77% 的股权,而其余股东的持股比例均未达到 5%,所以东旭集团对东旭光电具有绝对的控制权。此外,东旭集团自 2014 年以来频繁地进行资本运作以及大规模扩张,近五年总资产规模便上涨至原来的七倍,但这也使集团面临资金短缺的问题。东旭集团利用股权质押来缓解自身资金短缺问题。如图2-2所示,这五年来东旭集团一直大规模质押东旭光电股权,至东旭光电债券违约时,东旭集团具有约87%的东旭光电股权质押比例。结合公司存贷双高的现象可以推测,资金极有可能已被大股东挪用于账外经营。

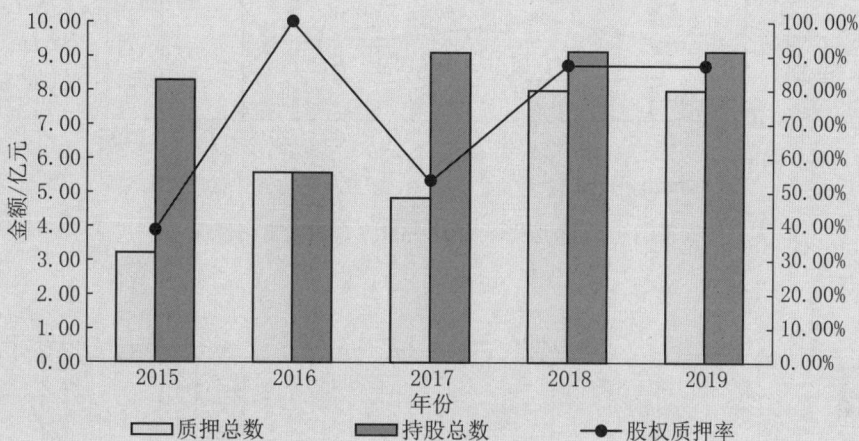

图2-2 东旭集团对东旭光电的股东持股情况

数据来源:东旭光电财务报告

3. 资金使用情况

(1) 受限资金比例高。东旭集团于2017年成立了东旭集团财务有限公司,其中东旭光电持有40%的股份,财务公司为东旭光电提供资金结算、存贷款、资金管理等业务。根据2019年合并报表及附注,货币资金总计余额为115.99亿元,而存放于财务公司的款项就有79.32亿元,这些资金被贷出给集团内其他公司使用,无法取出偿还贷款。此外,货币资金中18.50亿元为使用受限的定期存款,7.82亿元为银行冻结存款,5.79亿元为信用证、票据以及保函保证金,受限资金累计占比高达96.07%。由此可见,实际上公司资金流动性状况并不如账面显示得一样好,而是面临着严峻的资金链断裂压力。

(2) 投资规模大。东旭光电作为一家高新技术企业,本应大量投入技术研发,但通过图2-3可知,东旭光电研发投入占营业总收入比例较低(根据国家对高新技术企业认定标准,最近一年销售收入在2亿元以上的企业,研究开发费用总额占同期销售收入总额的比例不低于3%)。近五年企业营业收入呈上升趋势,达到上百亿元,但研发投入占营业收入比例基本低于3%,除2019年由于违约和国际竞争激烈的影响,研发支出占比达到6%外,近几年公司对科技研发的投入均不足。与此同时,根据图2-4可知东旭光电的投资性现金流一直呈流出状态,甚至在2019年现金流如此紧张的状态下,公司仍进行投资扩张,流出额高达109.55亿元。东旭光电账上存在大量资金,但其没有选择把大部分资金投入研发,而是不断地进行投资扩张。

(3) 工程项目进程缓慢:图2-5展示了2015—2017年东旭光电主要的募股

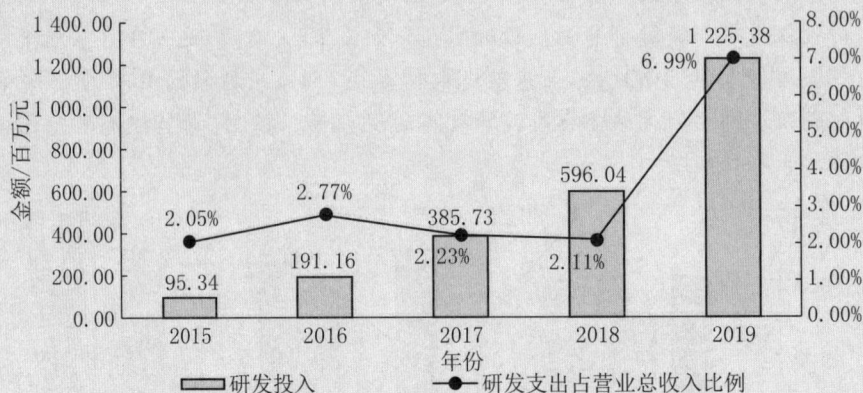

图 2-3 东旭光电 2015—2019 年研发支出情况

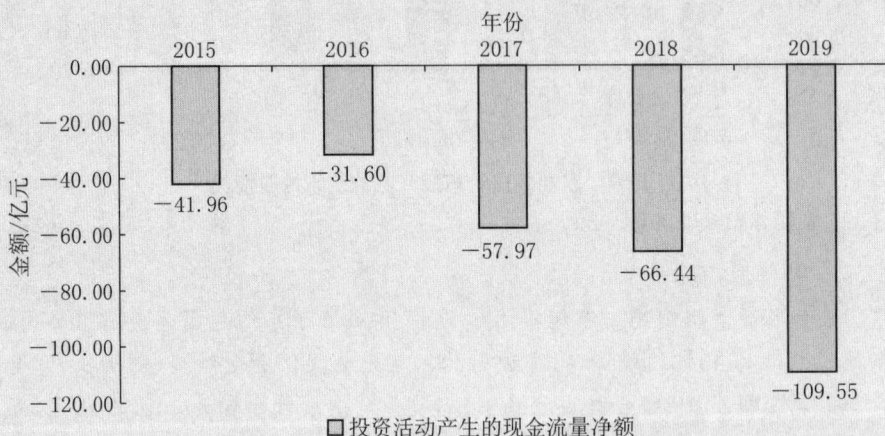

图 2-4 东旭光电 2015—2019 年投资性现金流

数据来源:东旭光电财务报告

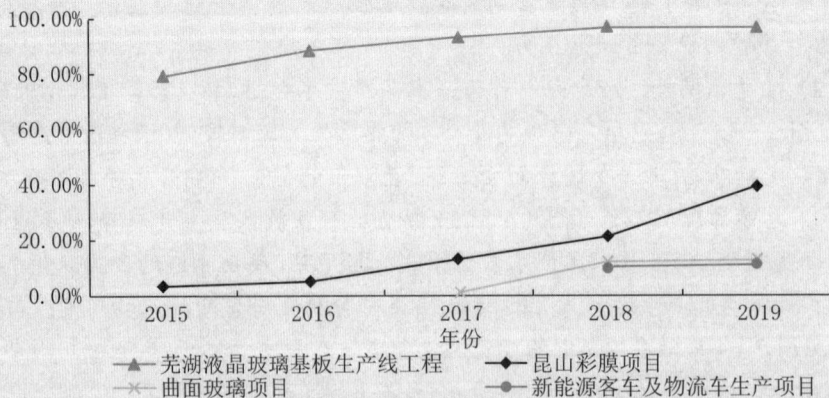

图 2-5 2015—2017 年东旭光电募股资金投资项目建设进程

资金投资项目的建设进度,除了芜湖液晶玻璃基板项目建设完工程度接近完工以外,昆山彩膜、曲面玻璃和新能源客车及物流车生产项目都进展缓慢。由于工程进度建设缓慢,部分存放在专项账户的资金遭到闲置,并且工程计划完工时间一直在推迟,项目没有达到预计可使用状态,无法为企业带来经济效益。

4. 公司治理情况

在东旭债务违约事件发生的同时,有自媒体曝出东旭系另一家上市公司嘉麟杰原董事长刘冰洋沉迷游戏,在任期间公司净利润下滑 37%,团队大规模离职。此外,从 2015 年到 2019 年不到五年的时间里,东旭光电更换了 5 位财务总监。这让外界质疑公司的内部控制和监管体系是否完善和有效。

综合分析题

1. 根据上述材料,请分析东旭光电债券违约的原因。

2. 东旭光电的债券违约事件给你带来了什么启示?

第三章 存 货

学习目标

1. 了解存货的概念和分类;
2. 掌握存货的初始确认、发出计量和期末计量方法,并熟练掌握会计处理方法;
3. 了解存货清查的概念和存货的列报与披露。

练习题

(一) 判断题

1. 存货必须在一年以内被消耗或经出售转换为现金、银行存款或应收账款等。
（　　）

2. 不属于本企业所有以及企业控制的货物,若存放在本企业,可以作为本企业的存货。
（　　）

3. 按具体内容分类时,通常可将存货分为原材料、在产品、半成品、产成品(商品)、周转材料等。
（　　）

4. 企业对存货拥有控制权时,便可以将其作为存货项目予以确认。
（　　）

5. 对原材料的核算只能采用实际成本进行记录。
（　　）

6. 我国会计准则规定,外购存货的成本包括购货价格、相关税费以及其他可直接归属于存货采购成本的费用。
（　　）

7. 企业外购原材料若发生短缺时,应及时查明原因,并将所有的损耗按其实际成本计入入库原材料成本。
（　　）

8. 计划成本法下,结转材料成本差异时,应用红字登记实际成本大于计划成本的超支差异,用蓝字登记实际成本小于计划成本的节约差异。
（　　）

9. 无论企业处于何种经营状态,企业都需以存货的估计售价减去至完工时估计将要发生的成本、估计的销售费用以及相关税费后的金额确定可变现净值。（　　）

10. 在估计存货售价时,有合同约定的存货与无合同约定的存货都应以市场销售价格作为估计售价。
（　　）

11. 当存货市价持续下跌,并且在可预见的未来无回升的希望时,即可确认存货减值损失。   (   )

12. 企业发生非正常损失的购进货物以及非正常损失的在产品、产成品所耗用的购进货物或应税劳务的进项税额不得从销项税额中抵扣。   (   )

(二) 单项选择题

1. 企业清查存货时发现存货盘亏,在批准处理之前,应当先计入(   )。

A. 待处理财产损溢   B. 管理费用

C. 营业外支出   D. 固定资产减值准备

2. 直接对外出售的存货确定可变现净值的计算方法为(   )。

A. 直接对外出售存货的可变现净值＝估计售价－估计发生的相关税费

B. 直接对外出售存货的可变现净值＝估计售价－估计继续加工成本－估计销售费用－估计发生的相关税费

C. 直接对外出售存货的可变现净值＝估计售价－估计销售费用－估计发生的相关税费

D. 直接对外出售存货的可变现净值＝估计售价－估计销售费用－估计发生的相关税费－存货跌价准备

3. 企业为外购存货发生的下列各项支出中,不应计入存货成本的是(   )。

A. 入库前的挑选整理费

B. 运输途中的合理损耗

C. 不能抵扣的增值税进项税额

D. 运输途中因自然灾害发生的损失

4. 云山公司在存货清查中发现了存货盘亏和毁损,经查明,盘亏和毁损的原因是管理不善导致的存货被盗,此时的处理方法是(   )。

A. 由过失人将盘亏和毁损的存货补齐平账

B. 直接计入管理费用

C. 扣除残料价值以及可以收回的保险赔偿和过失人赔偿后的剩余净损失,经批准后也可以作为管理费用列支

D. 作为企业的营业外支出处理

5. 甲公司以一批材料作为投资,取得云山公司 100 万股普通股,每股 1 元,双方协议约定该批材料的价值为 400 万元(假定该价值是公允的)。材料已验收入库,同时云山公司收到增值税专用发票(进项税额为 52 万元)。则该批材料的入账价值为(   )。

A. 400 万元   B. 468 万元   C. 100 万元   D. 168 万元

6. 云山公司为增值税一般纳税人,本期购入一批商品,购买价款为 30 万元,增值税税额为 3.9 万元。所购商品到达后,企业验收发现商品短缺 15%,其中合理损失 5%,另 10% 短缺尚待查明原因。则该批商品的实际成本为(   )万元。

A. 30   B. 27   C. 25.5   D. 31.59

7. 存货期末按"成本与可变现净值孰低法"计价,是( )会计信息质量要求的运用。

    A. 真实性   B. 权责发生制   C. 谨慎性   D. 历史成本

8. 下列各项中,不会引起期末存货的账面价值发生增减变动的是( )。

    A. 计提存货跌价准备

    B. 已确认销售收入但商品尚未发出

    C. 商品已经发出但尚未确认销售收入

    D. 已收到发票账单并支付货款但尚未收到的材料

9. 下列各项中,不应计入企业存货成本的是( )。

    A. 企业采购用于广告营销活动的特定商品

    B. 企业为取得存货而按国家有关规定支付的环保费用

    C. 专用于产品生产的无形资产所计提的摊销额

    D. 为生产产品发生的符合资本化条件的借款费用

10. 云山公司采用成本与可变现净值孰低法对存货进行期末计价,成本与可变现净值按单项存货进行比较。12 月 31 日,甲、乙、丙三种存货的成本与可变现净值分别为:甲存货成本 20 万元,可变现净值 15 万元;乙存货成本 30 万元,可变现净值 32 万元;丙存货成本 19 万元,可变现净值 17 万元。甲、乙、丙三种存货已计提的跌价准备分别为 3 万元、1 万元、0.5 万元。假定该企业只有这三种存货,则 12 月 31 日应补提的存货跌价准备总额应为( )。

    A. −0.5 万元   B. 2.5 万元   C. 2 万元   D. 6.5 万元

11. 生产耗费直接用于产品生产的原材料,应借记( )账户。

    A. "生产成本"   B. "销售费用"

    C. "管理费用"   D. "制造费用"

12. 在资产负债表中,"存货跌价准备"科目的贷方余额应( )。

    A. 在流动负债类项目下单列项目反映

    B. 在存货的抵减项目下单独列示

    C. 在"存货"项目中反映

    D. 记入"货币资金"项目

13. 存货是企业重要的有形资产,它应在( )确认。

    A. 交付定金或签订合同时   B. 收到货物时

    C. 取得所有权时   D. 支付货款时

14. 下列关于购进原材料的说法中,不正确的是( )。

    A. 企业购进原材料发生溢余时,未查明原因的溢余材料一般只作为代保管物资在备查账中登记,不作为进货业务入账核算

    B. 发生购进原材料短缺,尚未查明原因或尚未作出处理之前,一般先按短缺原材料的实际成本记入"待处理财产损溢"账户的借方,贷记"在途材料"等账户

C. 发生购进原材料短缺,查明原因后,再将短缺原材料的实际成本转入有关科目,借记"管理费用""营业外支出"等账户,贷记"存货跌价准备"账户

D. 企业外购材料时,既可以从本地进货,也可以从外埠进货

15. 云山公司为增值税一般纳税企业,1 月购入甲材料 2 000 千克,增值税专用发票上注明买价 60 000 元,增值税税额为 7 800 元,该批甲材料在运输途中发生 1% 的合理损耗,实际验收入库 1 980 千克,在入库前进行了挑选整理工作,发生费用 600 元。则该批入库甲材料的实际总成本为( )。

A. 60 600 元   B. 59 400 元   C. 59 994 元   D. 70 800 元

16. 云山公司为商品流通企业,1 月采购 A 商品 100 件,每件售价 2 万元,取得的增值税专用发票上注明的增值税税额为 26 万元,另支付采购费用 10 万元。则云山公司采购这批商品的单位成本为( )万元。

A. 2   B. 2.1   C. 2.34   D. 2.44

17. 下列存货计价方法中,能使企业在物价上涨时计算出来的净利最大的是( )。

A. 个别计价法   B. 移动加权平均法
C. 先进先出法   D. 月末一次加权平均法

18. 原材料已经验收入库,月末结算凭证未到,可按材料合同价款入账,应编制的会计分录为( )。

A. 借:材料采购   B. 借:原材料
   贷:应付账款   贷:应付账款
C. 借:材料采购   D. 借:原材料
   贷:其他应付款   贷:在途物资

19. 云山公司的期末存货采用成本与可变现净值孰低法计价。2022 年 10 月 8 日,云山公司与甲公司签订销售合同,由云山公司于 2023 年 3 月 7 日向乙公司销售液晶彩电 10 000 台,每台 0.8 万元。2022 年 12 月 31 日,云山公司库存液晶彩电 13 000 台,单位成本 0.7 万元,账面成本为 9 100 万元。2022 年 12 月 31 日,市场销售价格为每台 0.65 万元,预计销售税费均为每台 0.04 万元。则 2022 年 12 月 31 日液晶彩电的账面价值为( )万元。

A. 8 450   B. 7 800   C. 9 100   D. 8 830

20. 2022 年年末云山公司用自产产品一批作为福利发放给管理人员,该批产品生产时领用的原材料账面余额为 80 万元(已经计提的跌价准备为 20 万元),其中:维护生产设备耗用原材料 10 万元;耗用的直接人工为 20 万元;其他生产费用为 5 万元。该批产品的市场售价为 100 万元,云山公司在决定发放福利时应确认的管理费用为( )。

A. 113 万元   B. 123 万元   C. 133 万元   D. 143 万元

(三) 多项选择题

1. 下列项目中,属于存货的有(　　　　)。

A. 库存商品　　　　B. 原材料　　　　　　C. 工程物资　　　　D. 在产品

2. 下列情形中,可确认存货减值损失的有(　　　　)。

A. 企业所提供的商品或劳务过时或消费者偏好改变而使市场需求发生变化,导致市场价格逐渐下跌

B. 市价持续下跌,并且在可预见的未来无回升的希望

C. 存货存放了很长时间,但其实体未损坏

D. 存货的存货成本与可变现净值不一致

3. 下列账户中,借方核算存货的实际成本的有(　　　　)。

A. "材料采购"账户

B. 采用计划成本法核算的企业下设的"原材料"账户

C. "在途物资"账户

D. 采用实际成本法核算的企业下设的"原材料"账户

4. 下列关于企业存货确认的说法中,正确的有(　　　　)。

A. 在确认存货时,需要判断与该项存货相关的经济利益是否很可能流入企业

B. 委托代销商品,由于其所有权并未转移至受托方,因而委托代销的商品仍应当确认为委托企业存货的一部分

C. 企业在判断与存货相关的经济利益能否流入企业时,主要结合该项存货使用权的归属情况进行分析确定

D. 必须能够对存货成本进行可靠的计量

5. 在确定存货的可变现净值时,应当考虑的因素有(　　　　)。

A. 持有存货的目的　　　　　　　　B. 存货的存放地点

C. 存货的市场销售价格　　　　　　D. 资产负债表日后事项

6. 在计算分摊材料成本差异时,应需要注意的事项包括(　　　　)。

A. 发出材料应负担的成本差异应当按月分摊,不得在季末或年末一次计算,以便及时将发生的材料成本差异结转到相应的成本费用中

B. 发出材料应负担的成本差异,除委托外部加工发出材料可按照月初成本差异率计算外,应使用本月的实际成本差异率

C. 发出材料应负担的成本差异,除委托外部加工发出的材料可先按照月初成本差异率进行计算,再在月末更改为本月实际成本差异率外,都需直接使用本月实际成本差异率

D. 月初成本差异率与本月实际成本差异率相差不大的,也可按照月初成本差异率计算

7. 下列有关存货会计处理的表述中,正确的有(　　　　)。

A. 管理不善造成的存货净损失,计入管理费用

B. 因非货币性资产交换换出存货结转的已计提存货跌价准备,不冲减当期资产减值损失

C. 一般纳税人进口原材料缴纳的增值税,计入相关原材料的成本

D. 结转商品销售成本时,无须将相关存货跌价准备结转调整主营业务成本

8. 与永续盘存制相比,实地盘存制的缺点有(　　　　　)。

A. 不能随时反映存货收入、发出和结存的动态,不便于管理人员掌握情况

B. 存货明细记录的工作量较大

C. 容易掩盖存货管理中存在的自然和人为的损失

D. 只能到期末盘点时结转耗用和销货成本,而不能随时结转成本

9. 发出材料借方登记的账户有(　　　　　)。

A. "生产成本" B. "管理费用"

C. "制造费用" D. "待处理财产损溢"

10. 下列关于企业存货计量的各项表述中,正确的有(　　　　　)。

A. 生产设备发生的日常维修费用应计入存货成本

B. 季节性停工期间生产车间发生的停工损失应计入存货成本

C. 存货入库后发生的仓储费用应计入存货成本

D. 受托加工存货成本中不应包括委托方提供的材料成本

(四)计算分析题

1. 云山公司是一家集产品生产、销售、修理修配于一体的大型企业。2022年,云山公司发生了以下业务:

(1)3月1日,云山公司购入了一批原材料,用于自产自销的产品。该批原材料的购买价款为600万元,发生的增值税进项税额为78万元。购买过程中发生了运杂费40万元,入库前的挑选整理费50万元。到年末,已领用50%用于生产产品,发生的制造成本总额为550万元,该批产品尚未完工。尚未领用的原材料按照市场公允价值确定的销售价格为320万元,尚未领用的原材料全部用于生产完品将发生成本600万元,该产品的市场销售价格为1 200万元,预计将发生销售费用100万元。

(2)5月30日,云山公司委托甲公司代为销售50件B产品,单位成本为20万元,成本总额为1 000万元。双方约定,甲公司需按照每件40万元的价格对外出售B产品,同时甲公司按照不含税售价的15%收取手续费。截至2022年末甲公司对外销售30件B产品,云山公司收到甲公司开具的代销清单。

(3)2022年12月31日,云山公司有一批库存丁产品共计40件,产品单位生产成本为5万元。云山公司已与东方公司签订了产品销售合同,合同约定2023年3月20日,云山公司将40台丁产品出售给东方公司,出售价款为每台4.8万元。在合同履行前,东方公司可以随时解除合同,但是若解除合同,则东方公司应向云山公司支付违约金100万元。预计销售该批产品将发生销售费用等共计8万元。假定云山公

司适用的增值税税率为 13%，不考虑其他因素影响。

要求：根据资料，回答下列问题。

① 判断资料（1）中尚未领用的原材料是否发生减值。

② 根据资料（2）判断委托代销的产品是否在云山公司的存货项目中列示。如果需要列示，请计算在"存货"项目中列示的金额。如果不需要列示，请说明原因。

③ 根据资料（1）—资料（3）计算年末资产负债表"存货"项目的列示金额。

2. 2020 年 1 月 1 日，云山公司购入一批商品，增值税专用发票注明价款 100 万元，增值税税额为 13 万元。该商品在 2020—2022 年期末可变现净值分别为 90 万元、60 万元、70 万元。

2023 年 6 月 1 日，云山公司出售该商品，增值税专用发票注明价款 120 万元，增值税税额为 15.6 万元。

要求：根据资料，编制相关的会计分录。

案例分析

从"存货内部控制管理"看广州浪奇存货不翼而飞

截至 2020 年 12 月 25 日，浪奇表示公司存在账实不符的第三方存货及其他发出商品的累计金额约 8.98 亿元，广州浪奇存货"不翼而飞"，是继獐子岛"扇贝出逃"、雏鹰农牧"猪被饿死"后，又一令人瞠目结舌的存货凭空消失事件。据广东证监局《行政处罚决定书》公告显示，广州浪奇 2018 年、2019 年的年报存在虚假记载，分别虚增收入约 62.34 亿元、66.51 亿元，虚增营业成本约 60.23 亿元、64.5 亿元，虚增利润约 2.1 亿元、2.01 亿元，占当期披露利润总额的 518.07%、256.57%；虚增存货 9.56 亿元、10.82 亿元，占当期披露存货金额的 75.84%、78.58%。同时，广东证监局对浪奇公司和直接参与涉案违法事件的时任董事长傅勇国及相关人员给予警告并处以罚款，并对傅勇国采取 10 年证券市场禁入措施，相关人员也都付出了较大的代价。

广州浪奇财务造假最终尘埃落定，很重要的一个线索来自 2020 年其巨额存货的突然消失。此事件一出，不少人对于广州浪奇存货的内部控制管理提出质疑。对此，你作为云山证券公司的研究员展开了对广州浪奇存货内部控制管理的专项调查分析，以下是你收集整理的相关资料：

1. 公司基本情况

广州市浪奇实业股份有限公司（以下简称"广州浪奇"）前身是广州油脂化工厂，始建于 1959 年，是华南地区早期日化产品定点生产企业。1993 年，该公司在深圳证券交易所正式上市，是中国轻工业百强企业，同时也是我国洗涤用品生产的大型骨干企业。50 年来，浪奇人坚持"创造生活无限美"的企业精神，以"浪尖搏击、奇兵制胜"之奋斗精神艰苦奋斗。目前,公司已成长为年销售收入近 10 亿元、拥有"浪奇""高富力""天丽""万丽"等多个知名品牌的中国名牌产品大型企业。

2. 存货账实不符

2020 年 9 月 28 日,广州浪奇发布了一份关于部分库存货物可能涉及风险的提示性公告,称公司储存在江苏辉丰石化公司(辉丰仓)的 1.19 亿元存货和存放在鸿燊公司(瑞丽仓)的 4.53 亿元存货均无法正常开展货物盘点及抽样检测工作,也无法办理提货。广州浪奇发函要求两家仓储公司配合办理货物盘点及抽样检测,但两家公司均否认保管有广州浪奇存储的货物。江苏辉丰石化公司更是直接回函表示没有货物存储在本公司,没有配合盘点的义务。三方当事人各执一词。

3. 广州浪奇存货分类方式

广州浪奇的存货包括原材料、库存商品、周转材料、发出商品、材料采购、自制半成品、委托加工物资。根据广州浪奇的年报,2019 年末,广州浪奇半成品在存货中占比为 0.002 24%,原材料与库存商品在存货中占比为 95.12%。这样的存货构成一方面是因为其主营的化工产品生产周期短,所以在产品比重小,另一方面是因为近年来公司将重心转向化工贸易,通过购进出售产品赚取差价来获利而减少产品生产,使得其原材料与库存商品占比很高。

4. 广州浪奇存货储存方式

对深圳证券交易所 2020 年 5 月—2020 年 10 月对广州浪奇出具的关注函以及广州浪奇的回函进行分析。根据 2020 年 10 月 30 日的回函,2019 年末广州浪奇存放在外部仓库的存货占比超过 80%,同时贸易类存货占比高达 79.55%,由此得知,至少有 63.61%的存货是存放在外部仓库的贸易类存货。那么,为什么会有这么大比重的贸易类存货存放在外部仓库呢? 对于广州浪奇来说,在外地贸易并非是持续且稳定的,若在贸易点建造自有仓库并配备相应人员,成本高、风险大,所以广州浪奇选择了在江苏、四川等贸易业务点租用外部仓库存放贸易类存货。据 2020 年 10 月 30 日广州浪奇的回函披露,截至 2020 年 9 月 30 日,75.98%的贸易类存货存放在辉丰仓、瑞丽仓、广东仓、四川仓等 9 个外部仓库中,其中瑞丽仓、辉丰仓、四川仓库 1、四川仓库 2、广东仓库 2、广东仓库 3 均出现账实不符的情况,累计金额达 866 817 704.03 元,占 2020 年广州浪奇半年报中披露存货总额的 55.16%,这说明存货丢失事件与外部仓库紧密相关。

5. 存货管理模式

广州浪奇作为一家大型上市公司,建立了专门的存货管理制度。根据存货存放仓库的性质,可以将存货划分为自有仓库存货和外部仓库存货,而此次事件中,丢失的存货均是存放在外部仓库的贸易类存货,因此,我们着重分析广州浪奇外部仓库存放存货的管理制度。通过对广州浪奇《存货管理制度》的研究得知,外部仓库存货管理内容包括存货采购与销售、仓库供应商的开发、仓库供应商的风险评估、外部仓库盘点表的索取及账实核对、外部仓库存放存货的定期盘点。在2020年3月之前,商务拓展部负责以上所有的存货管理工作。此后,广州浪奇新增供应链管理部和审计内部控制部来进行外部仓库存放存货的管理。其中,商务拓展部负责存货采购与销售、仓库供应商的开发,供应链管理部负责盘点表的索取、账实核对、定期盘点,审计内部控制部负责仓库供应商的风险评估。

综合分析题

1. 根据上述材料,请分析广州浪奇存货管理内部控制存在的问题及原因。
2. 广州浪奇的存货消失事件给你带来了什么启示?

第四章 金 融 资 产

学习目标

1. 掌握金融资产的概念和种类；

2. 掌握应收账款、应收票据和预付账款的概念及其一般会计核算处理过程；

3. 掌握交易性金融资产的初始计量、持有期间收益的确认、期末计量及处置方法；

4. 掌握债权投资、其他债权投资、其他权益工具的概念，确认、计量和会计处理方法及金融资产重分类的核算；

5. 理解债权投资摊余成本的构成和计算、各类金融资产的减值的确认和核算；

6. 了解各项金融资产在资产负债表的价值反映和列报披露。

练习题

（一）判断题

1. 企业应向保险公司收取的财产损失赔款，应通过"应收账款"科目核算。（　　）

2. 在备抵法下，已确认坏账，以后又收回的，仍然应通过"应收账款"科目核算，并贷记"坏账准备"科目。（　　）

3. 企业采购商品或接受服务采用银行汇票结算时，应通过"应付票据"科目核算。（　　）

4. 不带息票据的到期值等于应收票据的面值。（　　）

5. 商业承兑汇票，到期日付款人账户不足支付时，由其开户银行应代为付款。（　　）

6. 取得以公允价值计量且其变动计入当期损益的金融资产所发生的相关交易费用应当在发生时计入交易性金融资产的成本。（　　）

7. 资产负债表日，企业应将以公允价值计量且其变动计入当期损益的金融资产的公允价值变动计入当期投资收益。（　　）

8. 其他权益工具投资期末按公允价值计量，不计提减值准备。（　　）

9. 企业购入的债券划分为以摊余成本计量的债权投资时，其入账价值应当为实

际支付的全部价款。 （　　）

10. 无论以公允价值计量且其变动计入其他综合收益的金融资产确认为权益工具还是债务工具,期末均应按公允价值进行后续计量。 （　　）

(二) 单项选择题

1. 云山公司购入某上市公司发行的期限为 3 年、到期一次还本付息的债券,云山公司管理该资产的业务模式是以收取合同现金流量为目标。云山公司应将该项投资划分为(　　)。

A. 以摊余成本计量的金融资产

B. 以公允价值计量且其变动计入其他综合收益的金融资产

C. 以公允价值计量且其变动计入当期损益的金融资产

D. 应收款项

2. 下列关于金融资产初始计量的表述中,不正确的是(　　)。

A. 以公允价值计量且其变动计入当期损益的金融资产,初始计量采用公允价值计量,交易费用计入当期损益

B. 以摊余成本计量的金融资产,初始计量采用公允价值计量,交易费用计入初始入账金额

C. 以公允价值计量且其变动计入其他综合收益的金融资产(债权投资),初始计量采用公允价值,交易费用计入初始入账金额

D. 指定为以公允价值计量且其变动计入其他综合收益的非交易性权益工具投资,初始计量采用公允价值计量,交易费用计入当期损益

3. 云山公司采用托收承付结算方式销售一批商品,增值税专用发票上注明的价款为 1 000 万元,增值税税额为 130 万元,销售商品为客户代垫运输费 5 万元,全部款项已办妥托收手续。不考虑其他因素,云山公司应确认的应收账款为(　　)万元。

A. 1 000 　　　　B. 1 005 　　　　C. 1 130 　　　　D. 1 135

4. 云山公司 1 月 1 日"应收账款"账户的借方余额为 110 万元,"坏账准备"账户的贷方余额为 10 万元。1 月份,公司实际发生应收账款 10 万元,收回已确认并转销的应收账款 15 万元,期末转回坏账准备 3 万元,则 1 月 31 日"应收账款"的账面价值为(　　)万元。

A. 98 　　　　B. 95 　　　　C. 110 　　　　D. 125

5. 云山公司 12 月 31 日应收账款的账面余额为 100 万元,2023 年 12 月月初的坏账准备的余额为 12 万元。12 月 31 日,应收账款的未来现金流量现值为 85 万元。则 12 月 31 日,应收账款应计提的坏账准备为(　　)万元。

A. 10 　　　　B. 5 　　　　C. −3 　　　　D. 3

6. 下列各项中,应记入"应收票据"账户借方的是(　　)。

A. 销售商品收到银行汇票　　　　B. 销售原材料收到商业承兑汇票

C. 提供服务收到的银行本票　　　　D. 销售原材料收到的转账支票

7. 超过承兑期收不回的应收票据应（　　）。

    A. 转作管理费用

    B. 冲减坏账准备

    C. 转作应收账款

    D. 冲减营业收入

8. 下列应收、暂付款项中，不通过"其他应收款"科目核算的是（　　）。

    A. 应收保险公司的赔款

    B. 应向购货方收取的代垫运杂费

    C. 应向职工收取的各种垫付款项

    D. 应收出租包装物的押金

9. 当企业预付货款小于采购货物所需支付的款项时，应将不足部分补付，此时应借记的科目是（　　）。

    A. 预付账款   B. 应付账款   C. 其他应付款   D. 其他应收款

10. 如果企业预付款项业务不多且未设置"预付账款"科目，企业预付给供应商的采购款项，应记入（　　）。

    A. "应收账款"科目的借方

    B. "应付账款"科目的贷方

    C. "应收账款"科目的贷方

    D. "应付账款"科目的借方

11. 企业发生的下列事项中，影响"投资收益"科目金额的是（　　）。

    A. 期末交易性金融资产公允价值大于账面余额

    B. 交易性金融资产在持有期间取得的现金股利

    C. 期末其他债权投资的公允价值大于账面余额

    D. 交易性金融资产持有期间收到的包含在买价中的现金股利

12. 下列各项中，不应计入相关金融资产的入账价值的是（　　）。

    A. 发行长期债券发生的交易费用

    B. 取得以公允价值计量且其变动计入当期损益的金融资产发生的交易费用

    C. 取得债权投资发生的交易费用

    D. 取得其他债权投资发生的交易费用

13. 3 月 30 日，云山公司以每股 12 元的价格购入 A 公司股票 50 万股，划分为以公允价值计量且其变动计入当期损益的金融资产，购买该股票支付手续费等 10 万元。5 月 22 日，收到该上市公司按每股 0.5 元发放的现金股利。12 月 31 日，该股票的市价为每股 11 元。则 12 月 31 日该金融资产的账面价值为（　　）万元。

    A. 550   B. 575   C. 585   D. 610

14. 7 月 1 日，云山公司从二级市场以 2 100 万元（含已到付息日但尚未领取的利息 100 万元）购入乙公司发行的债券，另发生交易费用 10 万元，划分为以公允价值计量且其变动计入当期损益的金融资产。12 月 31 日，该金融资产的公允价值为 2 200 万元。当日，云山公司应就该金融资产确认的公允价值变动损益为（　　）万元。

    A. 90   B. 100   C. 190   D. 200

15. 2023 年 3 月 15 日，云山公司购入 M 公司发行在外的普通股股票作为以公允价值计量且其变动计入当期损益的金融资产核算。购买时支付价款 1 200 万元(其中包括已宣告但尚未发放的现金股利 100 万元,交易费用 20 万元),至 2023 年 6 月 30 日,该股票的公允价值为 1 200 万元。2023 年 8 月 19 日,该公司将持有的 M 公司的股票全部出售,收取价款为 1 210 万元,不考虑增值税等相关因素,则在处置时应该确认的投资收益为(　　)万元。

  A. 10   B. 130   C. 80   D. 30

16. 2022 年 6 月 9 日,云山公司支付价款 855 万元(含交易费用 5 万元)购入乙公司股票 100 万股,占乙公司有表决权股份的 1.5%,云山公司将其指定为以公允价值计量且其变动计入其他综合收益的金融资产。2022 年 12 月 31 日,该股票市场价格为每股 9 元。2023 年 2 月 5 日,乙公司宣告发放现金股利 1 000 万元。2023 年 8 月 21 日,云山公司以每股 8 元的价格将乙公司股票全部转让。云山公司 2023 年利润表中因该金融资产应确认的投资收益为(　　)万元。

  A. −40   B. −55   C. −90   D. 15

17. 下列各项中,不会影响其他综合收益发生变化的是(　　)。

  A. 发行可转换公司债券包含的权益成分的价值

  B. 现金流量套期工具产生的利得或损失中属于有效套期的部分

  C. 其他债权投资公允价值正常变动

  D. 自用房地产转为公允价值模式计量的投资性房地产转换日公允价值大于账面价值的差额

18. 2023 年 5 月 4 日,云山企业自证券市场购入面值为 1 000 万元的债券,作为债权投资核算。购入时实际支付的价款为 950 万元,另支付交易费用 5 万元。该债券是 2022 年 5 月 1 日发行的,分期付息到期还本,上年利息费用于次年 5 月 15 日支付。已知债券票面年利率为 5%,则企业取得债券时的入账价值为(　　)万元。

  A. 950   B. 955   C. 1 000   D. 905

19. 2023 年 1 月 1 日,云山公司以银行存款 1 100 万元购入乙公司当日发行的面值为 1 000 万元的 5 年期不可赎回债券,将其划分为以摊余成本计量的金融资产。该债券票面年利率为 10%,每年付息一次,实际年利率为 7.53%,2023 年 12 月 31 日,该债券的公允价值上涨至 1 150 万元。假定不考虑其他因素,2023 年 12 月 31 日云山公司该债权投资的账面价值为(　　)万元。

  A. 1 082.83   B. 1 150   C. 1 182.83   D. 1 200

20. 下列关于债权投资的说法中,错误的是(　　)。

  A. 债权投资应当按照取得时的购买价款和相关税费之和作为初始确认金额

  B. 取得时,如果实际支付的价款中包含已到付息期但尚未领取的债券利息,应一并计入债权投资成本

  C. 采用实际利率法时,债权投资在持有期间应当按照摊余成本和实际利率计算确认利息收入,计入投资收益

D. 持有期间预期发生信用减值损失的,应计提债权投资减值准备

(三) 多项选择题

1. 下列各项中,影响金融资产摊余成本的有(　　　　)。

A. 已偿还的本金

B. 初始确认金额与到期日金额之间的差额按实际利率法摊销形成的累计摊销额

C. 已计提的累计信用减值准备

D. 取得时支付的价款中包含的已到付息期但尚未领取的利息

2. 下列各项中,引起应收账款账面价值发生变动的有(　　　　)。

A. 结转到期不能收回款项的商业承兑汇票

B. 收回已作为坏账核销的应收账款

C. 计提应收账款坏账准备

D. 收回应收账款

3. 下列各项中,通过"其他货币资金"账户核算的有(　　　　)。

A. 银行汇票存款　　　　　　　　　B. 银行承兑汇票

C. 备用金　　　　　　　　　　　　D. 外埠存款

4. 下列关于"预付账款"科目的说法中,正确的有(　　　　)。

A. "预付账款"属于负债性质的科目

B. 预付款项情况不多的企业,可以不单独设置"预付账款"科目,将预付的款项记入"应付账款"科目的借方

C. "预付账款"科目贷方余额反映的是应付供应单位的款项

D. "预付账款"科目核算企业因销售业务产生的往来款项

5. 下列各项中,不应计入以公允价值计量且其变动计入当期损益的金融资产初始确认金额的有(　　　　)。

A. 支付的不含应收股利的价款

B. 支付的印花税

C. 支付的手续费

D. 支付价款中所含的已宣告发放而尚未领取的现金股利

6. 下列关于企业以公允价值计量且其变动计入当期损益的金融资产会计处理的表述中,正确的有(　　　　)。

A. 处置时实际收到的金额与该金融资产初始入账价值之间的差额计入投资收益

B. 资产负债表日的公允价值变动额计入投资收益

C. 取得时发生的交易费用计入投资收益

D. 持有期间享有的被投资单位宣告分派的现金股利计入投资收益

7. 下列有关交易费用的处理中,应当于发生时直接计入当期损益的有(　　　　)。

A. 取得以公允价值计量且变动计入当期损益的金融资产时发生的交易费用

B. 同一控制下企业合并中发生的审计费用

C. 取得一项以摊余成本计量的金融资产发生的交易费用

D. 非同一控制下企业合并中发生的资产评估费用

8. 下列关于其他权益工具投资的说法中,不正确的有( )。

A. 企业取得金融资产时支付的相关费用计入投资收益

B. 应当以公允价值进行后续计量,其公允价值变动计入公允价值变动损益

C. 已确认减值损失的其他权益工具投资在价值恢复时,原确认的减值损失应当予以转回,计入当期损益

D. 处置其他权益工具投资时,应将原直接计入所有者权益的公允价值变动累计额对应处置部分的金额转出,计入留存收益

9. 其他债权投资在处置时不可能用到的科目有( )。

A. "信用减值损失"   B. "投资收益"

C. "其他综合收益"   D. "营业外收入"

(四) 计算分析题

1. 云山公司向 A 公司销售产品一批,价目表中的价格为 100 万元,增值税税率为 13%,商业折扣为 10%,现金折扣条件为 2/10,1/20,n/30(假定现金折扣不考虑增值税)。预计 A 公司于第 10 天付款概率为 90%,15 天内付款的概率为 5%,30 天内付款的概率为 5%。

要求:根据资料,按净额法编制销售产品和收款时的会计分录,并进行必要的计算。

2. 云山公司 2021 年年末应收账款的余额为 1 500 000 元,坏账准备计提比例为 10%。2022 年发生了坏账损失 60 000 元,其中:A 公司 20 000 元,B 公司 40 000 元。2022 年年末应收账款余额 1 800 000 元,2023 年已冲销的上年 A 公司应收账款 20 000 元又收回,2023 年年末应收账款余额为 1 200 000 元。

要求:根据资料,计算云山公司各年应计提的坏账准备,并编制相关会计分录。

3. 2023 年 1 月 3 日,云山公司向 A 公司采购材料 5 000 吨,单价 10 元,所需支付的款项总额 50 000 元。按照合同规定向 A 公司预付货款的 50%,验收货物后补付其余款项。2023 年 1 月 20 日,收到 A 公司发来的 5 000 吨材料,验收无误,增值税专用发票上注明的价款为 50 000 元,增值税税额为 6 500 元。云山公司以银行存款补付所欠款项 31 500 元。

要求:根据资料,编制相关会计分录。

4. 云山公司从证券市场上购入债券作为以公允价值计量且其变动计入当期损益的金融资产,有关情况如下:

(1) 2022 年 1 月 1 日,购入某公司债券,共支付价款 1 025 万元(含债券应该发放的 2021 年下半年的利息),另支付交易费用 4 万元。该债券面值为 1 000 万元,于 2021 年 1 月 1 日发行,4 年期,票面利率为 5%,每年 1 月 2 日和 7 月 2 日付息,到期

日归还本金和最后一次利息；

(2) 2022 年 1 月 2 日,收到该债券 2021 年下半年的利息。

(3) 2022 年 6 月 30 日,该债券的公允价值为 990 万元(不含利息)。

(4) 2022 年 7 月 2 日,收到 2022 年上半年的利息。

(5) 2022 年 12 月 31 日,该债券的公允价值为 980 万元(不含利息)。

(6) 2023 年 1 月 2 日,收到该债券 2022 年下半年的利息。

(7) 2023 年 3 月 31 日,该公司将该债券以 1 015 万元价格售出,扣除手续费 5 万元后,将收款净额 1 010 万元存入银行。

要求:根据资料,编制相关会计分录。(金额单位以万元表示)

5. 2022 年 4 月 15 日,云山公司以每股 14.3 元的价格(其中包含已宣告但尚未发放的现金股利 0.3 元),从证券市场购入 B 公司发行在外的股票 20 万股,占 B 公司有表决权股份的 5%。云山公司没有在 B 公司董事会中派出代表,云山公司将其划分为其他权益工具投资。其他资料如下:

(1) 2022 年 4 月 20 日,云山公司收到 B 公司原宣告的现金股利 6 万元。

(2) 2022 年 6 月 30 日,B 公司股票的市价为每股 12 元;2022 年 12 月 31 日,B 公司股票的市价为每股 15 元。

(3) 2023 年 4 月 10 日,B 公司宣告发放 2022 年度的现金股利每股 0.4 元,云山公司于 2023 年 4 月 20 日收到上述股利。

(4) 2023 年 5 月 1 日,云山公司将所持有的 B 公司股票以每股 16.5 元的价格全部售出,取得价款 330 万元。假定不考虑其他因素。

要求:根据资料,编制相关会计分录。(金额单位以万元表示)

案例分析

雅戈尔金融资产盈余管理问题分析

雅戈尔集团股份有限公司(以下简称雅戈尔)的前身是宁波青春发展公司,公司的主营业务为品牌服装、地产开发、金融投资,三大业务相互融合协同发展。

与其他同类上市公司比较,雅戈尔更多的是将金融资产在初始确认时划分为以公允价值计量且变动计入其他综合收益的金融资产(以下简称可供出售金融资产),其可供出售金融资产的持有量远超交易性金融资产。而且,雅戈尔可供出售金融资产与交易性金融资产的倍数也远超其他上市公司的同类指标。除 2009 年和 2010 年雅戈尔持有的可供出售金融资产和交易性金融资产相差较小之外,其他年份,雅戈尔持有的可供出售金融资产都是交易性金融资产的千倍以上。其中,2012 年和 2013 年雅戈尔更是将所有的金融资产都划分为可供出售金融资产,其中不乏一些在短期内出售的股票。

而根据会计准则的规定,管理层持有意图主要是在近期内出售或回购的股票可以划分为交易性金融资产。雅戈尔持有高额的可供出售金融资产,以及将金融资产都划分为可供出售类,为其利用可供出售金融资产进行利润调节提供了方便。雅戈尔对金融资产的操作无疑会使人们怀疑其财务报表的可靠性。作为云山证券公司职员的你,将调查雅戈尔金融资产的秘密。

1. 金融资产初始确认情况

通过对雅戈尔历年来交易性金融资产以及可供出售金融资产持有情况进行对比,可以看出,雅戈尔管理层在金融资产初始确认时,就已经开始显现端倪,其偏向于将金融资产划分为可供出售金融资产。从表中可以看出,雅戈尔除了2009年和2010年所持有的可供出售金融资产与交易性金融资产相差较小以外,其他年度其所持有的可供出售金融资产的数量都远远超过了交易性金融资产。甚至在2012年和2013年,雅戈尔更是将所有的金融资产都划分为了可供出售金融资产。

表 4 - 1　雅戈尔 2006—2013 年两类金融资产持有情况

金额单位:百万元

项目	年　份							
	2006	2007	2008	2009	2010	2011	2012	2013
交易性金融资产	0.87	2.13	0.82	893.25	1 136.59	1.00		
以公允价值计量且变动计入其他综合收益的金融资产	4 368.90	16 496.69	5 459.62	11 247.02	12 188.69	9 361.67	8 522.75	6 516.69
倍数	5 022	7 745	5 699	13	8	9 362		

进一步查阅雅戈尔2020—2021年的年度报告,可以看出,这两年中也存在一些短期内买卖的其他上市公司股票资产,如上汽集团、徐工机械等,但是雅戈尔却将这些短期内交易的金融资产在"其他债权投资"科目核算。结合以上的分析我们可以看出,由于在金融资产初始确认时管理层可以选择是否将金融资产分类为可供出售金融资产,因此,雅戈尔的管理层将绝大多数的金融资产都划分为了可供出售金融资产,为其以后持有期间进行盈余管理埋下了伏笔。

2. 资金流入情况

从图4-1中,我们可以看到,雅戈尔最近几年持有的金融资产比例大,两类金融资产每年的持有量都在几十亿元以上,其中2007年、2009年以及2010年金融资产的持有金额更是高达百亿元以上。而且雅戈尔持有的金融资产至少是其总资产的10%以上,其中2007年雅戈尔持有的金融资产占总资产的比例为46.68%,几乎占据了其总资产的一半。这也为盈余管理提供了空间。

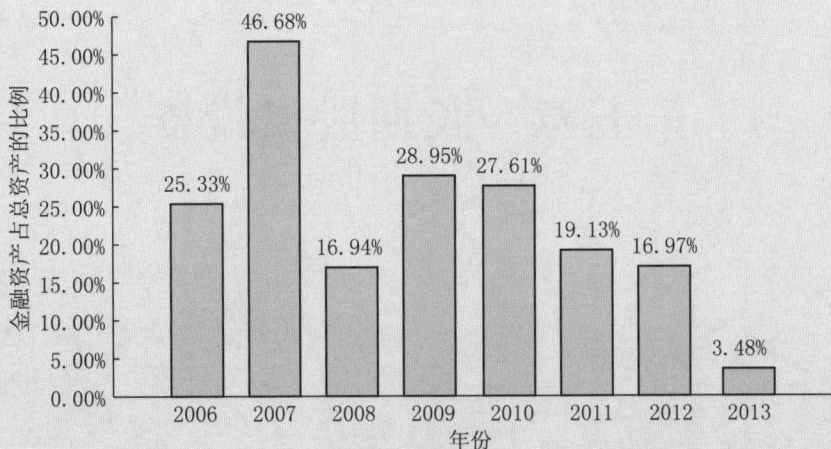

图4-1 2006—2013年雅戈尔金融资产占总资产的比例

3. 资金使用情况

根据雅戈尔历年的利润和可供出售金融资产处置收益的相关变动图(图4-2)数据,我们可以看出,不仅各年的利润总额在扣除可供出售金融资产的处置收益后出现大幅下降,而且从历年的利润变动趋势来看,在扣除可供出售金融资产的处置收益后,其利润变动幅度更为明显。这说明,雅戈尔利用可供出售金融资产的处置收益带来平滑利润,使其整体业绩保持平稳。

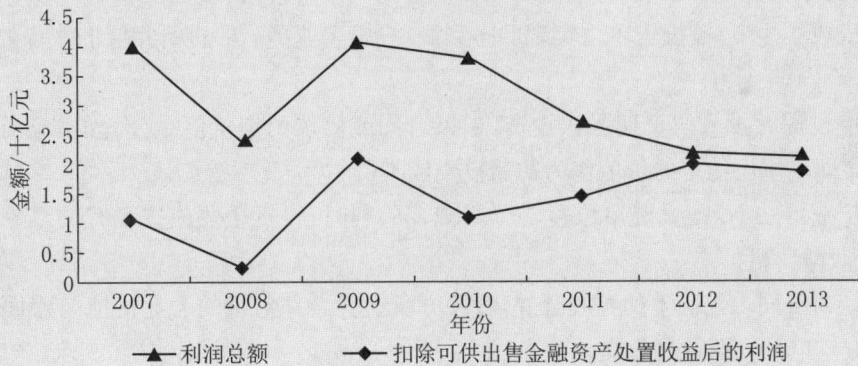

图4-2 可供出售金融资产处置收益分析

综合分析题

1. 根据上述材料,请分析对雅戈尔资产盈余中影响较大的因素。

2. 雅戈尔事件给你带来了什么启示?

第五章　长期股权投资

学习目标

1. 熟悉长期股权投资的含义以及处置的核算；
2. 掌握同一控制下的企业合并形成的长期股权投资初始投资成本的确定方法；
3. 掌握以非企业合并方式取得的长期股权投资初始成本的确定方法；
4. 熟练运用长期股权投资的权益法和成本法。

练习题

（一）判断题

1. 长期股权投资计提的减值准备在以后期间不可转回。　　　　　　　（　　）

2. 成本法下，被投资单位实现的净利润，投资企业不需要进行相应的账务处理。

（　　）

3. 投资者投入的长期股权投资，如果合同或协议约定价值是公允的，应当按照投资合同或协议约定的价值作为初始投资成本。　　　　　　　（　　）

4. 成本法下，被投资单位宣告分派现金股利时，投资企业应按享有的部分记入"投资收益"科目。　　　　　　　（　　）

5. 对于同一控制下的控股合并，合并方所支付合并对价的公允价值与账面价值的差额均应计入营业外收支。　　　　　　　（　　）

6. 权益法下，被投资方宣告分派股票股利时，投资企业不需要作账务处理。

（　　）

7. 云山公司出资 300 万元取得乙公司 40％ 的股权，合同约定，乙公司董事会 2/3 的人员由云山公司委派，且其董事会能够控制被投资单位的经营决策和财务政策，则云山公司对该项长期股权投资应采用权益法核算。　　　　　　　（　　）

8. 采用权益法核算，被投资企业发生盈亏，投资企业应于会计期末按持股比例相应调整"长期股权投资"账面价值，同时借记或贷记"投资收益"账户。　　（　　）

9. 对子公司的股权投资应作为"长期股权投资"核算。　　　　　　　（　　）

10. 将长期股权投资自成本法转换为权益法核算的，应比较初始投资成本与可辨认净资产公允价值的差额,确定是否需要对长期股权投资的账面价值进行调整。

（　　）

11. 长期股权投资因增资从权益法转按成本法核算的,应按转换时长期股权投资的账面价值作为成本法核算的初始投资成本。（　　）

12. 在调整被投资单位的净利润时,只需要考虑逆流交易产生的未实现内部交易损益,不需要考虑顺流交易产生的未实现内部交易损益。（　　）

（二）单项选择题

1. A 公司和 B 公司同属云山集团,2023 年 1 月 1 日,A 公司以其发行的普通股股票 500 万股(股票面值为每股 1 元,市价为每股 5 元),自其母公司处取得 B 公司 70% 的普通股权,并准备长期持有。B 公司 2023 年 1 月 1 日相对于最终控制方的所有者权益账面价值总额为 3 000 万元,可辨认净资产的公允价值为 5 000 万元。A 公司取得 B 公司股份时的初始投资成本为(　　)万元。

A. 500　　　　　B. 2 100　　　　　C. 2 400　　　　　D. 2 560

2. 云山公司持有 B 公司 30% 的普通股权,截至 2022 年年末,该项"长期股权投资"账户余额为 280 万元,2022 年年末该项投资减值准备余额为 12 万元,B 公司 2022 年发生净亏损 1 000 万元,云山公司对 B 公司没有其他长期权益。2022 年年末云山公司该项"长期股权投资"账户余额应为(　　)万元。

A. 0　　　　　B. 12　　　　　C. -20　　　　　D. -8

3. 云山公司于 2022 年 1 月 1 日取得 X 公司 30% 的股权,对 X 公司具有重大影响。取得投资时 X 公司其他资产、负债的账面价值与公允价值相等。2022 年 7 月 1 日,X 公司向云山公司销售一批存货,售价总额为 600 万元,成本总额为 400 万元,该批存货在 2022 年已对外销售 80%,剩余部分在 2023 年全部对外出售。X 公司 2023 年度利润表中净利润为 1 500 万元,不考虑其他因素,则云山公司 2023 年应确认的投资收益为(　　)万元。

A. 462　　　　　B. 438　　　　　C. 450　　　　　D. 403

4. 2022 年 1 月 1 日,云山公司购入乙公司 30% 的普通股权,对乙公司有重大影响,云山公司支付买价 640 万元,购入的乙公司股权准备长期持有。乙公司 2022 年 1 月 1 日的可辨认净资产的账面价值为 2 000 万元,公允价值为 2 200 万元。云山公司长期股权投资的初始投资成本为(　　)万元。

A. 600　　　　　B. 640　　　　　C. 644　　　　　D. 660

5. 对同一控制下的企业合并,若合并方以发行权益性证券作为合并对价的,下列说法中正确的是(　　)。

A. 应当在合并日按照取得被合并方所有者权益账面价值的份额作为长期股权投资的初始投资成本,按照发行股份的面值总额作为股本

B. 应当在合并日按照取得被合并方所有者权益公允价值的份额作为长期股权投资的初始投资成本,按照发行股份的面值总额作为股本

C. 应当在合并日按照取得被合并方可辨认净资产公允价值的份额作为长期股权投资的初始投资成本,按照发行股份的面值总额作为股本

D. 应当在合并日按照取得被合并方所有者权益账面价值的份额作为长期股权投资的初始投资成本,按照发行股份的面值总额作为股本,长期股权投资初始投资成本与所发行股份面值总额之间的差额,应当计入当期损益

6. 云山公司于 2022 年 1 月 1 日取得对 A 企业 20% 的股权,取得投资时被投资单位的固定资产公允价值为 600 万元,账面价值为 300 万元,固定资产的预计使用年限为 10 年,净残值为零,按照直线法计提折旧。被投资单位 2022 年度利润表中的净利润为 800 万元,不考虑所得税和其他因素的影响,云山公司作为投资企业,按权益法核算 2022 年应确认的投资收益为( )万元。

A. 160　　　　　　B. 145　　　　　　C. 231　　　　　　D. 154

7. 长期股权投资采用权益法核算时,下列各项中,影响"长期股权投资——其他综合收益"账户余额的是( )。

A. 被投资单位实现净利润

B. 被投资单位因投资性房地产转换导致其他综合收益增加

C. 被投资单位宣告分配现金股利

D. 投资企业与被投资单位之间的未实现内部交易损益

8. 云山公司 2022 年 4 月 1 日购入 B 公司股权进行投资,占 B 公司 65% 的股权,支付价款 500 万元,取得该项投资后,云山公司能够控制 B 公司。B 公司于 2022 年 4 月 20 日宣告分派 2021 年现金股利 100 万元,B 公司 2022 年实现净利润 200 万元(其中 1—3 月份实现净利润 50 万元),假定无其他影响 B 公司所有者权益变动的事项。该项投资 2022 年 12 月 31 日的账面价值为( )万元。

A. 502　　　　　　B. 500　　　　　　C. 497　　　　　　D. 504.5

9. 下列各项中,影响长期股权投资账面价值增减变动的是( )。

A. 采用权益法核算的长期股权投资,持有期间被投资单位宣告分派股票股利

B. 采用权益法核算的长期股权投资,持有期间被投资单位宣告分派现金股利

C. 采用成本法核算的长期股权投资,持有期间被投资单位宣告分派股票股利

D. 采用成本法核算的长期股权投资,持有期间被投资单位宣告分派现金股利

10. 投资企业对被投资企业具有共同控制或重大影响的长期股权投资,采用( )核算。

A. 成本法　　　B. 权益法　　　C. 直线法　　　D. 备抵法

11. 关于成本法与权益法的转换,下列说法中正确的是( )。

A. 原持有的对被投资单位不具有控制、共同控制或重大影响的股权投资,因追加投资导致持股比例上升,能够对被投资单位施加重大影响或是实施共同控制的,应由成本法核算改为权益法

B. 原持有的对被投资单位不具有控制、共同控制或重大影响的股权投资,因追

加投资导致持股比例上升,能够对被投资单位施加控制的,应由成本法核算改为权益法

C. 因处置投资导致对被投资单位的影响能力由控制转为具有重大影响的,应由成本法核算改为权益法

D. 因增加投资导致对被投资单位的影响能力由与其他投资方一起实施共同控制的转为控制,应由成本法核算改为权益法

12. 甲公司出资 1 000 万元,取得了乙公司 80% 的控股权,假如购买股权时乙公司的净资产账面价值为 1 500 万元,甲、乙公司合并前后同受一方控制。则甲公司确认的长期股权投资成本为(　　)万元。

    A. 1 000　　　　　B. 1 500　　　　　C. 800　　　　　D. 1 200

13. 云山公司 2022 年 6 月 1 日购入甲公司股票进行长期投资,取得甲公司 30% 的股权,2022 年 12 月 31 日,该长期股权投资的账面价值为 850 万元,其明细科目的情况如下:成本为 600 万元,损益调整(借方余额)为 200 万元,其他权益变动为 50 万元。假设 2022 年 12 月 31 日该股权投资的可收回金额为 820 万元,则 2022 年 12 月 31 日下列有关计提该项长期股权投资减值准备的账务处理中正确的是(　　)。

    A. 借:投资收益　　　　　　　　　　　　　　　　　　　30
        贷:长期股权投资减值准备　　　　　　　　　　　　　　　　30

    B. 借:资产减值损失　　　　　　　　　　　　　　　　　　30
        贷:长期股权投资减值准备　　　　　　　　　　　　　　　　30

    C. 借:长期股权投资减值准备　　　　　　　　　　　　　　30
        贷:投资收益　　　　　　　　　　　　　　　　　　　　　30

    D. 借:资产减值损失　　　　　　　　　　　　　　　　　　30
        贷:长期股权投资减值准备　　　　　　　　　　　　　　　　30

14. 2022 年初云山公司购入乙公司 20% 的股权,成本为 60 万元。2022 年末长期股权投资的可收回金额为 50 万元,故计提长期股权投资减值准备 10 万元。2023 年末该项长期股权投资的可收回金额为 70 万元。则 2023 年末甲公司应恢复长期股权投资减值准备(　　)万元。

    A. 10　　　　　　　B. 20　　　　　　　C. 30　　　　　　　D. 0

15. 企业处置长期股权投资时,正确的处理方法是(　　)。

A. 处置长期股权投资,其账面价值与实际取得价款的差额,应当计入其他综合收益

B. 处置长期股权投资,其账面价值与实际取得价款的差额,应当计入营业外收入

C. 采用权益法核算的长期股权投资,因被投资单位除净损益以外所有者权益的其他变动而计入所有者权益的,处置该项投资时应当将原计入所有者权益的部分按相应比例转入投资收益

D. 采用权益法核算的长期股权投资,因被投资单位除净损益以外所有者权益的其他变动而计入所有者权益的,处置该项投资时应当将原计入所有者权益的部分按相应比例转入营业外收入

16. 2022 年 6 月 1 日,云山公司以一栋自用办公楼换取丙公司持有的对乙公司的股权投资。相关资料如下:云山公司的办公楼的原价为 1 000 万元,累计已计提折旧 200 万元(包括了 2022 年 6 月份的折旧),2022 年 6 月 1 日的公允价值为 1 500 万元;丙公司持有乙公司 20% 的股权,能够对乙公司的生产经营活动产生重大影响,2022 年 6 月 1 日该项股权投资的账面价值为 1 200 万元,公允价值为 1 500 万元。假定该项交换具有商业实质,不考虑相关税费的影响,双方对换入的资产均不改变其用途,云山公司能够对乙公司的生产经营活动产生重大影响。则云山公司的下列处理中,表述正确的是(　　)。

A. 云山公司换入乙公司长期股权投资的初始入账价值为 800 万元

B. 云山公司换出办公楼不产生利得或损失

C. 云山公司换入乙公司长期股权投资的初始入账价值为 1 500 万元

D. 云山公司对换入的乙公司的长期股权投资应当采用成本法进行后续计量

17. 甲公司和乙公司属于云山集团的两个子公司,2022 年 1 月 1 日,甲公司以银行存款 3 000 万元从云山集团处取得乙公司 60% 的股权,乙公司的控制权随之发生转移,另发生直接相关交易费用 20 万元。当日乙公司所有者权益的账面价值为 3 000 万元。2022 年 3 月 1 日,乙公司宣告发放现金股利 100 万元。2022 年 4 月 1 日,甲公司收到乙公司发放的现金股利。不考虑其他因素,则下列说法中正确的是(　　)。

A. 甲公司长期股权投资的初始投资成本为 3 000 万元

B. 甲公司长期股权投资的初始投资成本为 1 800 万元

C. 甲公司收到的现金股利,应当减少长期股权投资的账面价值

D. 甲公司收到的现金股利,应当计入营业外收入

18. 2022 年 1 月 1 日,云山公司以银行存款 3 000 万元取得乙公司 30% 的股权,能够对乙公司的生产经营活动产生重大影响,云山公司和乙公司没有任何关联方关系。当日乙公司可辨认净资产的公允价值为 12 000 万元。2022 年 5 月 1 日,乙公司宣告发放上一年度的现金股利 500 万元。2022 年度乙公司发生净亏损 1 000 万元。2023 年度未进行利润分配,当年实现净利润 1 200 万元。不考虑其他因素,则下列说法中不正确的是(　　)。

A. 2022 年 1 月 1 日,长期股权投资的账面价值为 3 600 万元

B. 2022 年 5 月 1 日,长期股权投资的账面价值为 3 600 万元

C. 2022 年 12 月 31 日,长期股权投资的账面价值为 3 150 万元

D. 2023 年 12 月 31 日,长期股权投资的账面价值为 3 510 万元

19. 云山公司以生产的产品作为对价从乙公司的母公司处取得乙公司 80% 的股

权,能够对乙公司的生产经营决策实施控制。该批产品的成本是 1 000 万元,公允价值为 2 000 万元。当日乙公司可辨认净资产的公允价值和账面价值均为 2 000 万元,另发生相关交易费用 20 万元。在此之前,云山公司和乙公司没有任何关联方关系。若不考虑相关税费,则下列说法中正确的是(   )。

   A. 云山公司长期股权投资的初始投资成本为 2 000 万元

   B. 云山公司长期股权投资的初始投资成本为 1 800 万元

   C. 云山公司应当在其个别财务报表中确认商誉 740 万元

   D. 云山公司发生的相关交易费用应当计入初始投资成本

(三) 多项选择题

1. 长期股权投资采用权益法核算,应设置的明细科目有(   )。

   A. "成本"   B. "公允价值变动"

   C. "损益调整"   D. "其他权益变动"

2. 按《长期股权投资准则》规定,下列事项中,投资企业不能采用成本法核算的有(   )。

   A. 投资企业能够对被投资单位实施控制的长期股权投资

   B. 投资企业对被投资单位具有重大影响的长期股权投资

   C. 投资企业对被投资单位不具有共同控制、重大影响和控制的

   D. 投资企业对被投资单位具有共同控制的长期股权投资

3. 下列关于以发行权益性证券进行同一控制下企业合并的会计处理中,正确的有(   )。

   A. 长期股权投资的初始投资成本为发行权益性证券的公允价值

   B. 长期股权投资的初始投资成本为取得的被投资单位所有者权益账面价值的份额

   C. 应将所发行的权益性证券的面值记入"股本"账户

   D. 应将所发行权益性证券的公允价值与账面价值之间的差额记入"资本公积——股本溢价"账户

4. 下列情况下,应当判定为投资方对被投资方具有重大影响的有(   )。

   A. 投资方在被投资单位的董事会中派有代表

   B. 能够参与被投资单位经营政策的制定过程

   C. 与被投资单位之间发生重要交易

   D. 向被投资单位派出关键管理人员

5. 根据《企业会计准则第 2 号——长期股权投资》,下列关于长期股权投资核算方法转换的处理中,正确的有(   )。

   A. 将长期股权投资自成本法转换为权益法核算的,应比较剩余部分的初始投资成本与可辨认净资产公允价值的差额,确定是否需要对长期股权投资的账面价值进行调整

B. 将长期股权投资自成本法转为权益法核算的,应按转换时该项长期股权投资的公允价值作为权益法核算的初始投资成本

C. 将长期股权投资自成本法转为权益法核算的,上年度取得长期股权投资的初始投资成本小于应享有被投资单位可辨认净资产公允价值份额的差额,借记"长期股权投资——成本"科目,贷记"营业外收入"科目,初始投资成本大于投资时应享有被投资单位可辨认净资产公允价值份额的,不调整已确认的初始投资成本

D. 长期股权投资因减资自权益法转为成本法核算的,应按转换时长期股权投资的账面价值作为成本法核算的初始投资成本

6. 关于长期股权投资的权益法核算,下列说法中正确的有(　　　　)。

A. 分担净亏损后,被投资单位实现盈利的,要按照分担亏损的相反顺序进行处理

B. 被投资单位实现的净利润,投资企业不需要进行相应的处理

C. 在调整被投资单位的净利润时,只需要考虑逆流交易产生的未实现内部交易损益,不需要考虑顺流交易产生的未实现内部交易损益

D. 被投资单位发生的其他权益变动,投资企业应当相应调整长期股权投资的账面价值

7. 在同一控制下的企业合并中,合并方取得的净资产账面价值与支付的合并对价账面价值(或发行股份面值总额)的差额,可能调整(　　　　)。

A. 盈余公积　　　　B. 资本公积　　　　C. 营业外收入　　　　D. 未分配利润

8. 下列各项中,应作为长期股权投资取得时初始成本入账的有(　　　　)。

A. 投资时支付的不含应收股利的价款

B. 为取得长期股权投资而发生的评估、审计、咨询费

C. 投资时支付的税金、手续费

D. 投资时支付款项中所含的已宣告而尚未领取的现金股利

9. 下列关于多次交易形成非同一控制下企业合并在个别报表中相关会计处理的说法中,正确的有(　　　　)。

A. 应当以购买日之前所持被购买方的股权投资的公允价值与购买日新增投资成本之和作为该项投资的初始投资成本

B. 达到企业合并前对持有的长期股权投资采用成本法核算的,长期股权投资在购买日的初始投资成本为原成本法下的账面价值加上购买日新支付对价的公允价值之和

C. 达到企业合并前对长期股权投资采用权益法核算的,长期股权投资在购买日的初始投资成本为原权益法下的账面价值加上购买日新支付对价的公允价值之和

D. 购买日之前持有的被购买方的股权涉及其他综合收益的,应在处置该项投资时将与其相关的其他综合收益转入当期投资收益

10. 权益法核算下在确认应享有的被投资单位的净利润时,需要考虑的因素有(　　　　)。

A. 取得投资时被投资单位固定资产的公允价值与账面价值之间的差额

B. 被投资单位有关长期资产以投资企业取得投资时的公允价值为基础计算确定的减值准备金额对被投资单位净利润的影响

C. 被投资单位采用的会计政策和会计期间是否与投资企业一致

D. 投资企业与被投资单位之间的内部交易产生的未实现内部交易损益

(四) 计算分析题

1. 2022 年 1 月 1 日,云山公司取得同一控制下的乙公司 20％的股份,实际支付款项 5 000 万元,能够对乙公司施加重大影响。相关手续于当日办理完毕。

当日,乙公司可辨认净资产账面价值为 20 000 万元(假定与公允价值相等)。2020 年年度乙公司实现净利润 3 000 万元,无其他所有者权益变动。

2023 年 1 月 1 日,云山公司以定向增发 2 000 万股普通股(每股面值为 1 元,每股公允价值为 4.5 元)的方式购买同一控制下另一企业所持有的乙公司 40％股权,相关手续于当日完成。进一步取得投资后,云山公司能够对乙公司实施控制。当日,乙公司在最终控制方合并财务报表中的净资产的账面价值为 22 000 万元。

假定云山公司和乙公司采用的会计政策和会计期间相同,均按照 10％的比例提取盈余公积。云山公司和乙公司一直同受同一最终控制方控制。上述交易不属于一揽子交易。不考虑相关税费等其他因素的影响。

要求:根据资料,编制云山公司相关会计分录。(金额单位用万元表示)

2. 云山公司和乙公司不属于同一控制下的两个公司,云山公司为增值税一般纳税人,适用的增值税税率为 13％。云山公司 2023 年 4 月 1 日与乙公司原投资者 A 公司签订协议,云山公司以一批库存商品换取 A 公司持有的乙公司 60％的股权,对乙公司实施控制。云山公司投出的库存商品的公允价值为 10 000 万元,相关的增值税税额为 1 300 万元,账面成本为 8 000 万元。

要求:根据资料,编制云山公司相关会计分录。(金额单位用万元表示)

3. 云山企业于 2022 年 1 月取得乙公司 30％有表决权股份,能够对乙公司施加重大影响。假定云山企业取得该项投资时,乙公司各项可辨认资产、负债的公允价值与其账面价值相同。2022 年 8 月,乙公司将其成本为 600 万元的某商品以 1 000 万元的价格出售给云山企业,云山企业将取得的商品作为存货。至 2022 年资产负债表日,云山企业仍未对外出售该存货。乙公司 2022 年实现净利润为 3 200 万元。

要求:假定不考虑所得税因素影响,按照权益法确认应享有乙公司 2022 年净损益时,编制云山公司相关会计分录。(金额单位用万元表示)

4. 2023 年 5 月 1 日,云山公司以一项以公允价值计量且其变动计入其他综合收益的债权性金融资产向丙公司投资(云山公司和丙公司不属于同一控制下的两个公司),取得丙公司 70％有表决权股份,能够控制其生产经营决策。购买日,该金融资产的账面价值为 3 000 万元(其中成本为 3 200 万元,公允价值变动为 - 200 万元),公允价值为 3 100 万元。不考虑其他相关税费。

要求:根据资料,编制云山公司相关会计分录。(金额单位用万元表示)

长期股权投资核算方法变更问题研究——以姚记科技为例

上市公司通过处置股权方式来调节利润是盈余管理的手段之一,但该手段往往伴随较大的主观性和灵活性。

本案例以姚记科技为例,探究这家公司是如何通过处置股权实现高额投资收益的。

1. 公司基本情况

上海姚记科技股份有限公司前身为上海姚记扑克股份有限公司,公司创建于1994年,经过多年的发展,公司已发展成世界上最大的现代化扑克牌生产基地,年产量高达8亿副,享誉全球,是世界扑克牌行业的翘楚。2011年,姚记扑克上市,标志着公司从传统制造业到综合创新型企业的华丽转型。公司通过先后投资了国内众多优质互联网科技公司和高端医疗公司,逐步实现了以移动游戏业务为重心,不断向互联网与健康领域扩张的格局。

2. 案例背景介绍

2022年4月8日,姚记科技发布第一季度业绩预告修正报告(表5-1),预计第一季度归属于上市公司股东的净利润大幅提升至6.42亿~6.84亿元,比上年同期增长1 118.72%~1 198.72%。而此前,公司预告业绩增长150%~230%,盈利1.3亿~1.7亿元。一个月的时间,公司即猛增5.1亿元利润,此举引发深交所的关注。其原因就是姚记科技变更了所持股权的会计核算方法。

表5-1 姚记科技2022年盈利情况

项　　目	本报告期	上年同期
归属于上市公司股东的净利润	比上年同期增长:1 118.72%~1 198.72%	盈利:5 264.70万元
	盈利:64 161.75万元~68 373.51万元	

资料来源:姚记科技2022年第一季度业绩预告修正报告。

3. 具体分析

(1) 变更会计核算方法的具体操作。

姚记科技表示这猛增的5.1亿元并非营收剧增,而是非经常性损益,源于会计核算办法的变更。公司持有上海细胞治疗集团有限公司(以下简称"细胞公司")14.21%的股权,因不再拥有细胞公司董事会席位,且持股比例低于20%,公司对细胞公司失去了重大影响。

根据企业会计准则 2 号，投资方丧失了对被投资单位的共同控制或重大影响的，处置后的剩余股权应当改按企业会计准则 22 号的有关规定进行会计处理。因此姚记科技对细胞集团的股权投资由权益法核算的长期股权投资变更为以公允价值计量且其变动计入当期损益的金融资产。

猛增 5.1 亿元的具体操作是，在会计核算方法变更时，细胞公司股权公允价值与该时点长期股权投资账面价值之间的差额计入当期损益，原采用权益法核算的其他综合收益、资本公积全部转入当期损益。因该项权益工具投资确认和计量的核算方式发生变化，相应增加公司投资收益约 5.1 亿元。

（2）变更会计核算方法或违反会计准则。

利润金额之大，让人难免怀疑其中有猫腻。深交所要求姚记科技就"对细胞集团失去重大影响判断依据的合理性与充分性，是否符合《企业会计准则》的规定等问题"作出解释。这就先要追溯到姚记科技与细胞集团的关系。2014 年，姚记科技投资细胞集团，持有其 22% 的股权，并委派董事参与投后管理，2019 年，细胞集团引进战略投资者，姚记科技持有其股权被稀释至 14.21%，同时，细胞集团董事会成员由 5 名增至 12 名，姚记科技委派董事 1 名。按照姚记科技的说法，鉴于其持有细胞集团股权比例已大幅下降，且公司已明确转型互联网游戏板块，无意参与细胞集团管理，公司撤回向细胞集团派出的董事并放弃派出董事的资格，故可判断其已失去对细胞集团的重大影响。

如何界定"重大影响"？根据企业会计准则 2 号，尽管重大影响通常以持股比例 20% 至 50% 作为判断条件，但必须同时考虑其他因素，如公司是否在被投资单位的董事会或类似权力机构中派有代表、是否参与被投资单位财务和经营政策制定过程、是否与被投资单位之间发生重要交易、是否向被投资单位派出管理人员、是否向被投资单位提供关键技术资料等，满足以上条件之一，即可认定为重大影响。有业界人士表示，姚记科技持有投资的目的、财务管理决策权、股份转让和资产处置否决权并未发生改变，因而依然能够对细胞集团施加重大影响，也不符合交易性金融资产以近期出售为目的的确认条件。因此，姚记科技没有充分披露该重大影响的界定和判断依据，或者转换长期股权投资核算方法的证据不足，可能违背了会计准则。

（3）变更会计核算方法有指向"盈余管理"之嫌。

自姚记科技 2014 年投资细胞集团以来，细胞集团的业绩并不理想，根据年报（图 5-1）可知，2014 年至 2019 年，姚记科技将持有细胞集团股权作为长期股权投资以权益法核算，确认投资亏损分别为 86.44 万元、615.84 万元、1 216.60 万元、1 255.23 万元、1 058.78 万元，652.8 万元，对利润表造成不利影响。在 2020 年姚记科技变更该股权的会计核算办法后，公司猛增利润 5.1 亿元，同时只需要确认该股权的公允价值变动损益，细胞集团的亏损不会影响到姚记科技的业绩。

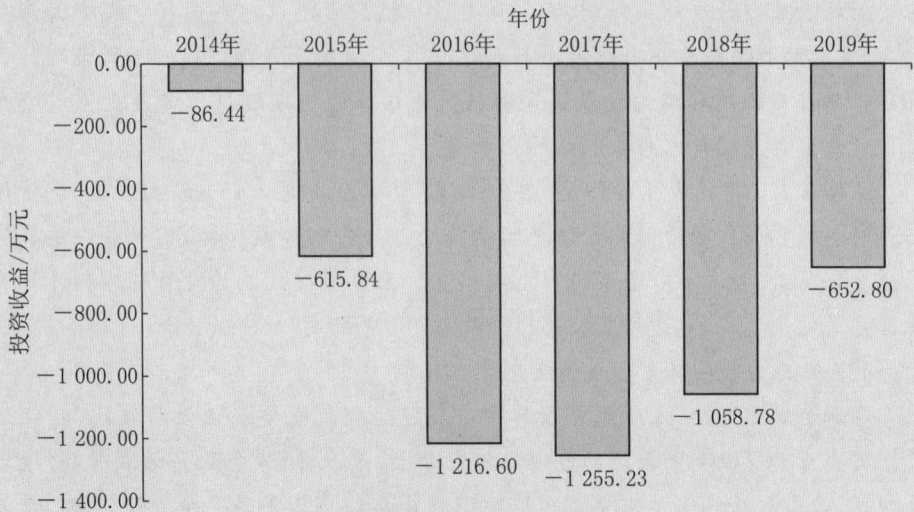

图 5 - 1 2014—2019 年姚记科技持有细胞集团股权所确认的投资收益

数据来源:姚记科技 2014 年至 2019 年年度报告。

综合分析题

1. 根据上述材料,请简述"重大影响"的界定方法。

2. 简述姚记科技变更会计核算方法具有"盈余管理"之嫌的原因。

第六章 固定资产

学习目标

1. 理解固定资产的定义及范围；
2. 了解固定资产入账价值与折旧年限的确定；
3. 掌握固定资产取得、折旧、处置等内容的账务处理。

练习题

（一）判断题

1. 房租属于企业的固定资产。 （　　）

2. 固定资产的后续支出应计入固定资产成本。 （　　）

3. 计提折旧时如采用双倍余额递减法可以先不考虑固定资产残值。 （　　）

4. 因已丧失使用功能或因自然灾害发生毁损等原因而报废清理产生的利得或损失应计入营业外收支。 （　　）

5. 企业采用自营方式对一栋自用办公楼进行改造,改造完工后对材料清查发现的工程物资盘亏损失,会影响办公楼入账成本。 （　　）

6. 外购固定资产的成本包括可以抵扣的增值税进项税额。 （　　）

7. 企业自行建造的固定资产已达到预定可使用状态,但尚未办理竣工决算的,应按暂估价值转入"固定资产"科目。 （　　）

8. 企业盘盈的固定资产,应使用"以前年度损益调整"科目核算。 （　　）

9. 云山公司 2022 年年末对固定资产进行盘点,盘盈一台 9 成新的生产设备,与该设备同类或类似的全新固定资产市场价格为 400 万元,期末预计该项固定资产未来现金流量现值为 375 万元,假定不考虑其他因素,该项盘盈设备的入账价值为 375 万元。 （　　）

10. 固定资产修理发生的支出可能会对固定资产账面价值进行调整。 （　　）

11. 工程完工后,工程物资盘亏的净损失不会影响在建工程的账面价值。

（　　）

12. 因自然灾害报废的固定资产,取得的赔款应该记入"固定资产清理"科目的贷方。   （   ）

（二）单项选择题

1. 云山公司 2022 年 11 月 1 日购入一项原价为 498 万元的固定资产，预计使用年限为 5 年，预计净残值为 5 万元，按双倍余额递减法计提折旧，该固定资产 2023 年应计提的折旧额为（   ）万元。

A. 96.8　　　　　　B. 119.52　　　　　　C. 192.56　　　　　　D. 208.92

2. 甲公司的注册资本为 200 万元。2022 年 4 月 20 日，甲公司接受乙公司投资的一台设备，该设备的原价为 65 万元，已计提折旧 16.43 万元，投资双方经协商确认的价值为 30 万元，设备投资当日公允价值为 25 万元。投资后，乙公司占甲公司注册资本的 30%。假定不考虑其他相关税费，该台固定资产的入账价值为（   ）万元。

A. 25　　　　　　B. 30　　　　　　C. 10.94　　　　　　D. 65

3. 云山公司为增值税一般纳税人，本年将自产的一批商品用于在建工程，该批商品成本为 500 万元，适用的增值税税率为 13%。不考虑其他因素，云山公司应计入在建工程成本的金额为（   ）万元。

A. 530　　　　　　B. 500　　　　　　C. 595　　　　　　D. 405

4. 《企业会计准则——固定资产》规定，确定固定资产成本时，应当考虑预计弃置费用因素。下列关于弃置费用的说法中，错误的是（   ）。

A. 一般企业的固定资产无须考虑弃置费用

B. 弃置费用仅针对特殊行业的特殊固定资产，例如石油天然气行业的油气资产、核电站的核燃料等。这些行业均承担了环保法规规定的环境恢复义务，且金额较大（可能大于相关固定资产的购建支出）

C. 弃置费用需要考虑货币时间价值的影响且需计算现值

D. 所有企业的所有固定资产都需考虑弃置费用

5. 固定资产按使用情况分类，不包括（   ）。

A. 出租固定资产　　　　　　　　　　B. 未使用固定资产

C. 租入固定资产　　　　　　　　　　D. 不需用固定资产

6. 云山公司为增值税一般纳税人，自行建造某项大型生产用设备，建造过程中领用工程物资 7 000 万元，增值税进项税额为 910 万元，发生人工成本 650 万元，为达到正常运转发生测试费 400 万元，外聘专业技术人员服务费用 120 万元，相关员工培训费用为 30 万元。不考虑其他因素，该设备完工后的入账成本为（   ）万元。

A. 9 080　　　　　　B. 8 050　　　　　　C. 9 110　　　　　　D. 8 170

7. 某大型生产线达到预定可使用状态前支付给第三方监理公司的监理费，应计入（   ）。

A. 长期待摊费用　　　　　　　　　　B. 在建工程

C. 管理费用　　　　　　　　　　　　D. 营业外支出

8. 甲公司接受乙公司投资的一项固定资产,下列关于该项固定资产成本确定的表述中,正确的是(   )。

A. 按照甲公司和乙公司投资合同或协议约定的价值确定,协议约定价不公允的,按其在投资方的账面价值确定

B. 按固定资产在投资方的账面价值确定

C. 通常按照投资合同或协议约定的价值确定,但合同或协议约定价值不公允的除外

D. 按固定资产在投资当日的公允价值确定

9. 3月31日,云山公司开始以自营方式安装某生产线。安装期间领用生产用原材料实际成本为20万元,材料购进时的增值税进项税额为2.6万元,该原材料未计提存货跌价准备。发生安装工人工资50万元,不考虑其他相关税费。下列关于该业务的账务处理,错误的是(   )。

A. 在建工程账面价值为70万元

B. 购进材料的进项税额不用转出

C. 在建工程的账面价值为72.6万元

D. 安装工人的工资计入应付职工薪酬

10. 关于企业盘盈的固定资产,下列说法中正确的是(   )。

A. 固定资产的盘盈属于前期差错

B. 盘盈固定资产应按照可收回金额与账面价值孰低的金额入账

C. 盘盈固定资产应通过"待处理财产损溢"科目核算

D. 盘盈固定资产待批准之后应冲减管理费用

11. 3月31日,云山公司采用出包方式对A生产设备进行改良,该设备账面原价为3 600万元,预计使用年限为5年,已使用3年,预计净残值为零,采用年限平均法计提折旧。云山公司支付出包工程款96万元。8月31日,改良工程达到预定可使用状态并投入使用,预计尚可使用4年,预计净残值为零,采用年限平均法计提折旧。不考虑其他因素,云山公司该年度A生产设备应计提的折旧为(   )万元。

A. 125   B. 280   C. 308   D. 368

12. 云山公司发生如下业务:①财务部门相关固定资产发生维护费用2.6万元;②行政管理部门对管理用设施进行修理发生支出1万元;③人力资源管理部门办公设备日常修理费用支出3万元;④专设的销售机构固定资产发生日常修理费用4.5万元;⑤车间生产设备发生局部损耗,发生维护支出3万元,该设备生产的产品至年末已全部出售。假定不考虑其他因素,云山公司因上述支出对管理费用和营业利润的影响分别为(   )万元。

A. 9.6;−10.1   B. 6.6;−11.1

C. 5.6;−14.1   D. 6.6;−14.1

13. 下列各项因素中,不会影响固定资产期末账面价值的是( )。

A. 公允价值   B. 固定资产的修理费用

C. 折旧方法   D. 预计使用寿命

14. 下列关于固定资产的说法中,错误的是( )。

A. 固定资产满足"处于处置状态"条件时,应当予以终止确认

B. 投资者投入的固定资产应当按照其原账面价值入账

C. 盘盈固定资产的成本,应当按照重置成本入账,在报经批准前通过"以前年度损益调整"科目核算

D. 一般工商企业的固定资产发生的报废清理费用,应当在发生时作为固定资产处置费用处理

15. 下列固定资产中,企业不应将所计提的折旧费用记入"管理费用"科目的是( )。

A. 行政部门使用的办公设备   B. 厂部的办公大型设备

C. 生产车间使用的机器设备   D. 未使用的厂房

16. 云山公司购进设备一台,该设备的入账价值为 100 万元,预计净残值为 3 万元,预计使用年限为 5 年。在采用双倍余额递减法计提折旧的情况下,不考虑其他因素,该项设备第 3 年应提折旧额为( )。

A. 14.4 万元   B. 15 万元   C. 20 万元   D. 25.5 万元

17. 企业为建造固定资产准备的工程物资,如果建设期间发生工程物资盘亏、报废及毁损,减去残料价值以及保险公司、过失人等赔款后的净损失,应当计入( )。

A. 在建工程   B. 其他业务支出

C. 管理费用   D. 营业外支出

18. 下列各项中,属于固定资产特征的是( )。

A. 使用寿命超过 6 个月

B. 固定资产是无形资产

C. 固定资产是持有以备增值的资产

D. 固定资产是为生产商品、提供劳务、出租或经营管理而持有

19. 云山公司 2021 年 12 月购入一台设备,购买价款 820 万元,预计使用 5 年,采用年限平均法计提折旧,预计净残值 20 万元。2022 年年末该设备出现减值迹象,预计可收回金额 520 万元,假设计提减值准备后,预计使用年限、预计净残值和折旧方法均保持不变。2023 年 6 月,云山公司出售该设备取得价款 400 万元,假设不考虑相关税费等其他因素,下列关于云山公司会计处理的表述中,不正确的是( )。

A. 2021 年年末该设备计提减值准备 140 万元

B. 2022 年该设备计提折旧 62.5 万元

C. 云山公司出售该设备使得营业利润减少 57.5 万元

D. 云山公司出售该设备不会影响营业利润

20. 下列各项关于固定资产后续计量会计处理的表述中,不正确的是( )。

A. 更新改造期间停止使用的固定资产不计提折旧

B. 固定资产大修理费用应计入当期损益

C. 企业不能以包括使用固定资产在内的经济活动所产生的收入为基础进行折旧

D. 机动车的交通事故责任强制保险费计入当期损益

(三) 多项选择题

1. 下列各项中,不应计提固定资产折旧的有( )。

A. 购入后投入安装中的大型设备

B. 处于日常修理期间的大型设备

C. 已提足折旧但停止使用的大型设备

D. 划分为持有待售的大型设备

2. 下列关于固定资产初始确认的表述中,正确的有( )。

A. 企业取得的资产,如果没有实物形态,则不能确认为固定资产

B. 租入的固定资产,承租企业虽然不拥有所有权,也应将其确认为固定资产

C. 固定资产的各组成部分,如果以不同方式为企业提供经济利益,则应将各组成部分分别确认为单项固定资产

D. 固定资产的各组成部分,如果具有不同的使用寿命,则应将各组成部分确认为单项固定资产

3. 下列各项中,应通过"固定资产清理"账户核算的有( )。

A. 盘盈的固定资产   B. 毁损的固定资产

C. 报废的固定资产   D. 转让的固定资产

4. 下列关于专项储备的表述中,不正确的有( )。

A. "专项储备"属于资产类科目,其科目余额应在资产负债中"固定资产"项目与"在建工程"项目之间增设"专项储备"项目列示

B. 专项储备用于核算工业企业按照规定提取的安全生产费以及维持简单再生产费用等具有类似性质的费用

C. 企业使用提取的安全生产费时,属于费用性支出的,直接冲减专项储备

D. 企业使用提取的安全生产费形成固定资产的,应当通过"在建工程"账户归集所发生的支出

5. 下列有关确定固定资产成本的表述中,正确的有( )。

A. 投资者投入固定资产的成本,应当按照投资合同或协议约定的价值确定,但合同或协议约定价值不公允的除外

B. 核电站核设施作为固定资产确认入账时,预计的弃置费用总额应计入固定资产的成本

C. 企业租入的设备,应确认为固定资产

D. 核电站核设施作为固定资产确认入账时,预计的弃置费用现值应计入固定资产的成本

6. 云山公司 2022 年发生如下业务:①专设销售机构相关固定资产发生维护费用 5 万元;②车间生产设备发生局部损耗,进行维护时发生支出 15 万元;③行政管理部门管理用设备发生日常修理费用 10 万元;④财务部门管理设施修理发生支出 8 万元。假定不考虑其他因素,关于固定资产的日常修理和维护,下列处理中正确的有(   )。

A. 计入销售费用的金额为 5 万元　　　B. 计入制造费用的金额为 15 万元

C. 计入管理费用的金额为 18 万元　　　D. 计入财务费用的金额为 8 万元

7. 下列关于固定资产后续支出的表述中,正确的有(   )。

A. 符合固定资产确认条件的,应当计入固定资产成本

B. 不符合资本化条件的,应当计入当期损益

C. 固定资产后续支出是固定资产经初始计量并入账后又发生的与固定资产相关的支出

D. 固定资产在定期大修理期间应照提折旧

8. 下列有关固定资产盘亏损失的表述中,错误的有(   )。

A. 固定资产盘亏损失应直接计入当期损益

B. 固定资产盘亏净损失应区分原因后计入管理费用或营业外支出

C. 固定资产盘亏过程中收到的保险赔偿或过失人赔偿,应冲减盘亏损失

D. 固定资产盘亏损失应通过以"以前年度损益调整"科目核算

9. 云山公司 9 月外购一栋办公楼,购买价款为 400 万元,将其作为管理部门综合大楼。该办公楼属于毛坯房,需要进一步装修才可以使用,购入时立即投入装修。在装修期间云山公司在办公楼中安装中央空调,发生支出 35 万元,其中:空调设施购买价款为 25 万元;发生安装费用 10 万元。安装和配套完毕后,于 11 月 30 日落成使用。云山公司购入一批台式电脑和办公桌椅,购买价分别为 15 万元和 8 万元;购入一批办公用品供管理人员使用,花费 6 000 元。假定不考虑其他因素,下列说法中正确的有(   )。

A. 中央空调应单独作为固定资产核算,入账价值为 25 万元

B. 购入的电脑和办公桌椅作为管理用固定资产确认

C. 办公楼的入账成本为 400 万元

D. 购入办公用品的支出应计入当期管理费用

(四)计算分析题

1. 云山公司是增值税一般纳税人。2020 年 3 月 10 日,云山公司购入需安装的生产设备一台,取得的增值税专用发票上注明的设备价款为 300 000 元,增值税税额为 39 000 元。当日,设备运抵云山公司并开始安装。为安装设备,领用本公司原材料一批,价值 50 000 元,该批原材料购进时支付的增值税进项税额为 6 500 元;以银

行存款支付安装费,取得的增值税专用发票上注明的安装费为 40 000 元,增值税税额为 3 600 元。2020 年 3 月 28 日,该设备经调试达到预定可使用状态。

要求:根据资料,编制相关会计分录。

2. 云山公司是增值税一般纳税人。2017 年 12 月 31 日,云山公司以银行存款购入一台不需要安装的生产用机器设备,取得增值税专用发票注明价款为 1 000 万元,增值税税额为 130 万元。该设备当天达到预定可使用状态,预计使用寿命为 5 年,预计净残值为 50 万元,采用双倍余额递减法计提折旧。

要求:

(1) 编制云山公司购入该机器设备的会计分录。

(2) 编制云山公司 2018—2022 年计提折旧的相关会计分录。

3. 云山公司有一台设备,因使用期满经批准报废。该设备原价为 186 400 元,累计已计提折旧 177 080 元,计提减值准备 2 300 元。在清理过程中,以银行存款支付清理费 4 270 元,收到残料变卖收入 5 400 元。(不考虑残料变卖时的增值税)

要求:根据资料,编制相关会计分录。

4. 云山航空公司为增值税一般纳税人,2013 年 12 月份,购入一架飞机,总计花费 8 000 万元(含发动机),发动机当时的购价为 500 万元。云山航空公司未将发动机单独作为一项固定资产进行核算。2022 年 6 月末,云山航空公司开辟新航线,航程增加。为延长飞机的空中飞行时间,公司决定更换一部性能更为先进的发动机。公司以银行存款购入新发动机一台,增值税专用发票上注明的购买价为 700 万元,增值税税额为 91 万元;另支付安装费用并取得增值税专用发票,注明安装费 10 万元,增值税税额为 0.9 万元。假定飞机的年折旧率为 3%,不考虑预计净残值的影响,被替换的老发动机报废且无残值收入。

要求:根据上述资料,编制相关会计分录。

5. 云山公司系增值税一般纳税人,2019—2022 年与固定资产业务相关的资料如下:

(1) 2019 年 12 月 5 日,云山公司以银行存款购入一套不需安装的大型生产设备,取得的增值税专用发票上注明的价款为 5 000 万元,增值税税额为 650 万元。

(2) 2019 年 12 月 31 日,该设备投入使用,预计使用年限为 5 年,净残值为 50 万元,采用年数总和法计提折旧。

(3) 2021 年 12 月 31 日,该设备出现减值迹象,预计未来现金流量的现值为 1 500 万元,公允价值减去处置费用后的净额为 1 800 万元,云山公司对该设备计提减值准备后,根据新获得的信息,预计剩余使用年限仍为 3 年,净残值为 30 万元,仍采用年数总和年计提折旧。

(4) 2022 年 12 月 31 日,云山公司售出该设备,开具的增值税专用发票上注明的价款为 900 万元,增值税税额为 117 万元,款项已收存银行,另以银行存款支付清理费 2 万元,假定不考虑其他因素。

要求：

（1）编制云山公司 2019 年 12 月 5 日购入该设备的会计分录。

（2）分别计算云山公司 2020 年度和 2021 年度对该设备应计提的折旧金额。

（3）计算云山公司 2021 年 12 月 31 日对该设备应计提减值准备的金额，并编制相关会计分录。

（4）计算云山公司 2022 年度对该设备应计提的折旧金额，并编制相关会计分录。

（5）编制云山公司 2023 年 12 月 31 日处置该设备的会计分录。

案例分析

尔康制药财务造假事件

尔康制药于 2017 年 5 月 9 日被媒体曝出涉嫌财务造假、粉饰报表，股价当天跌停。公司迫于外界舆论的压力在 2017 年年底公开承认 2016 年以虚构营业收入的方式虚增净利润 2.3 亿元。随着事件的持续发酵，公众进一步质疑尔康制药固定资产的真实性和合理性。对此，你作为云山证券公司的研究员展开了对尔康制药固定资产的专项调查分析，以下是你收集整理的相关资料：

1. 公司基本情况

尔康制药股份有限公司（简称"尔康制药"）成立于 2003 年 10 月，于 2011 年在深交所挂牌上市。公司拥有现代化全产业链医药制品生产车间，主要生产药用辅料。尔康制药自上市起吸收了大量投资，并将资金投入抗生素原料药生产和药用辅料的升级项目中。尔康制药作为国内第一家在深交所上市的医药制造企业，公司业绩由 2011 年的 1.2 亿元增长到 2016 年的 10.3 亿元，与此同时，股价不断飙升，逐渐成为行业内最大的药用辅料企业。

2. 案件回顾

2017 年 5 月 9 日有研究机构发文指出，尔康药业存在虚增收入和虚构资产的现象，文章一发出便在市场中引起股民的广泛关注，尔康药业的信誉和品牌也因此受到严重影响，股价不断下跌，停牌至 11 月，长达半年。在此期间，尔康制药收到深交所的关注函，证监会也开始调查。尔康制药于 11 月 23 日发布报告，表示 2016 年公司总虚报利润达 2.31 亿元。2018 年 4 月，证监会发布报告，称该公司 2015 年营业收入虚增 1806 万元。2016 年则更大胆，在营业收入上虚增了 2.55 亿元。6 月，公司收到证监会发布的《行政处罚决定》。财务造假坐实同时，尔康制药被处以 60 万元罚款。从图 6-1 可以看出，在这之后，2017—2020 年的净利润公司的利润极速下滑，而在舞弊事件揭露之前 2014—2016 年的净利润是一度飙升的，近些年"业绩"一落千丈。

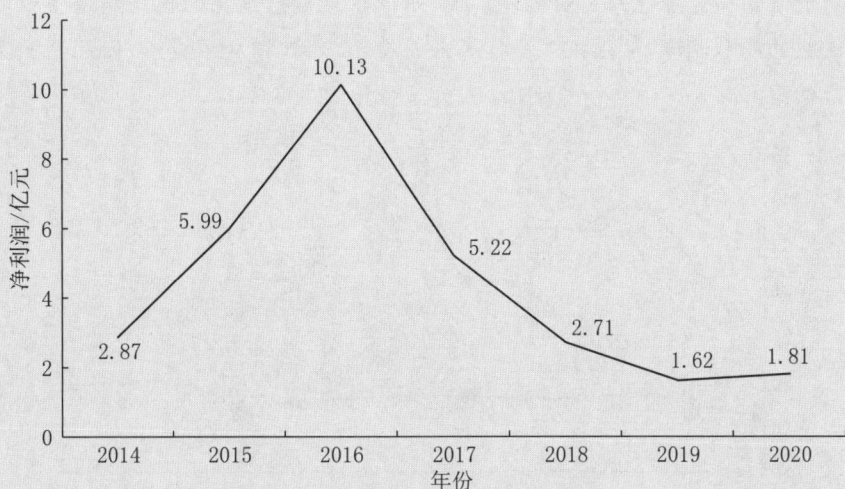

图 6 - 1 尔康制药净利润走势情况

通过调查，我们发现尔康制药一系列财务造假主要通过"自卖自买"的操作手法实现。譬如，2016 年，尔康制药全资子公司湖南尔康(香港)有限公司(以下简称"尔康香港")将从尔康柬埔寨购入的 1 878 吨改性淀粉通过中间商间接销往尔康制药，为此尔康香港确认营业收入 2.29 亿元，确认净利润 2.09 亿元。经湖南证监局调查认定，尔康制药从全资子公司全额现款购入原料不具有商业合理性，商品所有权上的主要风险和报酬没有发生转移，相关经济利益没有实际流入，商品的实际控制权没有发生转移，上述经济业务不应确认为销售收入。

3. 尔康制药财务造假的风险预警信息

远高于同行业的毛利率：尔康制药的主要盈利项目是改良性淀粉，"改性淀粉"顾名思义，改变性质的淀粉，尔康药业所说的"改性淀粉"便是其中的药用改性淀粉。这种淀粉被大量用于制作植物胶囊，这样的胶囊能够促进药物更好地吸收，减少对人体的副作用。目前，国内最大的胶囊生产商是黄山胶囊。通过比较发现，黄山胶囊年利润 5 000 万元左右，与尔康制药相差甚远。不但如此，黄山胶囊的毛利率也仅仅是 40%，如表 6 - 1 所示。

表 6 - 1 淀粉囊产品毛利率

同行业上市公司	产品名称	毛利率
黄山胶囊	明胶空心胶囊	40.25%
尔康制药	淀粉胶囊	89.91%

从图 6 - 2 中我们可以看到，尔康制药毛利率一直高于同期行业均值，尤其是 2015—2016 年这两年时间里，更是双倍增长于同行业其他企业。这一切都得益于公司的改良性淀粉项目。公司的年报显示，仅 2016 年一年，改性淀粉的毛利率就达到了 90% 左右，为尔康药业带来 6.96 亿元的销售收入。在制造业，这一超高毛

利率只有贵州茅台等几家企业才能实现,而像尔康制药这样的医药制造企业要想维持这样的高利润率,必须投入高技术来维持,自然就增加了成本,因此利润率也是有限的。

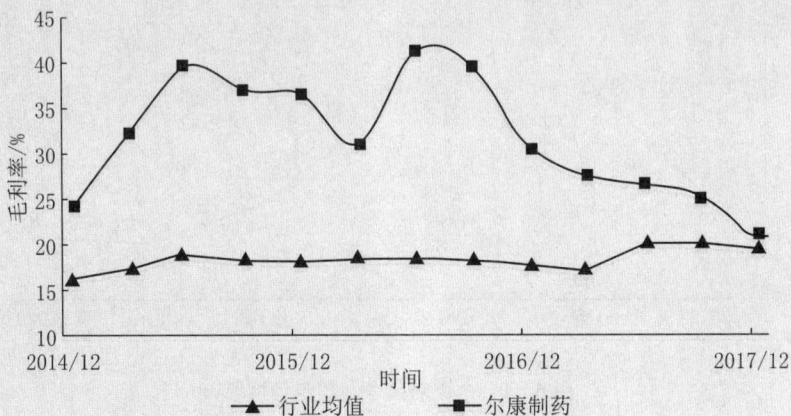

图 6-2　尔康药业与行业均值毛利率

存货和固定资产等数据自相矛盾:尔康制药的存货数量庞大,从图 6-3 中我们可以看到,2014—2016 年原材料开始激增;存货也逐年增长,增长幅度近一倍。公司方面表示,库存增加是因为药用淀粉系列存货增加所引起的。在销售方面,药用淀粉系列产品利润一路高增长,但同时,同类系列产品库存大量积压。

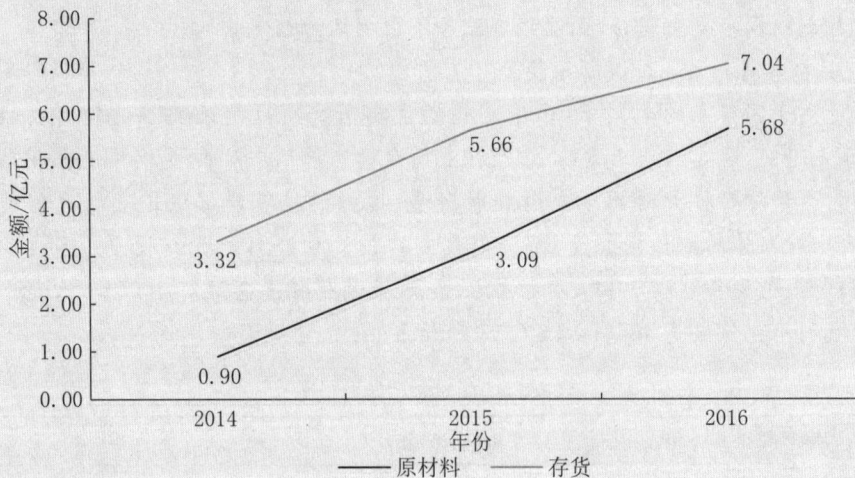

图 6-3　尔康药业原材料和存货趋势

利润率逐年增长,销售收入也不断增加,代表产品市场反应极好,甚至是供不应求,但奇怪的是,从公司的运营能力情况(表 6-2)中看到,在 2014—2015 年期间存货的周转天数也在增加,这说明存货周转速度下降,产品积压。一方面供不应求,另一方面产品积压,显然存在端倪。这就说明数据存在造假,不然很难解释。

表 6 - 2　运营能力情况

项　　目	2014 年	2015 年	2016 年
应收账款周转率/次	8.911 8	8.794 7	13.053 8
应收账款周转天数/天	40.395 9	40.933 7	27.578 2
存货周转天数/天	104.172 7	189.603 4	180.777 3
存货周转率/次	3.455 8	1.898 7	1.991 4
固定资产周转率/次	2.458 7	1.758 3	1.94
总资产周转率/次	0.747 3	0.500 1	0.566 4
总资产周转天数/天	481.734 2	719.856	635.593 2

与此同时,异于同行的固定资产扩增情况也受到了特别关注。从表 6-3 可以看到,尔康制药自 2014 年开始,固定资产飞速增加,尤其是 2015 年这一年,固定资产账面价值翻了 4 倍,从 2014 年到 2016 年底,年复合增长率高达 56.86%。并且,经分析发现,绝大多数增加额是由在建工程转入导致的。

表 6 - 3　尔康制药 2014—2016 年固定资产和在建工程变动表

项　　目	2014 年	2015 年	2016 年
固定资产	274 980 512	1 276 609 140	1 768 742 210
在建工程	189 585 119	197 996 431	772 034 322
其中:房屋占固定资产比例	49.70%	71.01%	72.32%

4. 公司治理情况

2017 年年报显示,实际控制人帅放文及其妻子曹再云作为同一行为人,共占公司总股份数的 57.09%,这种典型的"一股独大"的股权结构会导致公司治理结构失衡,实际控制人帅放文家族有权力决定董事会的决策安排和公司的经营管理活动,其他股东则很难对其进行有效监督。

综合分析题

1. 根据上述材料,请分析并概括尔康制药财务造假的风险预警信息。

2. 通过尔康制药财务造假事件,我们应当如何识别固定资产造假?

第七章 无 形 资 产

学习目标

1. 理解无形资产的概念及特征;

2. 了解无形资产入账价值与摊销年限的确定;

3. 掌握无形资产取得、摊销、出租、处置等内容的账务处理。

练习题

(一) 判断题

1. 企业发生的研发支出应当于发生时全部计入当期损益。 （　　）

2. 如果企业当期发生的研发支出预期在未来可以产生经济利益,可全部进行资本化处理。 （　　）

3. 如果无形资产的使用寿命不能确定,无法预估摊销年限,则该无形资产不需要进行摊销。 （　　）

4. 对于使用寿命不确定的无形资产,至少应于每年年末进行减值测试。 （　　）

5. 无形资产计提的减值准备,在以后期间可以转回。 （　　）

6. 对于使用寿命有限的无形资产摊销,自达到预定用途的下月起开始摊销。

（　　）

7. 直接归属于使无形资产达到预定用途所发生的其他支出,包括为引入新产品进行宣传发生的广告费、管理费用及其他间接费用。 （　　）

8. 企业内部研究开发项目在研究阶段发生的支出会引起无形资产账面价值发生增减变动。 （　　）

9. 出租无形资产取得的租金收入,记入"营业外收入"科目。 （　　）

10. 无形资产出售时,已计提的减值准备应冲减资产减值损失。 （　　）

11. 企业如果无法可靠区分研究阶段和开发阶段的支出,应将发生的研发支出全部资本化,计入无形资产成本。 （　　）

12. 若无形资产预期不能给企业带来经济利益,应将其报废并予以转销,其账面价值转出为其他业务支出。 （　　）

（二）单项选择题

1. 下列项目中,应确认为无形资产的是(　　)。

A. 企业自创商誉

B. 企业内部产生的品牌

C. 企业内部研究开发项目研究阶段的支出

D. 为建造厂房以支付出让金方式获得的土地使用权

2. 下列关于无形资产的表述中,错误的是(　　)。

A. 对于使用寿命不确定的无形资产应该每年年末进行减值测试

B. 无形资产的摊销金额一般应该计入当期损益

C. 无法可靠确定有关的经济利益的预期消耗方式的无形资产不应摊销

D. 无法为企业带来经济利益的无形资产应转销并终止确认

3. 下列各项中,不会引起无形资产账面价值发生增减变动的是(　　)。

A. 计提无形资产减值准备　　　　　　B. 发生无形资产后续支出

C. 摊销无形资产成本　　　　　　　　D. 转让无形资产所有权

4. 下列关于无形资产核算的表述中,正确的是(　　)。

A. 不能为企业带来经济利益的无形资产,应将其账面价值全部转入资产减值损失

B. 无形资产计提减值时,应该将账面价值与未来现金流量的现值进行比较

C. 若无形资产的残值重新估计以后高于其账面价值,无形资产可以继续进行摊销

D. 为引入新产品进行宣传发生的广告费、管理费用及其他间接费用不计入无形资产的初始成本,应当计入当期损益

5. "无形资产"账户的期末借方余额,反映企业无形资产的(　　)。

A. 成本　　　　　　　　　　　　　　B. 摊余价值

C. 账面价值　　　　　　　　　　　　D. 可回收金额

6. 企业摊销自用的使用寿命确定的无形资产时,借记"管理费用"账户,贷记(　　)账户。

A. "无形资产"　　　　　　　　　　　B. "累计摊销"

C. "累计折旧"　　　　　　　　　　　D. "无形资产减值准备"

7. 期末所持有的无形资产账面价值高于其可回收金额的差额,应当计入(　　)。

A. 管理费用　　　　　　　　　　　　B. 资产减值损失

C. 其他业务成本　　　　　　　　　　D. 营业外支出

8. 下列事项中,不可能影响企业当期利润表中营业利润的是(　　)。

A. 无形资产的摊销

B. 接受其他单位捐赠的专利权

C. 出租无形资产取得的租金收入

D. 新技术项目研究过程中发生的人工费用

9. 下列有关无形资产的会计处理中,正确的是( )。

A. 使用寿命不确定的无形资产,不应摊销,但应于每个会计期末进行减值测试

B. 转让无形资产所有权取得的收入计入其他业务收入

C. 转让无形资产使用权取得的收入计入营业外收入

D. 购入但尚未投入使用的、使用寿命有限的无形资产的成本不应进行摊销

10. 下列各项关于企业无形资产会计处理的表述中,正确的是( )。

A. 存在预计净残值且使用寿命有限的无形资产,在持有期间至少应于每年年末对预计净残值进行复核

B. 使用寿命不确定的无形资产只有存在减值迹象时才进行减值测试

C. 无形资产达到预定用途后,为推广拟用其生产的新产品而发生的支出应计入无形资产的成本

D. 无法区分研究阶段和开发阶段的研发支出应计入无形资产的成本

11. 2022 年 3 月 8 日,云山公司购买一项专利权,购买价款为 3 500 万元,另支付相关税费 30 万元。此外,为测试该项专利权能否用于产品生产发生专业测试费用 60 万元;为推广由该专利权生产的产品,云山公司发生宣传广告费用 25 万元、展览费 15 万元,上述款项均用银行存款支付。则该项无形资产的入账价值为( )万元。

A. 3 260   B. 3 590   C. 3 310   D. 3 250

12. 2022 年 1 月 1 日,云山公司将一项专利权用于对外出租,年租金 100 万元。已知该项专利权的原值为 1 000 万元,预计该项专利权的使用寿命为 10 年,已使用 3 年,无残值,采用直线法摊销。2022 年 12 月 31 日,云山公司估计该项专利权的可收回金额为 545 万元。不考虑其他因素,则云山公司 2022 年度因该项专利权影响利润总额的金额为( )万元。

A. − 155   B. 55   C. 45   D. − 55

13. 当无形资产预期不能为企业带来经济利益时,应当将该项无形资产的账面价值全部转入( )。

A. 销售费用   B. 累计摊销

C. 管理费用   D. 营业外支出

14. 下列事项中,应计入"其他业务收入"核算的是( )。

A. 出租无形资产的摊销额

B. 转让无形资产所有权实现的利得

C. 转让无形资产使用权所收取的租金收入

D. 出售原材料所取得的不包含增值税的收入

15. 无形资产出售时,不应贷记的账户是( )。

A. "营业外支出"   B. "应交税费"

C. "无形资产"   D. "资产处置损益"

16. 云山公司 2022 年 3 月 1 日开始自行开发成本管理软件,在研究阶段发生材料费用 25 万元,开发阶段发生开发人员工资 125 万元,福利费 30 万元,支付租金 51 万元。开发阶段的支出满足资本化条件。2022 年 3 月 16 日,云山公司自行开发成功该成本管理软件,并依法申请了专利,支付注册费 1.2 万元,律师费 3.2 万元。2022 年 3 月 20 日,云山公司为向社会展示其成本管理软件,特举办了大型宣传活动,支付费用 49 万元,则云山公司该项无形资产的入账价值应为( )万元。

  A. 243.5   B. 3.5   C. 219.5   D. 210.4

17. 2022 年 2 月 1 日,云山公司以 3 000 万元购入一项专门用于生产 H 设备的专利技术。该专利技术按产量进行摊销,预计净残值为 0,预计该专利技术可用于生产 500 台 H 设备,2022 年实际产量为 80 台。2022 年 12 月 31 日,经减值测试,该专利技术的可收回金额为 2 200 万元。不考虑其他因素,2022 年 12 月 31 日应确认的资产减值损失为( )万元。

  A. 70   B. 0   C. 320   D. 504

18. 2023 年 1 月 1 日,云山公司某项特许使用权的原价为 1 060 万元,已摊销 700 万元,已计提减值准备 60 万元。预计尚可使用年限为 2 年,预计净残值为零,采用直线法按月摊销。不考虑其他因素,2023 年 1 月云山公司该项特许使用权应摊销的金额为( )万元。

  A. 12.5   B. 15   C. 37.5   D. 40

19. 云山公司 2022 年 1 月 10 日开始自行研究开发无形资产,12 月 31 日达到预定用途。其中,研究阶段发生职工薪酬 60 万元、计提专用设备折旧 50 万元;进入开发阶段后,相关支出符合资本化条件前发生职工薪酬 70 万元、计提专用设备折旧 65 万元,符合资本化条件后发生职工薪酬 150 万元、计提专用设备折旧 250 万元。假定云山公司该项无形资产开发完成后用于生产 A 产品,则 2022 年度云山公司应确认管理费用的金额为( )万元。

  A. 90   B. 120   C. 100   D. 245

20. 云山公司 2019 年 1 月 5 日购入一项专利权,实际成本为 300 000 元,预计使用年限为 10 年。2022 年 12 月 31 日,该项专利权发生减值,预计未来现金流量的现值为 120 000 元,公允价值为 110 000 元。该项专利权发生减值以后,预计剩余使用年限为 5 年。该项专利权在 2022 年 12 月 31 日计提减值准备前的累计摊销和账面价值分别为( )。

  A. 120 000 元;180 000 元   B. 220 000 元;120 000 元

  C. 120 000 元;160 000 元   D. 200 000 元;180 000 元

(三) 多项选择题

1. 下列关于无形资产的表述中,不正确的有( )。

  A. 政府补助取得的无形资产,按公允价值入账,公允价值不能可靠取得的,按名义金额入账

B. 自行研发无形资产的,开发阶段符合资本化条件的支出,应计入无形资产成本

C. 无形资产计提的减值准备在以后会计期间可以转回

D. 企业将以经营租赁方式出租的自有土地使用权作为无形资产核算

2. 按无形资产准则规定,下列表述中正确的有( )。

A. 无形资产以经营租赁方式出租取得的租金收入,应在利润表"营业收入"项目中列示

B. 无形资产的成本能够可靠地计量

C. 无形资产是不具有实物形态的、可辨认的货币性资产

D. 如果无形资产预期不能为企业带来未来经济利益,不再符合无形资产的定义,应将其账面价值转销计入营业外支出

3. 下列有关自行开发无形资产发生的研发支出的处理方法中,正确有( )。

A. 企业自行开发无形资产发生的研发支出,不满足资本化条件的,借记"管理费用"账户,满足资本化条件的,借记"无形资产"账户

B. 企业自行开发无形资产发生的研发支出,不满足资本化条件的,借记"研发支出——费用化支出"账户

C. 企业自行开发无形资产发生的研发支出,当研究开发项目达到预定用途时,应按"研发支出——资本化支出"账户的余额,转入无形资产

D. 企业自行开发无形资产发生的研发支出,期末应将"研发支出——费用化支出"账户的余额,转入"管理费用"账户

4. "无形资产"账户的期末借方余额,不能反映企业无形资产的( )。

A. 摊余价值 B. 账面价值

C. 可收回金额 D. 成本

5. 按照现行会计准则规定,下列不应作为无形资产入账的有( )。

A. 商誉

B. 开办费

C. 研发新技术发生的项目研究费

D. 为获得土地使用权支付的土地出让金

6. 出售无形资产时,应借记的账户有( )。

A. "银行存款" B. "累计摊销"

C. "无形资产减值准备" D. "资产处置损益"

7. 企业发生的下列各项业务中,可能影响企业当期利润表中"营业利润"项目的有( )。

A. 出售无形资产取得的净收益

B. 处置投资性房地产的净损益

C. 无形资产研究阶段发生的人员工资

D. 计提无形资产减值准备

8. 下列制造业企业进行无形资产摊销的会计处理中正确的有（　　　）。

A. 专门用于生产产品的无形资产的摊销额计入产品成本

B. 行政管理部门使用的无形资产，其摊销额计入管理费用

C. 出租的无形资产其摊销额计入营业外支出

D. 财务部门使用的无形资产，其摊销额计入财务费用

9. 下列各项中，不属于无形资产确认条件的有（　　　）。

A. 必须由企业拥有或者控制

B. 是没有实物形态的可辨认的非货币性资产

C. 与该无形资产有关的经济利益很可能流入企业

D. 该无形资产的成本能够可靠计量

10. 下列各项中，企业应作为无形资产核算的有（　　　）。

A. 投资者投入的土地使用权

B. 自行开发并按法律程序申请取得的专利权

C. 企业自创但尚未注册登记的商标

D. 内部自创的商誉

（四）计算分析题

1. 2022 年 1 月 1 日，云山公司董事会批准研发某项新型技术，该公司董事会认为，研发该项目具有可靠的技术和财务等资源的支持，一旦研发成功将降低该公司的生产成本。云山公司在研发过程中发生材料费用 600 万元、人工费 300 万元、使用固定资产的折旧费用 50 万元以及其他费用 200 万元，总计 1 150 万元。其中，符合资本化条件的支出为 500 万元。2022 年 12 月 31 日，该项新型技术已经达到预定用途。（假定不考虑其他税费）

要求：根据资料，编制相关会计分录（金额单位用万元表示）。

2. 云山公司为增值税一般纳税人，2020 年度至 2022 年度发生的与无形资产有关业务如下：

（1）2020 年 1 月 10 日，企业开始自行研发某项行政管理用非专利技术，截至 2020 年 5 月 31 日，用银行存款支付外单位协作费 74 万元，领用本企业原材料成本 26 万元。经测试该项研发活动已完成研究阶段。

（2）2020 年 6 月 1 日，研发活动进入开发阶段，该阶段发生研究人员的薪酬支出 35 万元，领用材料成本 85 万元，全部符合资本化条件。2020 年 11 月 1 日，该项研发活动结束，最终开发形成一项非专利技术投入使用，该非专利技术预计可使用年限为 5 年，预计残值为零，采用直线法摊销。

（3）2022 年 12 月 31 日，云山公司将该非专利技术出售，取得价款 52 万元（不考虑增值税），款项通过银行收讫。

要求：根据资料，编制相关会计分录（金额单位用万元表示）。

3. 2022 年 12 月 31 日，云山公司某项专利权的账面余额为 600 万元，该专利权

的摊销期限为 10 年,采用直线法进行摊销,已摊销 5 年,该专利权的残值为零,已累计计提减值准备 160 万元,假定以该专利权生产的产品已没有市场,预期不能再给企业带来经济利益。

要求:根据资料,编制相关会计分录(金额单位用万元表示)。

4. 云山公司 2018 年 1 月 8 日购入一项专利权,实际成本为 60 万元,预计使用年限为 10 年。2021 年 12 月 31 日,该项专利权发生减值,预计未来现金流量的现值为 28 万元,公允价值 26 万元。该项专利权发生减值后,预计剩余使用年限为 5 年。2023 年 1 月 8 日,云山公司将该项专利权出售,收取价款 10 万元,增值税税率 6%。

要求:根据资料,编制相关会计分录(金额单位用万元表示)。

5. 云山公司 2020 年 1 月 2 日开始自行研究开发无形资产,有关业务资料如下:

(1) 2020 年发生原材料费用 100 万元、职工薪酬 500 万元、计提专用设备折旧 100 万元。经评估,2020 年该项研发活动处于研究阶段。

(2) 经评估,该项研发活动自 2021 年初开始进入开发阶段,2021 年所发生的相关支出如下:符合资本化条件前发生原材料费用 200 万元、职工薪酬 350 万元、计提专用设备折旧 50 万元;符合资本化条件后发生原材料费用 1 950 万元、职工薪酬 2 000 万元,计提专用设备折旧 50 万元。

(3) 2022 年发生的符合资本化条件的职工薪酬 4 000 万元,满足资本化条件的借款费用 50 万元。7 月 1 日,该项无形资产达到预定用途,交付管理部门使用。该项无形资产收益期限为 10 年,采用直线法摊销,预计净残值为零。

要求:根据资料,编制相关会计分录(金额单位用万元表示)。

案例分析

比亚迪:技术为王,创新为本

根据 2021 财年年度报告,比亚迪无形资产期末账面价值为 171.05 亿元,同比增长 44.91%。相较于上汽集团、广汽集团等汽车制造企业,比亚迪的无形资产价值位居第一。近年来,随着新能源汽车的崛起,现代汽车行业正经历着翻天覆地的变化,传统的柴油、汽油汽车将逐步被新能源汽车所取代。同时,在北京、上海、深圳等地,国家已经发布了鼓励新能源电动汽车的一系列减税降费措施,可以看出新能源汽车是将会成为未来汽车行业的领头羊。同时,随着互联网行业的发展,传统的汽车制造企业正在向汽车服务业转换,"共享汽车"等新兴事物的出现,标志着"共享经济"是世界经济发展的大潮流和趋势。世界著名汽车企业大众、宝马、戴姆勒等传统车企巨头,均逐步由汽车制造商向汽车服务商的角色进行转变。

在汽车制造业的转型过程中,无形资产发挥着越来越重要的作用。我国汽车制造业能否在此转型中提高自身能力,成功占领市场,取决于汽车企业的创新能力,因此对于企业无形资产的分析尤为关键。对此,作为云山证券公司的研究员,你展开了对比亚迪无形资产的专项调查,以下是你收集整理的相关资料:

1. 公司基本情况

比亚迪股份有限公司(简称"比亚迪")成立于 1995 年,于 2011 年 6 月 30 日在深圳证券交易所 A 股上市(证券代码:SZ.002594)。比亚迪以手机电池业务起家,延伸出多条业务线,从手机电池拓展至手机零配件生产及代工、光伏;2003 年,比亚迪收购了国有小型汽车制造商西安秦川有限责任公司 77% 股权,进军汽车领域,并由燃油车发展至新能源车。公司的主营业务包括传统燃油汽车和新能源汽车在内的汽车业务、手机部件及组装业务、二次充电电池及新能源业务等,所属行业为汽车制造业和消费品制造业。

2. 无形资产情况

比亚迪的无形资产规模在同类企业中位居第一,其无形资产中占比最高的就是内部研发专利技术形成无形资产。根据近五年的数据(图 7-1),比亚迪的无形资产由土地使用权、专利权以及非专利技术三方面构成,其中占比最大的为专利权,专利权基本由内部研发形成。2021 年度无形资产规模激增,其中土地使用权由 2020 年的 2.39 亿元增加至 2021 年的 32.73 亿元,增加了十余倍,主要原因是比亚迪为了扩张其产业规模而购入了大量土地产权;专利权的规模也由 2020 年的 18.69 亿元增加至 2021 年的 48.25 亿元。

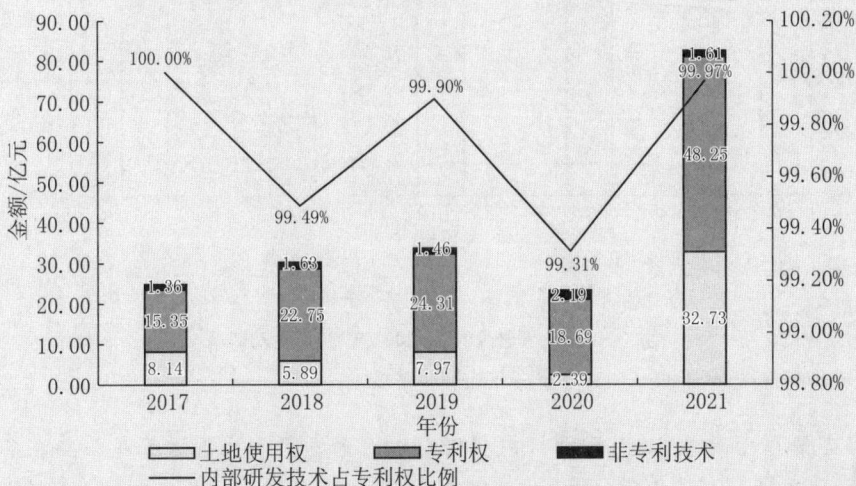

图 7-1　比亚迪 2017—2021 年无形资产情况

数据来源:根据 2017—2021 年财务报告数据整理。

3. 研发投入情况

比亚迪的研发投入核算范围为研发活动产生的所有支出投入;研发费用则主要包括研发过程中的人员工资薪金、技术服务、非生产线研发项目直接消耗的材料等。汽车制造和手机开发都是研发投入比较高的行业,因此,比亚迪的研发投入也随着其营业收入的增长而水涨船高。从图 7-2 中我们可以看到，2018—2020 年度研发投入维持在 85 亿元左右，2021 年增长至 106.27 亿元，占到了营业收入的 4.9%；而研发费用则从 2017 年的 37.39 亿元增加到 2021 年的 79.91 亿元。

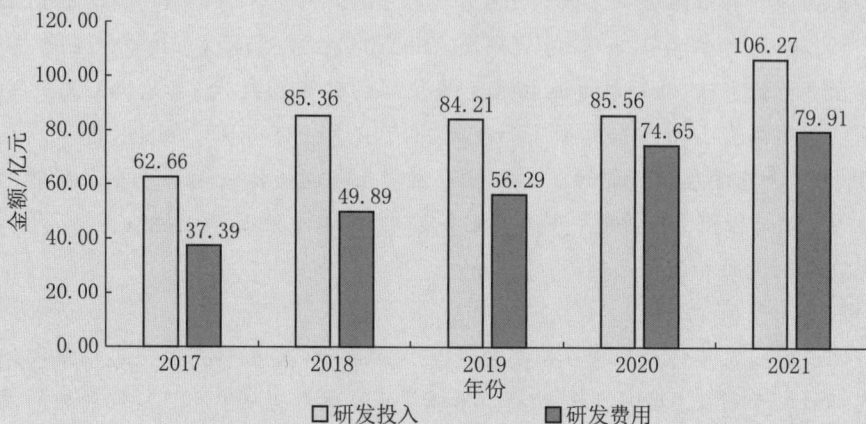

图 7-2　比亚迪 2017—2021 年研发情况

数据来源：根据 2017—2021 年财务报告数据整理。

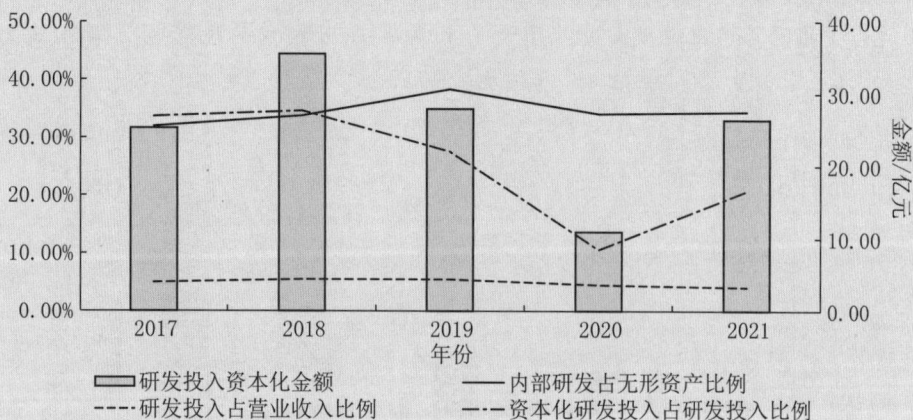

图 7-3　比亚迪 2017—2021 年研发投入情况

数据来源：根据 2017—2021 年财务报告数据整理。

从图 7-3 中我们可以看到，内部研发占无形资产的比例近五年维持在 40% 左右，研发投入占营业收入比例在 5% 左右，资本化研发投入占研发投入的比例有所降低，2021 年度恢复到 25% 左右。比亚迪十分重视企业的研发投入，近年来研发投入逐年提高，促进了产品技术升级，并致力于新客户拓展，不断提升市场份额，在汽车、手机部件及组装、二次充电电池及光伏三大业务板块持续推进新的技术应用。

4. 技术情况

对于比亚迪而言，技术是品牌的灵魂。不同于当年众多自主车企对于海外供应商与车企的索取,比亚迪敢于用开放的态度面对其他合作伙伴,其原因在于自身技术积淀下对整车技术体系的高度把控。庞大的技术储备,是企业在进入全新战略发展阶段前必要的支持。自2021年开始,比亚迪便有意将乘用车业务中的燃油车产品进行剥离,时至2022年3月,比亚迪成为全球首个全面转型为新能源汽车业务的传统汽车公司。

伴随着比亚迪的转型,其原有的王朝系列车型已经无法满足比亚迪在市场拓展道路上的进一步推进。为此,比亚迪从去年下半年开始正式推出海洋系列产品,将腾势品牌再度推至台前,再加上今年年内即将推出的高端越野新品牌,比亚迪在电动化市场差异化的营造上正有条不紊地拉开帷幕。从整车业务本身的层面来看,比亚迪在研发端长期的持续投入,是其巩固"新能源汽车领导者"地位的"杀手锏"。而在丰富技术储备的加持下,比亚迪也正向着更为广阔的市场全面迈进,CTB之于海洋系列车型的加持,仅仅是比亚迪在电动化道路上反哺产品的冰山一角。截至目前,比亚迪自研的全新DiLink与DiPilot已经在众多产品上得到实装。而从更为全面的角度,比亚迪正有条不紊地展开与百度、华为、英伟达等众多企业的合作,与多方共同研发的智能化技术与产品,这也将成为下一阶段比亚迪多品牌价值提升战略的关键与背书。

5. 专利情况

半导体专利情况:作为电子装置的"CPU",IGBT是能源变换与传输的核心器件,与动力电池一样,也是新能源车的核心技术,主要应用在车载空调控制、充电桩和电机控制器。2005年成立的IGBT团队,在2008年收购了中纬积体,并进一步形成了比亚迪,因此,比亚迪是中国唯一一家拥有IGBT完整产业链的车企。比亚迪全面掌握了IGBT芯片设计和制造、模块封装、大功率器件测试应用平台,打破海外技术垄断。2020年比亚迪半导体在自5月26日至6月15日的一个月内两度融资,共募集27亿元,估值达到100亿。

截至2020年5月8日,比亚迪半导体一共公开了130个IBGT专利组,包括231条授权专利,其中75%的专利布局在中国大陆,在国内车用IGBT领域获得了一定的话语权。从车用IGBT市占率看,以18%的份额位居第一位份额为58%的英飞凌之后,且高出第三位份额为5.2%的三菱电机不少。比亚迪初步形成了除了关键的MOS栅双极管以外,无机材料沉积(金属氧化物)、栅电极、电极和互连层的加工、半导体热处理(退火等)、散热(包括芯片及模组散热等)、硅基材料、电动车电控系统等专利布局体系,并在过流保护、过温保护、电控系统及故障检测、IGBT制造工艺上形成了核心专利。

汽车专利情况:根据相关研究发布的《中国汽车行业上市企业科创力排行榜》,截至2021年11月,中国汽车行业212家上市企业共申请专利16.4万件,企业平均申请专利775件;共申请有效发明专利2.23万件,企业平均有效发明专利

105 件。其中,比亚迪以专利申请 2.48 万件、有效发明专利 0.64 万件继续占据着中国汽车行业上市企业的榜首之位。同时,比亚迪申请专利量占中国汽车行业上市企业总和的 15% 以上,是行业均值的 32 倍;有效专利量占中国汽车行业上市企业总和的 28% 以上,是行业均值的 60 倍。

综合分析题

1. 根据上述材料,概括分析比亚迪由传统燃油车转型新能源车成功的原因。

2. 基于比亚迪的案例,简述无形资产对于企业发展的影响。

第八章　投资性房地产

学习目标

1. 了解投资性房地产的范围和确认条件；
2. 掌握成本模式和公允价值模式下投资性房地产的初始计量和后续计量；
3. 掌握投资性房地产的转换和处置核算。

📝 练习题

(一) 判断题

1. 将投资性房地产计量模式由成本模式变更为公允价值模式时，公允价值大于账面价值的差额应计入其他综合收益，公允价值小于账面价值的差额应计入公允价值变动损益。　　　　　　　　　　　　　　　　　　　　　　　　　（　　）

2. 企业出售、转让、报废投资性房地产或者发生投资性房地产毁损时，应当将处置收入扣除其账面价值和相关税费后的金额计入营业外收入或营业外支出。（　　）

3. 投资性房地产是指为赚取租金或资本增值，或者两者兼有而持有的房地产。
　　　　　　　　　　　　　　　　　　　　　　　　　　　　　　　　（　　）

4. 企业以经营租赁方式租入再转租的土地使用权和计划用于出租但尚未出租的土地使用权不属于投资性房地产。　　　　　　　　　　　　　　　　　　（　　）

5. 某项房地产部分用于赚取租金或资本增值、部分自用，能够单独计量和出售的、用于赚取租金或资本增值的部分，应当确认为投资性房地产；该项房地产自用的部分应当确认为固定资产或无形资产。　　　　　　　　　　　　　　　（　　）

6. 自行建造投资性房地产，其建造成本应通过"投资性房地产——在建"账户归集，发生时直接借记"投资性房地产——在建"账户，贷记"银行存款"等账户。（　　）

7. 投资性房地产进行改扩建时，应将其账面价值转入"在建工程"账户，发生的改扩建或装修支出满足确认条件的，记入"在建工程"账户，待改扩建或装修完成后转入"投资性房地产"账户核算。　　　　　　　　　　　　　　　　　　　（　　）

8. 与投资性房地产有关的后续支出，不满足投资性房地产确认条件的，应当在发生时计入当期损益，借记"其他业务成本"等账户，贷记"银行存款"等账户。（　　）

9. 投资性房地产的后续计量模式包括成本和公允价值两种,同一企业可以同时采用两种计量模式对其投资性房地产进行后续计量。　　　　　　　　(　　)

10. 期末,企业将投资性房地产的账面余额单独列示在资产负债表中。(　　)

11. 不论采用成本模式,还是采用公允价值模式,投资性房地产取得的租金收入,均确认为其他业务收入。　　　　　　　　　　　　　　　　　　　(　　)

12. 在以成本模式计量的情况下,将作为存货的房地产转换为投资性房地产的,应按其在转换日的账面余额,借记"投资性房地产"账户,贷记"开发产品"等账户。

　　　　　　　　　　　　　　　　　　　　　　　　　　　　　　(　　)

(二) 单项选择题

1. 下列关于投资性房地产的会计处理中,正确的是(　　)。

A. 以成本模式后续计量的投资性房地产转换为存货,存货应按转换日的公允价值计量,公允价值大于原账面价值的差额,确认为其他综合收益

B. 以成本模式后续计量的投资性房地产转换为自用固定资产,自用固定资产应按转换日的公允价值计量,公允价值小于原账面价值的差额,确认为当期损益

C. 以存货转换为以公允价值模式后续计量的投资性房地产,投资性房地产应按转换日的公允价值计量,公允价值小于存货账面价值的差额,确认为当期损益

D. 以公允价值模式后续计量的投资性房地产转换为自用固定资产,自用固定资产应按转换日的公允价值计量,公允价值大于账面价值的差额,确认为其他综合收益

2. 云山公司在 4 月 1 日,将一项按照成本模式进行后续计量的投资性房地产转换为固定资产。该资产在转换前的原价为 5 000 万元,至转换日已计提折旧 300 万元,已计提减值 100 万元,转换日的公允价值为 4 800 万。假定不考虑其他因素,转换日云山公司应借记"固定资产"账户的金额是(　　)万元。

A. 5 000　　　　　　B. 4 600　　　　　　C. 4 800　　　　　　D. 4 700

3. 云山公司将一栋办公楼转换为采用公允价值模式进行后续计量的投资性房地产,该办公楼的账面原值为 50 000 万元,已累计提折旧 1 000 万元,已计提的固定资产减值准备为 2 000 万元,转换日的公允价值为 70 000 万元,则转换日记入"其他综合收益"账户的金额为(　　)万元。

A. 23 000　　　　　　B. 57 000　　　　　　C. 60 000　　　　　　D. 70 000

4. 下列各项投资性房地产业务中,应通过"其他综合收益"账户核算的是(　　)。

A. 采用公允价值模式计量的投资性房地产转换为自用房地产,转换当日公允价值大于投资性房地产原账面价值

B. 采用公允价值模式计量的投资性房地产转换为自用房地产,转换当日公允价值小于投资性房地产原账面价值

C. 自用房地产转换为采用公允价值模式计量的投资性房地产,转换当日公允价值大于其账面价值

D. 自用房地产转换为采用公允价值模式计量的投资性房地产,转换当日公允价值小于其账面价值

5. 云山公司对投资性房地产采用成本模式进行后续计量。2023 年 12 月 31 日,云山公司的一项投资性房地产产生了减值迹象,预计未来现金流量现值为 3 500 万元,公允价值减去处置费用后的净额为 3 700 万元。该项投资性房地产的账面原值为 6 000 万元,已计提折旧 1 500 万元,已计提减值准备 500 万元。则云山公司 2023 年应确认的减值损失为(　　)万元。

A. 300　　　　　　B. 500　　　　　　C. 0　　　　　　D. 800

6. 云山公司从事房地产开发经营业务,2023 年度发生的有关交易或事项如下:①因商品房滞销,董事会决定将两栋商品房用于出租。②收回租赁期届满的一宗土地使用权,经批准用于建造办公楼。③收回租赁期届满的商铺,并计划对其重新装修后继续用于出租。云山公司对出租的商品房、土地使用权和商铺均采用成本模式进行后续计量。下列关于云山公司对上述交易或事项会计处理中,正确的是(　　)。

A. 商铺重新装修所发生的支出,直接计入当期损益

B. 重新装修完工并达到预定可使用状态的商铺,作为固定资产列报

C. 用于建造办公楼的土地使用权,按账面价值计入所建造办公楼的成本

D. 商品房改为出租用房时,按照其账面价值作为投资性房地产的入账价值

7. 下列选项中,属于投资性房地产的是(　　)。

A. 企业将采用经营租赁方式租入的土地使用权转租给其他单位的

B. 企业计划用于出租但尚未出租的土地使用权

C. 按照国家有关规定认定的闲置土地

D. 企业将建筑物出租,按租赁协议向承租人提供相关辅助服务在整个协议中不重大的

8. 云山公司投资性房地产采用成本模式进行后续计量。2024 年 6 月 30 日,云山公司处置了其持有的一项投资性房地产,取得价款 5 000 万元。该项投资性房地产原值为 6 000 万元,于 2013 年 12 月 31 日取得,预计使用年限为 50 年,预计净残值为 0,采用直线法计提折旧。该项投资性房地产在持有期间未发生减值。假定不考虑相关税费,云山公司因处置该项投资性房地产应确认的处置损益的金额为(　　)。

A. 260 万元　　　　B. 10 万元　　　　C. 140 万元　　　　D. -110 万元

9. 云山公司为房地产开发企业,2023 年 3 月 31 日收回一项已到期的用于经营租赁的办公楼,当即改为自用,该办公楼的原价为 1 200 万元,累计的公允价值变动收益为 100 万元,系 2017 年 12 月自建完成并开始出租,预计使用年限为 30 年。云山公司对投资性房地产采用公允价值模式进行后续计量,转换当日的公允价值为 1 500 万元,转换日对其使用年限的估计不变,预计净残值为 0,采用直线法计提折旧。下列说法中不正确的是(　　)。

A. 转换当日的固定资产的入账价值为 1 500 万元

B. 转换当日影响当期损益的金额为 200 万元

C. 转换日结转的投资性房地产的账面价值为 1 300 万元

D. 转换当日影响其他综合收益的金额为 200 万元

10. 云山公司为房地产开发企业,2024 年 6 月 1 日将一栋已到租赁期的办公楼收回后计划用于出售,云山公司对投资性房地产采用成本模式进行后续计量,该办公楼系云山公司于 2016 年 11 月末建造完成并开始出租,原价为 1 450 万元,预计使用年限为 20 年,预计净残值为 50 万元,采用直线法计提折旧。收回日,办公楼的公允价值为 1 600 万元,办公楼转换后的入账价值为(   )。

  A. 1 600 万元   B. 855 万元   C. 861 万元   D. 1 450 万元

11. 企业的投资性房地产采用公允价值计量模式。1 月 1 日,该企业将一项固定资产转换为投资性房地产。该固定资产的账面余额为 100 万元,已计提折旧 20 万元,已经计提的减值准备为 10 万元,转换当日的公允价值为 65 万元,转换日影响当期利润总额的金额是(   )万元。

  A. 0   B. - 5   C. 15   D. 5

12. 下列项目中,不属于投资性房地产的是(   )。

  A. 经营出租给子公司的自用写字楼

  B. 已出租的房屋租赁期届满,收回后继续用于出租但暂时空置

  C. 房地产开发企业持有并准备增值后出售的建筑物

  D. 企业持有并准备增值后转让的土地使用权

13. 云山公司对投资性房地产采用成本模式进行后续计量。7 月 1 日开始对一项投资性房地产进行改良,改良后将继续用于经营出租。该投资性房地产原价为 500 万元,采用直线法计提折旧,使用寿命为 20 年,预计净残值为零,已使用 4 年。改良期间共发生改良支出 100 万元,均满足资本化条件,12 月 31 日改良完成,则本年年末该项投资性房地产的账面价值为(   )万元。

  A. 500   B. 487.5   C. 475   D. 100

14. 下列关于对采用公允价值模式进行后续计量的投资性房地产会计处理的表述中,正确的是(   )。

  A. 按预计使用年限计提折旧

  B. 将公允价值变动的金额计入当期损益

  C. 将公允价值变动的金额计入其他综合收益

  D. 将公允价值模式计量的投资性房地产转化为自用房地产时,公允价值大于账面价值的差额计入其他综合收益

15. 3 月 2 日,云山公司董事会作出决议,将其持有的一项土地使用权停止自用,待其增值后转让以获取增值收益。该项土地使用权的成本为 1 200 万元,预计使用年限为 10 年,预计净残值为 0,云山公司对其采用直线法进行摊销,至转换时已使用了 5 年。云山公司对其投资性房地产采用成本模式计量,该项土地使用权转换前后

的预计使用年限、预计净残值以及摊销方法相同。则 2023 年度云山公司该项土地使用权应计提的摊销额为（　　）万元。

A. 60 　　　　B. 100 　　　　C. 120 　　　　D. 240

16. 2022 年 2 月 8 日,云山公司外购一项投资性房地产(系一对外出租的建筑物),购买价款为 3 800 万元。云山公司对该项投资性房地产采用成本模式进行后续计量,预计其使用年限为 15 年,净残值为 200 万元,采用年限平均法计提折旧。2023 年 1 月 1 日,该项投资性房地产满足公允价值模式计量条件,转换为公允价值模式计量,当日其公允价值为 4 100 万元。2023 年 12 月 31 日,该项投资性房地产的公允价值为 4 230 万元。不考虑其他因素,2022 年度该项投资性房地产对云山公司利润总额的影响金额为（　　）万元。

A. 430 　　　　B. 130 　　　　C. 200 　　　　D. 80

17. 企业将公允价值模式计量的投资性房地产转换为自用房地产,转换日,公允价值大于原账面价值的差额应计入（　　）。

A. 公允价值变动损益　　　　　　　B. 投资收益

C. 营业外收入　　　　　　　　　　D. 资本公积——其他资本公积

18. 2024 年 2 月 5 日,云山公司资产管理部门建议管理层将一闲置办公楼用于对外出租。2024 年 2 月 10 日,董事会批准关于出租办公楼的议案,并明确出租办公楼的意图在短期内不会发生变化。2024 年 2 月 20 日,云山公司与承租方签订办公楼经营租赁合同,租赁期为自 2024 年 3 月 1 日起 2 年,年租金为 360 万元。云山公司将自用房地产转换为投资性房地产的时点是（　　）。

A. 2024 年 2 月 5 日　　　　　　　B. 2024 年 2 月 10 日

C. 2024 年 2 月 20 日　　　　　　D. 2024 年 3 月 1 日

19. 云山公司对投资性房地产采用成本模式进行后续计量。2023 年 2 月 15 日其自行建造的办公楼达到预定可使用状态并与丙公司签订经营租赁协议,将其出租给丙公司使用。该项办公楼的建造成本为 6 240 万元,预计使用年限为 40 年,预计净残值为 240 万元,云山公司采用年限平均法对其计提折旧。2024 年年末,因房地产交易市场低迷,云山公司对该项办公楼进行减值测试,预计其可收回金额为 5 800 万元,则 2024 年年末云山公司应计提的投资性房地产减值准备金额为（　　）万元。

A. 60 　　　　B. 165 　　　　C. 120 　　　　D. 240

20. 云山公司对投资性房地产采用公允价值模式进行后续计量。2022 年 12 月 31 日外购一项投资性房地产,购买价款为 4 200 万元。该项投资性房地产税法规定的使用年限为 20 年,预计净残值为 200 万元,按税法采用年限平均法计提折旧。2023 年 12 月 31 日,该项投资性房地产的公允价值为 4 500 万元;2024 年 12 月 31日,该项投资性房地产的公允价值为 4 350 万元。则云山公司 2024 年度应确认的公允价值变动损益金额为（　　）万元。

A. 0 　　　　B. 300 　　　　C. 350 　　　　D. −150

（三）多项选择题

1. 下列关于投资性房地产的说法中,正确的有(　　　　)。

A. 投资性房地产是指为赚取租金或资本增值,或者两者兼有而持有的房产、地产和机器设备等

B. 已出租的建筑物是指租赁期开始日以经营租赁方式出租的建筑物,包括自行建造完成后用于出租的房地产

C. 用于出租的建筑物是指企业拥有产权的建筑物

D. 一项房地产,部分用于赚取租金或资本增值,部分用于生产商品、提供劳务或经营管理,即使用于赚取租金或资本增值的部分能够单独计量和出售的,也不可以确认为投资性房地产

2. 云山公司拥有一栋写字楼,用于本公司办公。2023 年 12 月 1 日,云山公司拟将该办公楼出租。2024 年 1 月 1 日,云山公司与 B 公司签订经营租赁协议,将该写字楼整体出租给 B 公司使用,租赁期开始日为 2024 年 1 月 1 日,年租金为 400 万元,租期 3 年。当日,该写字楼的账面余额为 3 500 万元,已计提折旧 1 000 万元,公允价值为 1 800 万元,且预计其公允价值能够持续可靠取得。2024 年年底,该项投资性房地产的公允价值为 2 400 万元。假定云山公司对投资性房地产采用公允价值模式计量,不考虑其他因素,则下列说法中正确的有(　　　　)。

A. 自用房地产转为投资性房地产的转换日为 2024 年 1 月 1 日

B. 转换日,写字楼账面价值及公允价值的差额应计入资本公积

C. 云山公司收取的租金应确认为其他业务收入

D. 该项房地产对云山公司 2024 年度损益的影响金额为 300 万元

3. 下列有关投资性房地产转换的会计处理中,正确的有(　　　　)。

A. 自用房地产或者存货转换为采用成本模式计量的投资性房地产时,投资性房地产按照转换当日的账面价值计价

B. 采用公允价值模式计量的投资性房地产转换为自用房地产时,应当以其转换当日的公允价值作为自用房地产的入账价值,公允价值与原账面价值的差额计入当期损益

C. 采用公允价值模式计量的投资性房地产转换为自用房地产时,应当以其转换当日的账面价值作为自用房地产的账面价值,不确认转换损益

D. 自用房地产或存货转换为采用公允价值模式计量的投资性房地产时,投资性房地产按照转换当日的账面价值计价

4. 采用公允价值模式对投资性房地产进行后续计量的情况下,下列会计处理正确的有(　　　　)。

A. 将作为存货的房地产转换为投资性房地产的,应按其在转换日的公允价值,借记"投资性房地产——成本"账户,按其账面余额,贷记"开发产品"等账户,按其差额,贷记"其他综合收益"账户或借记"公允价值变动损益"账户

B. 资产负债表日,投资性房地产的公允价值高于其账面余额的差额,借记"投资性房地产——公允价值变动"账户,贷记"公允价值变动损益"账户

C. 将投资性房地产转为存货时,应按其在转换日的公允价值,借记"开发产品"等科目,结转"投资性房地产"的账户余额,按其差额,贷记或借记"公允价值变动损益"账户

D. 出售投资性房地产时,除结转成本外,还应将公允价值变动损益和其他综合收益转入"其他业务收入"账户

5. 云山公司对投资性房地产采用公允价值模式进行后续计量。12月31日,云山公司收回租赁期届满的一项投资性房地产并将其处置,取得价款7 500万元。该项投资性房地产在处置前的账面价值为7 200万元(其中:成本为7 800万元,公允价值变动-600万元),云山公司因处置该项投资性房地产,下列说法中正确的有( )。

A. 应确认处置损益300万元

B. 应确认投资收益-300万元

C. 应确认其他业务成本7 200万元

D. 应增加公允价值变动损益600万元

6. 下列关于投资性房地产的会计处理中,正确的有( )。

A. 与投资性房地产有关的后续支出,满足投资性房地产确认条件的,应当计入投资性房地产成本

B. 当投资性房地产被处置,或者永久退出使用却不能从其处置中取得经济利益时,应当终止确认该投资性房地产

C. 企业将作为存货的房地产转换为采用成本模式计量的投资性房地产,应当按该项存货在转换日的账面价值,借记"投资性房地产"账户;原已计提跌价准备的,借记"存货跌价准备"账户;按其账面余额,贷记"开发产品"等账户

D. 企业对某项投资性房地产进行改扩建等再开发且将来仍作为投资性房地产的,再开发期间应继续将其作为投资性房地产来管理,再开发期间仍然需要计提折旧或摊销

7. 云山公司采用公允价值模式计量投资性房地产。有关资料如下:9月30日,公司董事会决定将自用办公楼整体出租给乙公司,租期为3年,月租金为200万元。9月30日为租赁期开始日,当日的公允价值为30 000万元。该写字楼原值为20 000万元,预计使用年限为40年,已计提固定资产折旧500万元。每季度末支付租金并按季度确认收入。本年年末该房地产的公允价值为31 000万元。不考虑增值税和其他因素。下列关于该项投资性房地产的会计处理中,正确的有( )。

A. 9月30日确认投资性房地产的价值为30 000万元

B. 9月30日投资性房地产的公允价值大于其账面价值的差额10 500万元计入

其他综合收益

C. 年末调增投资性房地产的账面价值,并确认公允价值变动收益1 000万元

D. 第四季度该业务影响利润表中营业利润的金额为1 600万元

8. 云山公司于12月31日将一建筑物对外出租并采用公允价值模式计量,租期为3年,每年12月31日收取租金150万元,出租时,该建筑物的成本为2 800万元,已提折旧500万元,已提减值准备300万元,尚可使用年限为20年,公允价值为1 800万元,云山公司对该建筑物采用年限平均法计提折旧,无残值。12月31日,云山公司正确的会计处理有(   )。

A. 投资性房地产的入账价值为1 800万元

B. 应确认其他综合收益借方发生额200万元

C. 应确认公允价值变动损失200万元

D. 投资性房地产的入账价值为2 000万元

9. 云山公司是从事房地产开发业务的企业,2019年3月31日,云山公司董事会就其开发的一栋写字楼的第一层商铺不再出售改用作出租形成了书面决议。2021年1月20日,云山公司与乙企业签订了租赁协议,将一栋写字楼用于出租,租赁期开始日为2021年3月31日,租赁期2年,该写字楼的账面余额5 500万元,未计提存货跌价准备。预计使用年限为50年,预计净残值为500万元,采用直线法计提折旧。2021年3月31日和2021年12月31日商铺公允价值分别为6 000万元和6 100万元。云山企业对投资性房地产采用公允价值模式计量,不考虑相关税费的影响。下列云山公司将写字楼转换为投资性房地产的处理中,正确的有(   )。

A. 转换日为2021年1月20日

B. 投资性房地产的入账价值为6 000万元

C. 投资性房地产的入账价值为5 500万元

D. 写字楼账面价值和公允价值的差额计入其他综合收益

10. 企业有确凿证据表明房地产用途发生改变时,要将投资性房地产转换为其他资产或者将其他资产转换为投资性房地产,其应具备的条件有(   )。

A. 投资性房地产开始自用

B. 作为存货的房地产,改为出租

C. 自用建筑物停止自用,改为出租

D. 自用土地使用权停止自用,用于赚取租金或资本增值

(四)计算分析题

1. 云山公司为房地产开发公司,2020年至2023年发生如下与投资性房地产有关的业务:

(1)2020年12月31日,将一闲置建筑物出租给乙公司并采用成本模式进行后续计量。租赁合同约定:租赁期开始日为2021年1月1日,租赁期为3年,每年12月31日收取租金150万元。该建筑物的成本为2 800万元,出租时已计提折旧500

万元,已计提减值准备 300 万元,预计尚可使用年限为 20 年,云山公司对该建筑物采用年限平均法计提折旧,预计净残值为 0。

(2) 2022 年 1 月 1 日,考虑到其所在地的房地产交易市场比较成熟,并且能够合理估计该建筑物的公允价值,云山公司决定将该项投资性房地产的后续计量模式从成本模式转换为公允价值模式。2022 年 1 月 1 日,该建筑物的公允价值为 3 000 万元。2022 年 12 月 31 日,该建筑物的公允价值为 3 500 万元。

(3) 2023 年 12 月 31 日,租赁期届满,云山公司将该建筑物收回自用,当日的公允价值为 3 300 万元。

假定云山公司按净利润的 10% 提取盈余公积,不考虑增值税、所得税等相关税费的影响。

要求:

(1) 根据资料,编制云山公司 2020 年与该项投资性房地产有关的会计分录。

(2) 根据资料,计算云山公司该建筑物 2021 年年末的账面价值。

(3) 根据资料,编制云山公司 2022 年和 2023 年与该投资性房地产有关的会计分录。

(金额单位用"万元"表示)

2. 2021 年 2 月 10 日,云山房地产开发公司与承租方丁公司签订办公楼租赁合同,将其开发的一栋用于出售的办公楼出租给丁公司使用,租赁期 2 年,租赁期开始日为 2021 年 3 月 1 日。2021 年 3 月 1 日,办公楼账面价值为 1 100 万元,公允价值为 2 400 万元。云山公司采用公允价值模式对投资性房地产进行后续计量。办公楼在 2021 年 12 月 31 日的公允价值为 2 600 万元,2022 年 12 月 31 日的公允价值为 2 640 万元。2023 年 3 月 1 日,云山公司收回租赁期届满的办公楼并对外出售,取得价款 2 800 万元。假定不考虑相关的税费。

要求:

(1) 根据资料,编制云山公司将办公楼出租时的会计分录。

(2) 根据资料,编制办公楼出售前与公允价值变动损益相关的会计分录。

(3) 根据资料,编制办公楼出售时的会计分录。

(金额单位用万元表示)

3. 云山股份有限公司(以下简称云山公司)为增值税一般纳税人,库存商品、工程物资适用的增值税税率为 13%,不动产适用的增值税税率为 9%。不考虑除增值税以外的其他税费。云山公司对投资性房地产采用公允价值模式计量。云山公司有关房地产业务的相关资料如下:

(1) 2020 年 1 月,云山公司自行建造办公大楼。在建设期间,云山公司购进为工程准备的一批物资,价款为 1 400 万元,增值税税额为 182 万元。该批物资已验收入库,款项以银行存款支付。该批物资全部用于办公楼工程项目。云山公司为建造工程,领用本企业生产的库存商品一批,成本 160 万元,另支付在建工程人员薪酬 362

万元。

（2）2020 年 8 月，该办公楼的建设达到了预定可使用状态并投入使用。该办公楼预计使用寿命为 20 年，预计净残值为 122 万元，采用直线法计提折旧。

（3）2021 年 12 月，云山公司与昌泰公司签订了租赁协议，将该办公大楼经营租赁给昌泰公司，租赁期为 10 年，年租金为 260 万元，租金于每年年末结清。租赁期开始日为 2022 年 1 月 1 日。

（4）与该办公大楼同类的房地产在 2022 年年初的公允价值为 2 200 万元，2022 年年末的公允价值分别为 2 400 万元。

（5）2023 年 1 月，云山公司与昌泰公司达成协议并办理过户手续，以 2 779.5 万元的价格，将该办公大楼转让给昌泰公司（含增值税税额 229.5 万元），全部款项已收到并存入银行。

要求：

（1）根据资料，计算自行建造办公大楼的初始入账成本。

（2）根据资料，计算云山公司该办公大楼 2021 年年末累计折旧的金额。

（3）根据资料，编制云山公司将该办公大楼停止自用改为出租的有关会计分录。

（4）根据资料，编制云山公司该办公大楼有关 2022 年末后续计量的有关会计分录。

（5）根据资料，编制云山公司该办公大楼有关 2022 年租金收入的会计分录。

（6）根据资料，编制云山公司 2023 年处置该办公大楼的有关会计分录。

（金额单位用万元表示）

4. 云山公司将自用的写字楼经营租赁给乙企业，租赁期为 1 年，年租金为 300 万元，租金于每年年末结清。租赁期开始日为 2023 年 1 月 1 日。租赁期间，由云山公司提供该写字楼的日常维护。该写字楼的原造价为 3 000 万元，按直线法计提折旧，使用寿命为 30 年，预计净残值为零，已计提折旧 1 000 万元，账面价值为 2 000 万元。云山公司采用成本模式对投资性房地产进行后续计量。

2023 年 12 月，该办公楼发生减值迹象，经减值测试，其可收回金额为 1 700 万元；2023 年共发生日常维护费用 40 万元，均以银行存款支付。

2024 年 1 月 1 日，云山公司决定于当日开始对该写字楼进行再开发，开发完成后将继续用于经营租赁。

2024 年 4 月 20 日，云山公司与丙公司签订经营租赁合同，约定自 2024 年 7 月 1 日起将写字楼出租给丙公司。租赁期为 2 年，年租金为 500 万元，租金每半年支付一次。

2024 年 6 月 30 日，该写字楼再开发完成，共发生支出 200 万元，均以银行存款支付。现预计该项投资性房地产尚可使用年限为 25 年，预计净残值为零，折旧方法仍为直线法（假定不考虑相关税费及其他相关因素的影响）。

要求：

（1）根据资料，编制 2023 年 1 月 1 日云山公司出租写字楼的有关会计分录。

（2）根据资料，编制 2023 年 12 月 31 日该投资性房地产的有关会计分录。

（3）根据资料，编制 2024 年云山公司该投资性房地产再开发的有关会计分录。

（4）根据资料，编制 2024 年 12 月 31 日该投资性房地产的有关会计分录。

（金额单位用万元表示）

5. 2020 年 12 月 16 日，云山公司与乙公司签订了一项租赁协议，将一栋经营管理用写字楼出租给乙公司，租赁期为 3 年，租赁期开始日为 2020 年 12 月 31 日，年租金为 480 万元，于每年年初收取。相关资料如下：

（1）2020 年 12 月 31 日，云山公司将该写字楼停止自用，出租给乙公司，拟采用成本模式进行后续计量，预计尚可使用年限为 46 年，预计净残值为 40 万元，采用年限平均法计提折旧，未计提减值准备。该写字楼于 2016 年 12 月 31 日达到预定可使用状态时的账面原价为 3 940 万元，预计使用年限为 50 年，预计净残值为 40 万元，采用年限平均法计提折旧。

（2）2021 年 1 月 1 日，预收当年租金 480 万元，款项已收存银行。云山公司按月将租金收入确认为其他业务收入，并结转相关成本。

（3）2022 年 12 月 31 日，云山公司考虑到所在城市存在活跃的房地产市场，并且能够合理估计该写字楼的公允价值，为提供更相关的会计信息，将投资性房地产的后续计量从成本模式转换为公允价值模式，当日该写字楼的公允价值为 4 200 万元。

（4）2023 年 12 月 31 日，该写字楼的公允价值为 4 500 万元。

（5）2024 年 1 月 1 日，租赁合同到期，云山公司为解决资金周转困难，将该写字楼出售给丙企业，价款为 4 600 万元，款项已收存银行。

云山公司按净利润的 10% 提取盈余公积，不考虑相关税费等其他因素。

要求：

（1）根据资料，编制云山公司 2020 年 12 月 31 日将该写字楼转换为投资性房地产的会计分录。

（2）根据资料，编制云山公司 2021 年 1 月 1 日收取租金、1 月 31 日确认租金收入和结转相关成本的会计分录。

（3）根据资料，编制云山公司 2022 年 12 月 31 日将该投资性房地产的后续计量由成本模式转换为公允价值模式的相关会计分录。

（4）根据资料，编制云山公司 2023 年 12 月 31 日确认公允价值变动损益的会计分录。

（5）根据资料，编制云山公司 2024 年 1 月 1 日处置该投资性房地产时的会计分录。

（金额单位用万元表示）

新疆百花村公允价值计量的投资性房地产

1. 公司简介

新疆百花村股份有限公司成立于 1996 年 6 月 21 日，同年 6 月 26 日完成股份制改造并在上海证券交易所挂牌上市，成为新疆兵团首个上市企业，股票代码为 (600721)。百花村是集计算机软件销售、开发和餐饮、康乐、购物、办公、宾馆于一体的综合性企业集团。新疆百花村股份有限公司对外投资 9 家公司，设有 1 处分支机构。

上市以来，百花村陆续进行过多次转型，但仍然深陷业绩泥潭。2010 年，百花村将产业结构重心转移到煤焦化产业，但是后来受国家能源结构调整的影响，煤焦化产业出现了系统性亏损，百花村在 2014 年、2015 年连续亏损"戴帽"，存在退市风险。2016 年，百花村实施了重大资产重组，并购南京华威医药科技集团有限公司，公司主营业务进入到了化学仿制药的研发服务领域，并在 2016 年扭亏为盈，成功"摘帽"。但在之后的两年里，百花村又连续两年亏损再次"戴帽"。

2. 百花村投资性房地产公允价值的变动及分析

查阅从执行 2007 年至今的公司资产负债表，相关数据（表 8-1）显示百花村的投资性房地产从 2007 年至 2018 年，一直呈现增长趋势，涨幅保持在比较稳定的范围内。2007 年和 2008 年两年，投资性房地产金额占总资产的比例较高，接下来的 9 年内其占总资产的比例在较低水平上保持稳定（4% 左右）；在 2018 年投资性房地产金额占总资产的比例上升，达到了 13.89%。2007 年新准则正式实施时，百花村的投资性房地产项目立即转为公允价值计量模式。从图 8-1 可以看出，除了实施新会计准则刚开始的前三年投资性房地产公允价值没有变动以外，之后每年都有公允价值变动额。

3. 采用投资性房地产公允价值计量模式对公司的影响

通过报表数据可知，公司在 2006 年及以前，每年的净利润都是负值，说明公司处在亏损状态，2007 年公司的净利润由 2006 年的 -115.4 万元上升到 577.5 万元，实现了扭亏为盈。

百花村公司在 2007 年的报表附注中显示，确认为投资性房地产的房产账面价值为 1.413 亿，包括乌鲁木齐市中山路 141 号房产 1.355 亿和部分土地使用权 0.058 亿。我们可以得出，百花村在 2007 年扭亏为盈是由于投资性房地产采用了新会计准则。采用了新会计准则的公允价值计量，使公司的资本公积有所提升，所有者权益将相应增加。百花村公司 2006 年的股东权益为 2 613 万元，而 2007 年骤增到 3.374 亿元，这其中一个很重要的原因是百花村将投资性房地产的计量模式由成本模式改成了公允价值模式。

表 8-1 2007—2018 年百花村采用公允价值模式计量的投资性房地产，及其占总资产的比例变动情况

年份	投资性房地产/亿元	年度同比变化	占总资产的比例
2007	1.413	—	19.04%
2008	1.413	—	17.38%
2009	1.413	—	4.15%
2010	1.529	8.21%	3.75%
2011	1.529	—	3.47%
2012	1.558	1.91%	3.53%
2013	1.581	1.48%	3.48%
2014	1.608	1.68%	3.86%
2015	1.633	1.58%	4.02%
2016	1.675	2.53%	6.02%
2017	1.702	1.65%	8.37%
2018	1.734	1.89%	13.89%

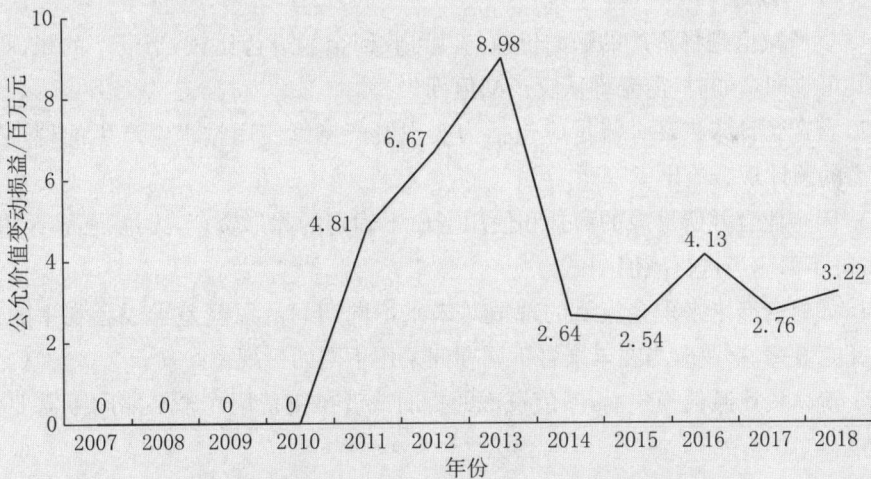

图 8-1 百花村 2007—2018 年公允价值变动损益情况

数据来源：百花村公司年报

综合分析题

1. 根据上述材料，请结合新疆百花村的案例简要说明使用公允价值计量投资性房地产时存在的问题。

2. 请你就新疆百花村公允价值计量的投资性房地产的案例提出一些建议。

第九章 资产减值

学习目标

1. 理解资产减值的概念；

2. 掌握资产可收回金额的核算、资产减值损失的确认和计量、资产组的认定及减值处理以及商誉减值的认定；

3. 掌握资产减值的列报和披露。

练习题

(一) 判断题

1. 资产减值是将资产的账面价值与其可收回金额进行比较,当资产的账面价值低于其可收回金额时,需要确认资产减值损失。　　　　　　　　　　　　　( )

2. 资产预计未来现金流量应包括为实现资产持续使用过程中产生的现金流入所必需的预计现金流出。　　　　　　　　　　　　　　　　　　　　( )

3. 因企业合并所形成的商誉和使用寿命不确定的无形资产,无论是否存在减值迹象,每年都应当进行减值测试。　　　　　　　　　　　　　　　　　( )

4. 如果资产未来现金流量的现值对未来不同期间的风险差异或者利率的期间结构反应敏感,企业应当在未来各不同期间采用不同的折现率。　　　　　( )

5. 确认资产减值损失后,减值资产的折旧或者摊销费用在未来期间不需要作相应调整。　　　　　　　　　　　　　　　　　　　　　　　　　　　( )

6. 在判断资产是否存在可能发生减值的迹象时,商誉不能单独进行减值测试。

　　　　　　　　　　　　　　　　　　　　　　　　　　　　　　　( )

7. 《资产减值准则》中所涉及的资产是指企业所有的资产。　　　　　( )

8. 折现率是反映当前市场货币时间价值和资产特定风险的税前利率,该折现率是企业在购置或者投资资产时所要求的必要报酬率。　　　　　　　　　( )

9. 如果某些机器设备是相互关联、相互依存的,其使用和处置是一体化决策的,那么这些机器设备应当认定为一个资产组。　　　　　　　　　　　　　( )

10. 总部资产可以单独产生现金流量。　　　　　　　　　　　　　( )

11. 资产的公允价值减去处置费用后的净额如果无法可靠估计的,应当以该资产预计未来现金流量的现值作为其可收回金额。 （ ）

12. 资产组在认定时,应当以是否独立产生现金净流量为判断标准。 （ ）

（二）单项选择题

1. 企业确认并记录资产减值损失时,应借记的会计账户是（ ）。

A. "营业外支出" B. "资产减值损失"

C. "资产减值准备" D. "管理费用"

2. 认定为资产组最关键的因素是（ ）。

A. 该企业的各项资产是否可以独立产生现金流入

B. 该资产组是否可以独立产生现金流入和现金流出

C. 该资产组的各个组成资产是否都可以独立产生现金流入

D. 该资产组能否独立产生现金流入

3. 按照《资产减值准则》的规定,资产减值损失的计提基础是（ ）。

A. 单项资产 B. 多项资产

C. 资产组 D. 单项资产或资产组

4. 资产减值是指资产的（ ）低于其账面价值的情况。

A. 可变现净值 B. 可收回金额

C. 预计未来现金流量现值 D. 公允价值

5. 在报告期末,应将"资产减值损失"账户的余额转入（ ）账户。

A. "本年利润" B. "利润分配——未分配利润"

C. "管理费用" D. "营业外支出"

6. 在资产持有期间,其相应的资产减值准备可以转回的是（ ）。

A. 无形资产减值准备

B. 对子公司的长期股权投资减值准备

C. 存货跌价准备

D. 固定资产减值准备

7. 当有迹象表明企业已经计提了减值准备的固定资产减值因素消失时,其计提的减值准备应该（ ）。

A. 按照账面价值超过可收回金额的差额全部予以转回

B. 按照账面价值超过可收回金额的差额补提资产减值准备

C. 按照账面价值超过可收回金额的差额在原来计提的减值准备范围内予以转回

D. 不进行账务处理

8. 下列关于可收回金额的表述中,正确的是（ ）。

A. 可收回金额应当根据资产的公允价值与资产预计未来现金流量的现值两者之间的较高者确定

B. 可收回金额应当根据资产的公允价值减去处置费用后的净额与资产预计未来现金流量两者之间的较高者确定

C. 可收回金额应当根据资产的公允价值减去处置费用后的净额与资产预计未来现金流量的现值两者之间的较高者确定

D. 可收回金额应当根据资产的账面价值减去处置费用后的净额与资产预计未来现金流量的现值两者之间的较高者确定

9. 下列各项关于估计资产公允价值减去处置费用后的净额的表述中,错误的是( )。

A. 处置费用包括为使资产达到可销售状态所发生的直接费用

B. 处置费用不包括所得税费用

C. 处置费用不包括财务费用

D. 在资产不存在销售协议但存在活跃市场的情况下,资产的市场价格通常应当按照资产的卖方出价确定

10. 2023 年 12 月 31 日,云山公司对其一项专利权进行减值测试,如果将其于近期出售,则厂商愿意支付的销售净价是 1 800 万元,不产生处置费用。如果继续持有,则在未来 5 年产生的预计现金流量现值为 1 900 万元,则 2023 年 12 月 31 日该专利权的可收回金额为( )元。

A. 1 800　　　　　B. 100　　　　　C. 1 900　　　　　D. 3 700

11. 云山公司对某项资产的最近一年的未来现金流量进行了预测:行情好的可能性为 40%,预计产生的现金流量为 20 000 元;行情一般的可能性为 40%,预计产生的现金流量为 18 000 元;行情差的可能性为 20%,预计产生的现金流量为 5 000 元。云山公司采用期望现金流量法对该项资产的未来现金流量进行估计,则云山公司该项资产在最近一年的未来现金流量为( )元。

A. 20 000　　　　　B. 18 000　　　　　C. 10 000　　　　　D. 16 200

12. 云山公司 2020 年 5 月初增加一项无形资产,实际成本 360 万元,预计受益年限 6 年。按照直线法计提摊销,预计净残值为 0。2022 年年末对该项无形资产进行检查后,估计其可收回金额为 160 万元。减值后预计受益年限、净残值和摊销方式不变。2023 年年末该项无形资产的账面价值为( )。

A. 40 万元　　　　　B. 112 万元　　　　　C. 157 万元　　　　　D. 152 万元

13. 2023 年 12 月 31 日,云山公司对其拥有的一台机器设备进行减值测试时发现,该资产如果立即出售,可以获得 920 万元的价款,发生的处置费用预计为 20 万元;如果继续使用,那么在该资产使用寿命终结时的现金流量现值为 888 万元。该资产目前的账面价值为 910 万元,云山公司在 2023 年 12 月 31 日应该计提的固定资产减值准备为( )万元。

A. 10　　　　　B. 20　　　　　C. 12　　　　　D. 2

14. 云山公司 2023 年年末某项管理用固定资产的账面原价为 2 000 万元,已计

提折旧 100 万元,公允价值减去处置费用后的净额为 1 800 万元,未来现金流量的现值为 1 700 万元,则 2023 年年末该项资产的可收回金额是( )万元。

A. 2 000 　　　　B. 1 700 　　　　C. 1 800 　　　　D. 1 900

15. 下列关于预计资产未来现金流量的说法中,正确的是( )。

A. 资产预计将会发生改良的,在预计未来现金流量时应包括改良所发生的支出

B. 可以以内部转移价格为基础预计资产未来现金流量

C. 对于在建工程在预计未来现金流量时,应包括预期为使该资产达到预定可使用状态而发生的全部现金流出数

D. 资产使用寿命结束时,处置资产所收到的现金净流量,包括处置时收到的增值税税款

16. 云山公司 2019 年 12 月购入一项固定资产,当日交付使用,原价为 6 300 万元,预计使用年限为 10 年,预计净残值为 300 万元。采直线法计提折旧。2023 年年末,公司对该项固定资产的减值测试表明,可收回金额为 3 300 万元,预计使年限和净残值不变。2024 年度该项固定资产应计提的折旧费用为( )万元。

A. 630 　　　　B. 600 　　　　C. 550 　　　　D. 500

17. 2023 年 12 月 31 日,云山公司自行研发尚未完成但符合资本化条件的开发项目的账面价值为 3 500 万元,预计至开发完成尚需投入 300 万元。该项目以前未计提减值准备。由于市场出现了与其开发项目相类似的项目,云山公司于年末对该项目进行减值测试,经测试表明:扣除继续开发所需投入因素预计的未来现金流量的现值为 2 800 万元。未扣除继续开发所需投入因素预计的未来现金流量的现值为 2 950 万元。2023 年 12 月 31 日,该开发项目的市场出售价格减去相关费用后的金额为 2 500 万元。不考虑其他因素。则云山公司 2023 年年末对该开发项目应确认的减值损失金额为( )万元。

A. 550 　　　　B. 700 　　　　C. 850 　　　　D. 1 000

18. 2021 年 1 月 1 日,云山公司以银行存款 666 万元购入一项无形资产,其预计使用年限为 6 年,采用直线法按月进行摊销。2021 年和 2022 年末,云山公司预计该无形资产的可收回金额分别为 500 万元和 420 万元,假定该公司于每年年末对无形资产计提减值准备,计提减值准备后,原预计的使用年限保持不变,不考虑其他因素,2023 年 6 月 30 日,该无形资产的账面余额为( )万元,账面价值为( )万元。

A. 666；405 　　　B. 666；350 　　　C. 405；350 　　　D. 405；388

(三) 多项选择题

1. 下列各项中,属于处置费用的有( )。

A. 与资产处置有关的法律费用

B. 与资产处置有关的搬运费

C. 与资产处置有关的增值税

D. 为使资产达到可销售状态所发生的直接费用

2. 下列情况中,有可能导致资产发生减值迹象的有(　　　　)。

A. 资产市价的下跌幅度明显高于因时间的推移或者正常使用而预计的下跌

B. 如果企业经营所处的经济、技术或者法律等环境以及资产所处的市场在当期或者将在近期发生重大变化,从而对企业产生不利影响

C. 如果有证据表明资产已经陈旧过时或者其实体已经损坏

D. 资产所创造的净现金流量或者实现的营业利润远远低于原来的预算或者预计金额

3. 下列各项资产中,每年年末必须进行减值测试的有(　　　　)。

A. 企业合并形成的商誉

B. 使用寿命不确定的无形资产

C. 固定资产

D. 使用寿命确定的无形资产

4. 下列资产中,属于《资产减值准则》中所包括的资产的有(　　　　)。

A. 对联营企业的长期股权投资

B. 商誉

C. 采用公允价值模式进行后续计量的投资性房地产

D. 存货

5. 下列各项中,影响固定资产账面价值的有(　　　　)。

A. 对固定资产进行大修理

B. 对固定资产进行改扩建

C. 对经营租赁租入固定资产进行改良

D. 计提固定资产减值准备

6. 下列各项中,影响无形资产账面价值的有(　　　　)。

A. 无形资产的入账价值

B. 计提的无形资产减值准备

C. 出租无形资产的摊销额

D. 企业自有无形资产的摊销额

7. 下列关于资产减值损失的表述中,正确的有(　　　　)。

A. 如果资产的可收回金额低于其账面价值,应当将资产的账面价值减记至可收回金额,减记的金额确认为资产减值损失,计入当期损益

B. 资产减值损失确认后,减值资产的折旧或者摊销费用仍采用原来未计提减值前的账面价值进行核算

C. 在期末,企业应当将"资产减值损失"账户余额转入"本年利润"账户,结转后该账户应当没有余额

D. 各资产减值准备账户累计每期计提的资产减值准备,直至相关资产被处置时才予以转出

8. 下列各项资产减值准备中,在相应资产的持有期间内不可以转回的有( )。

A. 无形资产减值准备

B. 投资性房地产减值准备

C. 存货跌价准备

D. 长期股权投资减值准备

9. 下列各项中,属于资产可收回金额的确定依据有( )。

A. 公允价值

B. 公允价值减去处置费用后的净额

C. 可变现净值

D. 未来现金流量现值

10. 下列各项中,属于总部资产的有( )。

A. 难以脱离其他资产组单独产生现金流量的办公楼

B. 难以脱离其他资产组单独产生现金流量的研发中心

C. 可以单独产生现金流量的机器设备

D. 可以单独产生现金流量的存货

(四)计算分析题

1. 云山公司拥有的甲设备原值为 3 000 万元,已计提的折旧为 800 万元,已计提的减值准备为 200 万元,该公司在 2023 年 12 月 31 日对甲设备进行减值测试时发现,该类设备存在明显的减值迹象,即如果出售甲设备,买方愿意以 1 800 万元的销售净价收购;如果继续使用,尚可使用年限为 5 年,未来 4 年现金流量净值以及第 5 年使用和期满处置的现金流量净值分别为 600 万元、550 万元、400 万元、320 万元、180 万元。采用的折现率为 5%。

要求:根据资料,确定甲设备是否发生减值? 如果发生减值了,计算其减值准备的金额并做出相关的账务处理。(金额单位用万元表示,并保留两位小数)

2. 云山公司在某地拥有一家 C 分公司,该分公司是上年吸收合并的公司。由于 C 分公司能产生独立于其他分公司的现金流入,所以云山公司将 C 分公司确定为一个资产组。2023 年 12 月 31 日,C 分公司经营所处的技术环境发生了重大不利变化,出现减值迹象,需要进行减值测试。减值测试时,C 分公司资产组的账面价值为 520 万元(含合并商誉 20 万元)。云山公司计算 C 分公司资产的可收回金额为 490 万元。C 分公司资产组中包括甲设备、乙设备和一项无形资产,2023 年 12 月 31 日三项资产的账面价值分别为 250 万元、150 万元和 100 万元,各资产的剩余使用年限相同。三项资产的可收回金额均无法确定。资产减值损失应按资产账面价值所占比重进行分配。(不考虑其他因素的影响)

要求:根据资料,计算 C 分公司资产组中商誉、甲设备、乙设备和无形资产应分别计提的减值准备金额并编制有关会计分录。(金额单位用万元表示)

3. 云山公司于 2021 年 9 月 5 日对一生产线进行改扩建,改扩建前该固定资产的原价为 2 000 万元,已计提折旧 400 万元,已计提减值准备 200 万元。在改扩建过程中领用工程物资 300 万元,领用生产用原材料 100 万元,原材料的进项税税额为 13 万元。发生改扩建人员工资 150 万元,用银行存款支付其他费用 37 万元。该固定资产于 2021 年 12 月 20 日达到预定可使用状态。该企业对改扩建后的固定资产采用年限平均法计提折旧，预计尚可使用年限为 10 年，预计净残值为 100 万元。

2022 年 12 月 31 日，该固定资产的公允价值减去处置后的净额为 1 602 万元，预计未来现金流量现值为 1 693 万元。2023 年 12 月 31 日，该固定资产的公允价值减去处置后的净额为 1 580 万元，预计未来现金流量现值为 1 600 万元。假定固定资产计提减值准备不影响固定资产的预计使用年限和预计净残值。

要求：

（1）根据资料，编制上述与固定资产改扩建有关业务的会计分录。

（2）根据资料，计算改扩建后固定资产的入账价值。

（3）根据资料，计算改扩建后 2022 年固定资产计提的折旧额并编制计提折旧的会计分录。

（4）根据资料，计算该固定资产 2022 年 12 月 31 日应计提的减值准备并编制相关会计分录。

（5）根据资料，计算该固定资产 2023 年应计提的折旧额并编制计提折旧的会计分录。

（6）根据资料，计算该固定资产 2023 年 12 月 31 日应计提的减值准备并编制相关会计分录。

（7）根据资料，计算该固定资产 2024 年计提的折旧额并编制计提折旧的会计分录。

（金额单位用万元表示）

案例分析

从獐子岛扇贝"出逃"事件分析资产减值

獐子岛扇贝又跑了？自 2014 年起不到六年的时间里，獐子岛扇贝经历了四次跑路，从公司年报上看，扇贝跑路时间精准卡点。根据深交所规定，中小板企业连续两年亏损将被 ST，连续三年亏损将被暂停上市，连续亏损四年会面临终止上市，而獐子岛时亏时赚的业绩则帮它精准躲过风险。

獐子岛扇贝出逃事件在整个市场中引起了轩然大波，备受瞩目。同时也极大地降低了投资者对于该公司的信心，给整个证券市场带来了消极的影响。以下是獐子岛集团股份有限公司相关资料：

1. 公司基本情况

獐子岛集团股份有限公司创始于 1958 年，是一家由大连市长海县獐子岛镇人民政府控股的上市公司，以水产增养殖为主，集海珍晶育苗、增养殖、加工、贸易、海上运输于一体的综合性海洋食品企业。

2006 年,獐子岛公司成功挂牌深交所中小板;2007 年,獐子岛集团成为达沃斯"全球成长型公司社区"首批创始会员,并当选为全国首届"兴渔富民新闻人物"企业;2008 年,獐子岛更创下每股 151.23 元的纪录,成为中国农业第一个百元股。

2. 獐子岛事件基本介绍

第一次扇贝消失:2014 年 10 月"黑天鹅"事件,公司发布公告,称因黄海遭到异常冷水团,扇贝发生大规模绝收,全年亏损 11.89 亿;这次事件后,公司连亏两年,一度"披星戴帽"。2016 年业绩扭亏为盈,成功摆脱 *ST 身份;

第二次扇贝消失:2018 年 1 月,时隔三年,獐子岛再次发公告,称海洋灾害导致扇贝饿死,当年业绩亏损至 7.2 亿元;

第三次扇贝消失:2019 年 4 月 27 日獐子岛发布一季报,公司一季度亏损 4 314 万元,理由为"底播虾夷扇贝受灾";

第四次扇贝消失:2019 年 11 月,獐子岛对 2017 年、2018 年底播虾夷扇贝进行抽测,预计核销存货成本及计提存货跌价准备合计金额约 2.9 亿元。占全部底播虾夷扇贝账目价值的 90%,獐子岛的扇贝又一次大规模绝收。

3. 资产减值损失与净利润

从表 9-1 和图 9-1 中可以看出,资产减值计提总额确实是与净利润呈负相关关系,2014、2015、2017 和 2019 年企业都出现了明显的亏损,在这些年份当中,企业的计提资产减值准备数额都比较大,分别为 39 928.30 万元、4 887.90 万元、10 010.40 万元、7 230.20 万元,导致净利润为负数,分别为 -119 521.70 万元、-24 543.90 万元、-72 576.70 万元、-38 489.10 万元,而且在这些年份当中,资产减值准备具体金额在净利润亏损当中占据的比例相对较高,依次为 -33.41%、-19.91%、-13.79%、-18.79%,2014、2015 连续两年的净利润亏损导致獐子岛在 2016 年被戴上"ST",但企业计提的资产减值准备数额明显高于平均值,

表 9-1 2013—2021 年獐子岛公司资产减值损失和净利润

年份	资产减值损失/万元	净利润/万元	资产减值损失/净利润
2013	1 733.30	9 730.30	17.81%
2014	39 928.30	-119 521.70	-33.41%
2015	4 887.90	-24 543.90	-19.91%
2016	499.90	7 571.50	6.60%
2017	10 010.40	-72 576.70	-13.79%
2018	1 485.50	3 398.70	43.71%
2019	7 230.20	-38 489.10	-18.79%
2020	1 987.40	3 598.60	55.23%
2021	3 359.70	2 392.40	140.43%

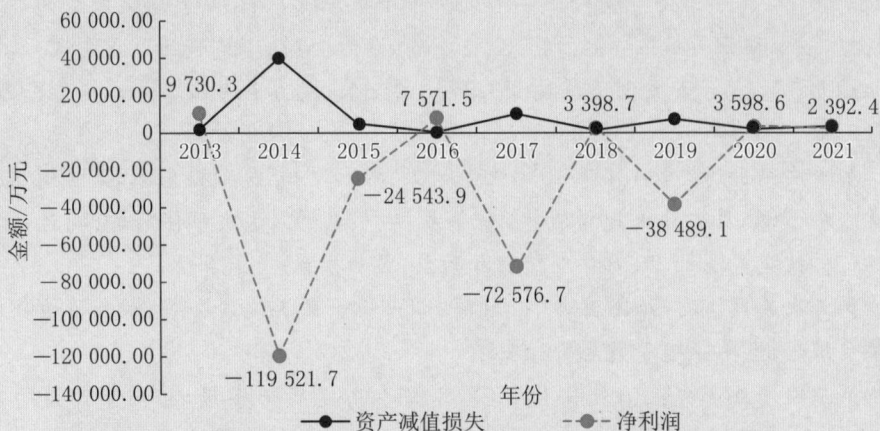

图9-1 2013—2021獐子岛公司资产减值损失和净利润对比情况

数据来源:獐子岛财务报告

企业的这种做法明显夸大了亏损的效果。在2016年、2018年和2020年,獐子岛大幅减少了资产减值计提的数额,分别只计提了499.9万元、1 485.5万元、1 987.40万元,同比上一年度的资产减值准备数额分别减少了89.77%、85.16%、72.51%,2016年盈利7 571.5万元、2018年盈利3 398.7万元、2020年盈利3 598.60万元,实现了扭亏为盈的目的。由此我们可以合理地得出结论:獐子岛在2013—2021年期间,利用资产减值准备计提与转回的灵活性,在2014年、2017年、2019年通过巨额计提减值准备的方式,使得公司的利润大幅下降,而公司2016年、2018年、2020年资产减值准备计提数额出现明显的下滑,净利润有了显著提升,开始实现盈利,巩固了企业的市场地位,维护了自身的相关利益。

4.资产减值损失明细

表9-2为2013—2021年獐子岛公司资产减值损失的明细,同时从图9-2中

表9-2 2013—2021年资产减值损失明细　　　单位:万元

项 目	2013年	2014年	2015年	2016年	2017年	2018年	2019年	2020年	2021年
坏账损失	427.60	1 968.60	582.70	434.20	875.30	−71.20			
存货跌价损失及合同履约成本减值损失	1 305.70	34 483.70	3 310.10	65.70	9 036.00	1 556.70	7 230.20	1 987.40	3 359.70
长期股权投资减值损失		3 476.00							
商誉减值损失			995.10						

可以直观地看出该公司的可供出售的金融资产损失、商誉减值损失和长期股权投资减值损失属于偶发性的损失,不具有持续性的影响;资产减值损失大部分是由存货跌价损失构成,存货跌价损失在 2014 年占到 86.36%,在 2017 年占到 90.27%,而 2019、2020 和 2021 年的资产减值损失全部来自存货跌价损失(2020 年由于科目变动,存货跌价损失更改为以存货跌价损失和合同履约资产减值损失)。

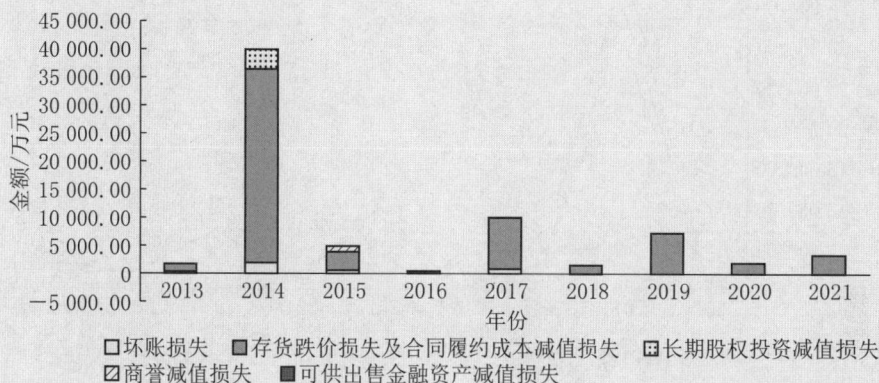

图 9-2 2013—2021 年资产减值损失明细(万元)

数据来源:獐子岛财务报告

5. 存货跌价准备

表 9-3 为存货跌价准备的计提明细,从表中可以看出 2014 年、2015 年、2017 年、2019 年和 2021 年消耗性生物资产在总的存货跌价准备中占比很大,分别为 89.30%、96.53%、67.20%、90.15%、85.39%,而 2016 年、2018 年、2020 年没计提消耗性生物资产的跌价准备,显然不符合规律。

表 9-3 2013—2021 年存货跌价准备明细   单位:万元

项　　　目	2013 年	2014 年	2015 年	2016 年	2017 年	2018 年	2019 年	2020 年	2021 年
原材料	160.50					57.70		864.20	155.70
在产品					153.90	35.70	52.80	14.60	
库存商品	904.30	3 690.00	115.00	65.70	2 810.00	1 463.30	659.60	1 108.60	335.00
消耗性生物资产	240.90	30 793.70	3 195.10		6 072.10		6 517.80		2 869.00
消耗性生物资产占比	18.45%	89.30%	96.53%	0.00%	67.20%	0.00%	90.15%	0.00%	85.39%
合计	1 305.70	34 483.70	3 310.10	65.70	9 036.00	1 556.70	7 230.20	1 987.40	3 359.70

数据来源:獐子岛财务报告

从图9-3可以看出资产减值主要来自存货跌价准备,存货跌价准备主要来自消耗性生物资产,獐子岛的消耗性生物资产为虾夷扇贝、海参、鲍鱼等,因为其生物特殊性,盘点时应采用抽盘的方式,这也使其计提资产减值准备存在可操作空间。

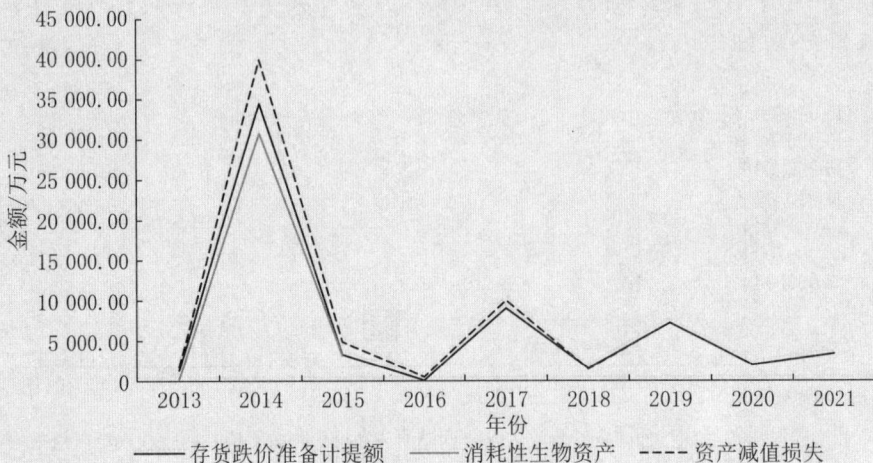

图9-3 2013—2021年资产减值损失、存货跌价准备、消耗性生物资产对比情况

数据来源:獐子岛财务报告

在2013年到2021年间,该企业的存货跌价准备计提数对净利润的影响如表9-4、图9-4所示。2013年存货跌价计提较为平稳,为1 305.70万元,同时净利润比较稳定;但2014年、2015年连续两年亏损以及2017年、2019年亏损,公司都计提了大额的存货跌价准备,计提数额分别高达34 483.70万元、3 310.10万元、9 036.00万元、7 230.20万元,对净利润的影响分别高达 -28.85%、-13.49%、-12.45%、-18.79%,公司披露的理由是在发生亏损的年度,公司经营状况受扇贝失踪、国际市场需求逐步减少、行业内的竞争愈发激烈,企业的产品需求偏低,盈利能力普遍较低影响,在存货市场当中,价格不断地下滑,所以,企业明显提升了存货跌价准备计提数额。在2016年、2018年、2020年扭亏为盈的年份里,公司大幅减少存货跌价准备的数额,分别只有65.70万元、1 556.70万元、1 987.40万元,同比上一年度的存货跌价计提额分别减少了98.02%、82.77%、72.51%,而再结合表9-3分析2013—2021年消耗性生物资产减值在存货跌价准备的占比情况,我们可以看出,在2014年、2015年、2017年、2019年大额计提存货跌价准备的这几年,消耗性生物资产减值的计提分别占存货跌价准备的比例高达89.3%、96.53%、67.2%、90.15%,而在2016年、2018年、2020年存货跌价准备数额减少的这3年,消耗性生物资产减值转回分别占存货跌价准备转回的85.20%、64.05%、71.17%。因此,我们可以得出结论,在发生经营亏损的年度,面临被退市的风险时,獐子岛均通过计提巨额消耗性生物资产减值,然后在以后年度转回消耗性生物资产减值,从而调节公司的利润,实现扭亏为盈,保住了上市资格,这属于"洗大澡"式的盈余管理行为。

表9-4 存货跌价准备转回或转销与净利润的关系　单位:万元

年份	存货跌价准备计提额	存货跌价转回或转销	净利润	转回或转销/净利润
2013	1 305.70	2 732.50	9 730.30	28.08%
2014	34 483.70	30 157.50	−119 521.70	−25.23%
2015	3 310.10	5 363.30	−24 543.90	−21.85%
2016	65.70	3 750.00	7 571.50	49.53%
2017	9 036.00	311.60	−72 576.70	−0.43%
2018	1 556.70	7 183.70	3 398.70	211.37%
2019	7 230.20	3 188.00	−38 489.10	−8.28%
2020	1 987.40	8 191.30	3 598.60	227.62%
2021	3 359.70	1 111.30	2 392.40	46.45%

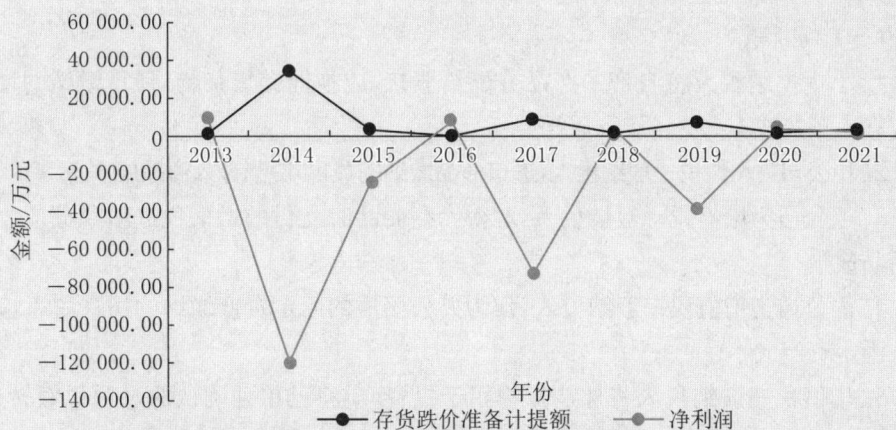

图9-4　存货跌价准备与净利润的关系

数据来源:獐子岛财务报告

综合分析题

1. 獐子岛的扇贝事件给你带来了什么启示?

2. 像獐子岛这样的农业公司,经常靠"天灾"进行财务造假,请列出几条措施,使其能够有效规避这种情况。

第十章 负 债

学习目标

1. 熟悉负债的定义、特点、确认与计量；
2. 了解负债的分类、应付账款、预付账款和应付票据的会计处理；
3. 掌握应交税费、应付债券、可转换公司债券、应付职工薪酬的核算。

练习题

(一) 判断题

1. 小规模纳税人将自产的产品分配给股东，应视同销售货物，计算缴纳的增值税应计入销售成本。 （ ）

2. 甲公司为增值税一般纳税人，进口商品缴纳的关税，应当计入商品成本。 （ ）

3. 乙公司为增值税一般纳税人，取得库存商品时支付的增值税进项税额应当计入商品成本。 （ ）

4. 丙公司为增值税一般纳税人，作为办公用房的固定资产缴纳的房产税不应该计入固定资产成本。 （ ）

5. 增值税一般纳税人将外购货物用于投资，应将已单独确认的进项税额转出，贷记"应交税费——应交增值税（进项税额转出）"科目。 （ ）

6. 应付债券应按期初摊余成本和实际利率计算确定利息费用。 （ ）

7. 企业发行债券所发生的交易费用，应计入债券的初始确认金额。 （ ）

8. 债券面值与实际收到的款项之间的差额，应记入"应付债券——应计利息"账户。 （ ）

9. 溢价或折价摊销是债券发行企业在债券存续期间内对利息费用的一种调整。 （ ）

10. 溢价是企业以后各期多付利息而事先得到的补偿。 （ ）

11. 可转换公司债券属于金融负债。 （ ）

12. 可转换公司债券发行时发生的交易费用应当计入当期损益。 （ ）

13. 附有赎回选择权的可转换公司债券在赎回日若需支付利息补偿金，应在债

券发行日至约定赎回届满日期间计提。 ( )

14. 可转换公司债券属于复合金融工具,在初始确认时需将负债成分和权益成分进行分拆。 ( )

15. 增值税一般纳税人将委托加工的货物用于对外捐赠,应贷记"应交税费——应交增值税(销项税额)"账户。 ( )

(二) 单项选择题

1. 云山公司为增值税一般纳税人,因管理不善导致一批库存原材料被盗,该批原材料实际成本为100万元,应收责任人赔款3万元,保险公司赔偿80万元。企业购入该批原材料的增值税税率为13%,购入时已将进项税额全额抵扣,不考虑其他因素,该批被盗原材料造成的净损失为( )万元。

A. 17 B. 33 C. 30 D. 110

2. 云山公司为增值税一般纳税人。1月1日,云山公司发出一批实际成本为120万元的原材料,委托A公司加工应税消费品,收回后继续生产应税消费品。5月30日,云山公司收回委托加工的应税消费品并验收入库。云山公司根据A公司开具的增值税专用发票向A公司支付加工费10万元,增值税税额1.3万元,另支付消费税税额12万元。假定不考虑其他因素,云山公司收回该批应税消费品的入账价值为( )万元。

A. 142 B. 130 C. 131.3 D. 143.3

3. 云山股份有限公司于2023年1月1日发行3年期,每年1月1日付息、到期一次还本的公司债券,债券面值为200万元,票面利率为5%,实际年利率为6%,按实际利率法确认利息费用。债券的发行价格为196.65万元,另支付发行费用2万元。不考虑其他因素,该债券2024年度确认的利息费用为( )万元。

A. 11.78 B. 12 C. 10 D. 11.68

4. 云山公司经批准于1月1日以50 000万元的价格(不考虑相关税费等其他因素)发行面值总额为50 000万元的可转换公司债券。该可转换公司债券期限为5年,每年1月1日支付上年利息,票面利率为4%,实际年利率为6%。已知(P/A,6%,5) = 4.212 4,(P/F,6%,5) = 0.747 3。1月1日发行可转换公司债券时应确认权益成分的公允价值为( )万元。

A. 45 789.8 B. 4 210.2 C. 50 000 D. 0

5. 经相关部门批准,云山公司于1月1日按面值发行分期付息、到期一次还本的可转换公司债券1 000万份,每份面值为100元。可转换公司债券发行价格总额为100 000万元,另发生发行费用1 600万元,实际募集资金已存入银行专户。发行时二级市场上与之类似的没有附带转换权的债券市场利率为6%。下列关于该可转换公司债券负债成分实际利率的说法中,正确的是( )。

A. 实际利率为6% B. 实际利率为各年的票面利率
C. 实际利率应小于6% D. 实际利率应大于6%

6. 云山公司 2022 年 1 月 1 日发行 1 000 万份可转换公司债券,每份面值为 100 元,每份发行价格为 100.5 元。可转换公司债券发行 2 年后,每份可转换公司债券可以转换 4 股云山公司普通股(每股面值 1 元)。云山公司发行该可转换公司债券确认的负债成分初始计量金额为 100 150 万元。2023 年 12 月 31 日,与该可转换公司债券相关负债的账面价值为 100 050 万元。2024 年 1 月 2 日,该可转换公司债券全部转换为云山公司股份。不考虑其他因素,云山公司因可转换公司债券的转换应确认的资本公积(股本溢价)为( )万元。

A. 96 400   B. 400   C. 96 050   D. 350

7. 云山股份有限公司于 2024 年 1 月 1 日发行 3 年期,于次年起每年 1 月 1 日付息、到期一次还本的公司债券,债券面值总额为 1 000 万元,票面年利率为 5%,考虑发行费用后的实际年利率为 4%,发行价格为 1 030 万元,另支付发行费用为 2.25 万元。按实际利率法确认利息费用。假定不考虑其他因素,该债券 2024 年 12 月 31 日的摊余成本为( )万元。

A. 1 000   B. 1 018.86   C. 1 023.54   D. 1 021.2

8. 企业转销无法支付的应付账款时,应将应付账款账面余额计入( )。

A. 资本公积   B. 营业外收入

C. 其他业务收入   D. 其他应付款

9. 下列各项中,不应通过"其他应付款"账户核算的是( )。

A. 应付的租入包装物租金   B. 应付的社会保险费

C. 应付的客户存入保证金   D. 应付的经营租入固定资产租金

10. 企业在核算短期借款的利息时,涉及的会计科目不包括( )。

A. "财务费用"   B. "应付利息"

C. "短期借款"   D. "银行存款"

11. 企业因开出银行承兑汇票而支付银行的承兑汇票手续费,应当通过( )账户核算。

A. "应付票据"   B. "财务费用"

C. "管理费用"   D. "销售费用"

12. 下列关于预收账款的说法中,正确的是( )。

A. 预收账款所形成的负债不是以货币偿付,而是以货物清偿

B. "预收账款"账户借方登记发生的预收账款数额和购货单位补付账款的数额

C. "预收账款"账户贷方登记企业向购货方发货后冲销的预收账款数额和退回购货方多付账款的数额

D. "预收账款"账户的期末借方余额反映企业预收的款项,如为贷方余额,反映企业预先多收的款项

13. 下列各项中,不属于职工薪酬核算的是( )。

A. 以商业保险形式提供给职工的各种保险待遇

B. 提供给职工配偶、子女或其他被赡养人的福利

C. 提供给职工以权益形式结算的认股权

D. 应付租入包装物的租金

14. 下列说法中,错误的是(   )

A. 负债是指企业过去的交易或事项形成的、预期会导致经济利益流出企业的现时义务

B. 在发票账单未能与货物同时到达的情况下,企业不需要确认负债

C. 预收账款也是企业的一项负债

D. 预收货款不多的企业,可以不单独设置"预收账款"科目,其所发生的预收货款,可以通过"应收账款"科目核算

15. 下列说法中,正确的是(   )。

A. 企业将租赁的房屋无偿提供给职工使用的,每期应付的租金应作为应付职工薪酬计入相关资产成本或者当期损益

B. 增值税一般纳税人,一般来说购入货物时即使取得的是普通发票进项税额也能抵扣

C. 企业在核算长期借款利息时,应按照长期借款的摊余成本和实际利率计算确定的利息费用,并借记"财务费用"账户

D. 企业归还应付债券时涉及的科目可能有应付债券、应计利息、应付利息和银行存款等

(三) 多项选择题

1. 云山公司为增值税一般纳税人,其发生的下列税费中,应计入相应资产成本的有(   )。

A. 购入作为非货币性福利发放给生产工人的商品支付的增值税

B. 小规模纳税企业购买固定资产支付的增值税。

C. 购入商品的进口关税

D. 购置用于生产经营的不动产扩建的工程材料支付的增值税

2. 云山公司为增值税一般纳税人,下列经济业务所涉及的增值税,不应作进项税额转出处理的有(   )。

A. 自行建造厂房领用的外购原材料

B. 外购原材料因管理不善发生霉烂变质

C. 以自产产品作为福利发放给职工

D. 以自产产品作为对价进行对外投资

3. 企业经营活动发生的下列各种税费中,必须通过"税金及附加"科目核算的有(   )。

A. 教育费附加   B. 土地使用税   C. 车船税   D. 消费税

4. 企业委托加工一批非金银首饰应税消费品,委托方收回后以不高于受托方的

计税价格出售,不考虑其他因素。下列各项中,应当计入收回物资的加工成本的有( )。

A. 委托加工耗用原材料的实际成本

B. 收回委托加工物资时支付的运杂费

C. 支付给受托方的由其代收代缴的消费税

D. 支付的加工费

5. 某企业发行分期付息,到期一次还本的一般公司债券,采用实际利率法摊销债券折溢价(不考虑相关交易费用)。下列关于债券的表述中,正确的有( )。

A. 随着各期债券溢价的摊销,债券的摊余成本逐期减少,利息费用逐期减少

B. 随着各期债券溢价的摊销,债券的摊余成本逐期接近其面值

C. 随着各期债券溢价的摊销,债券的应付利息各期保持不变

D. 随着各期债券折价的摊销,债券的利息费用逐期增加

6. 云山公司1月1日按面值发行分期付息、到期还本的公司债券100万张,另支付发行手续费5万元。该债券每张面值为100元,期限为5年,票面年利率为4%。下列关于该债券的会计处理中,正确的有( )。

A. 发行公司债券时支付的手续费计入应付债券的初始入账金额

B. 应付债券初始确认金额为9 995万元

C. 本年应确认的利息费用为400万元

D. 发行的公司债券按面值总额确认为负债

7. 下列关于增值税一般纳税人会计处理中,正确的有( )。

A. 已单独确认进项税额的购进货物因管理不善发生非正常损失,应贷记"应交税费——应交增值税(进项税额转出)"账户

B. 企业管理部门领用本企业生产的产品,应贷记"应交税费——应交增值税(销项税额)"账户

C. 一般纳税人购进货物用于免征增值税项目,其进项税额计入相关成本费用

D. 一般纳税人月终计算出当月应交或未交的增值税,在"应交税费——未交增值税"账户核算

8. 下列关于一般纳税人月末转出多交增值税和未交增值税的账务处理中,正确的有( )。

A. 月度终了,企业应当将当月应交未交或多交的增值税自"应交增值税"明细账户转入"未交增值税"明细账户

B. 月度终了,企业应当将"应交增值税"明细账户借方余额转入"未交增值税"明细账户

C. 对于当月应交未交的增值税,企业应借记"应交税费——应交增值税(转出未交增值税)"科目,贷记"应交税费——未交增值税"科目

D. 对于当月多交的增值税,企业应借记"应交税费——未交增值税"科目,贷记

"应交税费——应交增值税(转出多交增值税)"科目

9. 下列说法中,错误的有(　　　　)。

A. 应付债券应按期初摊余成本和合同约定的名义利率计算确定利息费用

B. 企业发行债券所发生的交易费用,计入财务费用或在建工程

C. 折价是企业以后各期少付利息而预先给予投资者的补偿

D. 作为固定资产核算的车辆缴纳的车船税,应当计入其资产成本

10. 下列关于可转换公司债券的说法中,不正确的有(　　　　)。

A. 应将可转换公司债券的价值在负债成分与权益成分之间进行分配

B. 为发行可转换公司债券发生的手续费应计入负债成分的入账价值

C. 可转换公司债券的权益成分应记入"资本公积——其他资本公积"科目

D. 转股时应将可转换公司债券中所包含的权益成分从资本公积转销

(四) 计算分析题

1. 云山公司为增值税一般纳税人,销售商品适用的增值税税率为 13%,原材料按实际成本核算,销售商品价格为不含增值税的公允价格。2024 年 6 月发生交易或事项:

(1) 6 日,购入原材料一批,增值税专用发票上注明的价款为 120 000 元,增值税税额为 15 600 元,材料尚未到达,全部款项已用银行存款支付。

(2) 10 日,收到 6 日购入的原材料并验收入库,实际成本总额为 120 000 元。同日,与运输公司结清运输费用,增值税专用发票上注明的运输费用为 5 000 元,增值税税额为 450 元,运输费用和增值税税额已用转账支票付讫。

(3) 15 日,购入不需要安装的生产设备一台,增值税专用发票上注明的价款为 30 000 元,增值税税额为 3 900 元,款项尚未支付。

(4) 20 日,购入农产品一批,农产品收购发票上注明的买价为 200 000 元,规定的扣除率为 9%,货物尚未到达,价款已用银行存款支付。

(5) 24 日,企业管理部门委托外单位修理机器设备,取得对方开具的增值税专用发票上注明的修理费用为 20 000 元,增值税税额为 2 600 元,款项已用银行存款支付。

(6) 24 日,该公司购进一幢简易办公楼作为固定资产核算,并投入使用。已取得增值税专用发票并经税务机关认证,增值税专用发票上注明的价款为 1 500 000 元,增值税税额为 135 000 元,全部款项以银行存款支付,不考虑其他相关因素。

要求:根据资料,编制相关会计分录。

2. 2024 年 6 月,云山公司发生事项如下:

(1) 10 日,库存材料因管理不善发生火灾损失,材料实际成本为 20 000 元,增值税专用发票上注明的增值税税额为 2 600 元。

(2) 18 日,领用一批外购原材料用于集体福利,该批原材料的实际成本为 60 000 元,相关增值税专用发票上注明的增值税税额为 7 800 元。

要求:根据资料,编制相关会计分录。

3. 2024 年 6 月 28 日,云山公司外购空调扇 300 台作为福利发放给直接从事生产的职工,取得的增值税专用发票上注明的价款为 150 000 元、增值税税额为 19 500元,以银行存款支付了购买空调扇的价款和增值税进项税额,增值税专用发票尚未经税务机关认证。要求:

(1) 根据资料,编制外购空调扇的会计分录。

(2) 根据资料,编制进项税经税务机关认证不可抵扣时的会计分录。

(3) 根据资料,编制实际发放空调扇的会计分录。

4. 2024 年 6 月,云山公司发生与销售相关的交易或事项如下:

(1) 15 日,销售产品一批,开具的增值税专用发票上注明的价款为 3 000 000 元,增值税税额为 390 000 元,提货单和增值税专用发票已交给买方,款项尚未收到。

(2) 28 日,为外单位代加工电脑桌 500 个,每个收取加工费 80 元,已加工完成。开具的增值税专用发票上注明的价款为 40 000 元,增值税税额为 5 200 元,款项已收到并存入银行。

要求:根据资料,编制相关会计分录。

5. 2024 年 6 月,云山公司发生如下业务:

(1) 10 日,以公司生产的产品对外捐赠,该批产品的实际成本为 200 000 元,市场不含税售价为 250 000 元,开具的增值税专用发票上注明的增值税税额为 32 500 元。

(2) 28 日,云山公司用一批原材料对外进行长期股权投资。该批原材料实际成本为 600 000 元,双方协商不含税价值为 750 000 元,开具的增值税专用发票上注明的增值税税额为 97 500 元,不考虑其他因素。

要求:根据资料,编制相关会计分录。

6. 某工业生产企业核定为小规模纳税人,本期购入原材料,按照增值税专用发票上记载的原材料价款为 100 万元,支付的增值税税额为 13 万元,企业开出承兑的商业汇票,材料已到达并验收入库(材料按实际成本核算)。该企业本期销售产品,销售价格总额为 90 万元(含税),假定符合收入确认条件,货款尚未收到,该企业适用的增值税税率为 3%。

要求:根据资料,编制相关会计分录。

7. 云山公司为增值税一般纳税人,本期购入一批材料,增值税专用发票上注明的增值税额为 15.6 万元,材料价款为 120 万元。材料已入库,货款已经支付(假如云山公司材料采用实际成本进行核算)。材料入库后,云山公司将该批材料全部用于发放职工福利。

要求:根据资料,编制相关会计分录。

8. 云山公司委托外单位加工材料(非金银首饰),原材料价款 20 万元,加工费用 5 万元,由受托方代收代缴的消费税税额为 0.5 万元(不考虑增值税),材料已经加工完毕验收入库,加工费用尚未支付。假定云山公司材料采用实际成本核算。

要求：根据资料，编制相关会计分录。

（1）如果云山公司收回加工后的材料用于继续生产应税消费品；

（2）如果云山公司收回加工后的材料直接用于销售。

9. 云山公司为上市公司，其相关交易或事项如下。

（1）经相关部门批准，云山公司于 2021 年 1 月 1 日按面值发行分期付息、到期一次还本的可转换公司债券 1 000 万份，每份面值为 100 元。可转换公司债券发行价格总额为 100 000 万元，发行费用为 1 600 万元，实际募集资金已存入银行专户。

根据可转换公司债券募集说明书的约定，可转换公司债券的期限为 3 年，自 2023 年 1 月 1 日起至 2025 年 12 月 31 日止；可转换公司债券的票面年利率：第一年为 1.5%，第二年为 2%，第三年为 2.5%；可转换公司债券自发行之日起每年支付一次利息，起息日为可转换公司债券发行之日即 2023 年 1 月 1 日，付息日为可转换公司债券发行之日起每满一年的当日，即自发行次年起每年的 1 月 1 日；可转换公司债券在发行 1 年后可转换为云山公司普通股股票，初始转股价格为每股 10 元，每份债券可转换为 10 股普通股股票（每股面值 1 元）；发行可转换公司债券募集的资金专项用于生产用厂房的建设。

（2）云山公司将募集资金陆续投入生产用厂房的建设（厂房于 2023 年前已经开始建造），截至 2023 年 12 月 31 日，全部募集资金已使用完毕。生产用厂房于 2023 年 12 月 31 日达到预定可使用状态。

（3）2024 年 1 月 1 日，云山公司支付 2023 年度可转换公司债券利息 1 500 万元。

（4）2024 年 7 月 1 日，由于云山公司股票价格涨幅较大，全体债券持有人将其持有的可转换公司债券全部转换为云山公司普通股股票。

（5）其他资料如下：

① 云山公司将发行的可转换公司债券的负债成分划分为以摊余成本计量的金融负债。

② 云山公司发行的可转换公司债券，无债券发行人赎回和债券持有人回售条款以及变更初始转股价格的条款，发行时二级市场上与之类似的没有附带转换权的债券的市场利率为 6%。

③ 在当期付息前转股的，按债券面值及初始转股价格计算转股数量。

④ 不考虑所得税等其他因素的影响。

⑤ 考虑发行费用后的实际年利率为 6.59%。

⑥ (P/F, 6%, 1) = 0.943 4，(P/F, 6%, 2) = 0.890 0，(P/F, 6%, 3) = 0.839 6

要求：

（1）根据资料，计算云山公司发行可转换公司债券时负债成分和权益成分的公允价值。

（2）根据资料，计算云山公司可转换公司债券负债成分和权益成分应分摊的发行费用。

（3）根据资料，编制云山公司发行可转换公司债券时的会计分录。

（4）根据资料，计算 2023 年 12 月 31 日云山公司可转换公司债券负债成分的摊余成本，并编制云山公司确认及支付 2023 年度利息费用的会计分录。

（5）根据资料，计算 2024 年 6 月 30 日云山公司可转换公司债券负债成分的摊余成本，并编制云山公司确认 2024 年上半年利息费用的会计分录。

（6）根据资料，编制云山公司 2024 年 7 月 1 日可转换公司债券转换为普通股股票时的会计分录。

（金额单位用万元表示，结果保留两位小数）

案例分析

从流动性角度看海航集团破产重组

2017 年 6 月 22 日，银监会要求各大银行对海航、万达、安邦等多家"海外并购明星企业"境外投资借款进行风险排查。几天之后，海航旗下喜乐航本拟以 4.15 亿美元收购美国公司 GEE 34.9％股权的计划，宣布中止。彭博数据显示，此前海航及其子公司已经质押了至少 240 亿美元的 15 家上市公司股票，包括希尔顿全球控股和德意志银行的股份。2017 年底，海航短期和长期债务已达 6 375 亿元人民币，相比 2016 年年底增长了 36％。包括旗下的上市和非上市公司在内，海航债务总额约为 1 万亿元人民币，其中国家开发银行是该集团最大的债权人。至此，数年中为海航并购提供了源源不断资金支持的金融市场，在监管政策与市场情绪的双重转向之下，曾经"四通八达"的融资渠道，此刻却变成一条条债务"绞索"，令海航紧绷的资金流雪上加霜。2021 年 1 月 29 日，海航集团发布公告称，收到海南省高级人民法院发出的《通知书》，主要内容为：相关债权人因海航集团不能清偿到期债务，申请法院对海航集团破产重整。

这场危机的背后，引发了人们对海航裂变式扩张的质疑，对此，你作为云山证券公司的研究员展开了对海航集团巨额负债的专项调查分析，以下是你收集到的资料：

1. 公司基本情况

海航集团于 1998 年成立，注册资本 600 亿元，实际控制人是海南省慈航公益基金会，是一家以航空运输主业为核心的跨国企业集团。旗下参控股航空公司 14 家，参与管理机场 13 家，机队规模近 900 架，开通国内外航线约 2 000 条，通航城市 200 余个，年旅客运输量逾 1.2 亿人次。经过 20 多年的发展，拥有海航科技、海航旅业、海航资本、海航实业、海航物流、海航金融、海航传媒等 7 大业务板块。

其发展扩张历程大致可以分为三个阶段：在 2004 年之前以区域并购为主，如组建长安航空、山西航空，成立海航酒店等，从一家地方航空公司跻身全国第四大航空集团。2004 年至 2012 年，海航集团开始了多元化扩张战略，涉足金融、旅游、科技、文化等产业，如成立海航文化控股集团、海航资本集团，旗下有渤海金控、皖江金融租赁、渤海国际信托、渤海人寿等金融机构，成为航空综合服务运营商。2012 年之后，海航集团开始了全球大规模布局，在境外开始"疯狂扩张"，并在 2016 年达到顶峰，实现了海内外资产多元化，企业资产规模、收入迅猛增长。海航集团顶峰时期国内成员企业数达到上千家，其中，香港上市企业 7 家、境内主板上市企业 12 家、新三板上市企业 22 家，直接或间接持有金融机构 13 家。在 2019 年的中国民营企业 500 强榜单上，海航以 6 182.93 亿元的营业收入排名第二，仅次于华为。

2. 公司破产重组历程

(1) 疯狂并购。关于海航集团的"膨胀"速度，有这样一组数据：2009 年，海航集团旗下公司不到 200 家；2011 年初，集团旗下公司接近 600 家。两年时间，公司数量扩大三倍，这样的扩张、兼并速度堪称"疯狂"，甚至在爆发流动性危机的 2017 年，海航还在疯狂买入——以 22.1 亿美元收购曼哈顿公园大道 245 号大楼；持续增持德意志银行股份，在 5 月份将持股比例升至 9.92%，成为德银最大股东；以 20 亿美元收购香港惠理集团；以 7.75 亿美元收购嘉能可石油存储和物流业务 51% 的股权；以 13.99 亿新加坡元（68.72 亿元人民币）收购新加坡物流公司 CWT。

(2) 绝地求生。在爆发流动性危机之后，海航集团开始大肆甩卖境内外资产，仅 2018 年就出售资产将近 3 000 亿元。为了应对燃眉之急，海航集团采取了亏本处理，例如，海航集团曾以约 11.77 亿元购买的金丝雀码头写字楼，以 9.1 亿元的售价出售，亏损近 2.67 亿元；海航集团持有的香港山顶卢吉道 27 号屋地豪宅以低于市场价 1.28 亿元出售；海航集团曾投资 15 亿元购买的东北电气以 5.6 亿元价格出售，亏损 9.4 亿元。除此之外，海航集团连赖以生存的飞机也拿来卖了，2019 年 3 月 15 日，海航公告宣布，将向 NGF Genesis Limited 出售 2 架自有波音 737-800 飞机。

然而，这一切的努力也无法挽回海航集团资产负债率高企的现状。从图 10-1 我们可以看到，在 2017 年出现流动性危机之前，海航集团的资产负债率已高达 70% 以上；2016 年，尽管企业已经努力去杠杆，但疯狂并购埋下的种子已无法挽回；近几年大肆甩卖资产偿还债务，却因为亏本处理，导致资产负债率不降反升，得不偿失。2020 年，海航集团的资产负债率更是达到史上最高峰 113.52%。

(3) 破产重组。海航自救失败后，2020 年 2 月 29 日，海南省政府牵头成立了"海南省海航集团联合工作组"，全面协助、全力推进海航旗下 2 300 家公司风险处置工作。2021 年 1 月 29 日，海航集团因负债 7 180 亿元而申请破产重整，让人不得不感叹这是中国企业破产史上乃至中国经济史上最大的破产重整案。

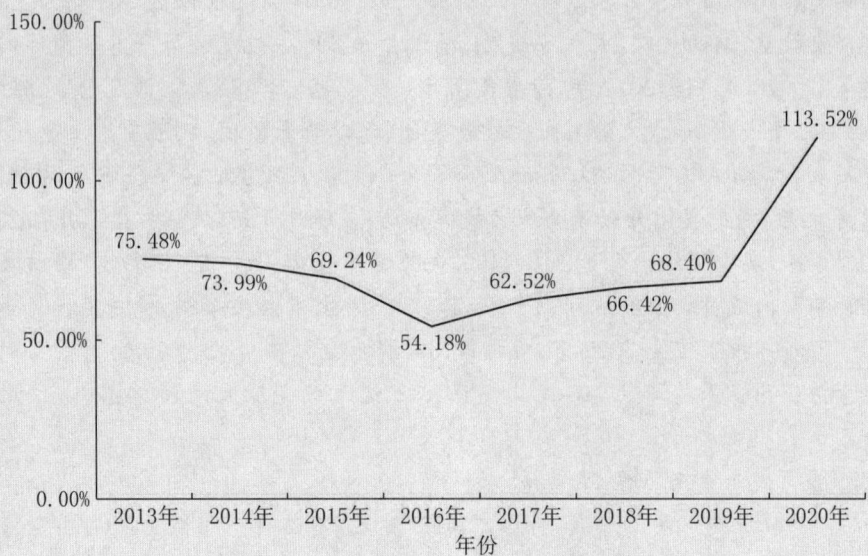

图 10-1 海航集团资产负债率

综合分析题

1. 结合上述材料,请分析概括海航集团破产重组的原因。

2. 海航集团的破产重组给你带来了哪些启示?

第十一章 所有者权益

学习目标

1. 掌握实收资本、资本溢价和其他综合收益、库存股、股份支付、留存收益的核算；

2. 理解其他权益工具的核算；

3. 了解所有者权益的分类、独资企业和合伙企业所有者权益的特点、公司制企业所有者权益的特点。

练习题

（一）判断题

1. 盈余公积的用途主要是弥补亏损和增加资本。　　　　　　　　（　　）

2. 年终结转后，"利润分配——未分配利润"账户的贷方余额反映本年实现的净利润。　　　　　　　　　　　　　　　　　　　　　　　　　（　　）

3. 回购本公司股票，不会引起公司股东权益总额变动。　　　　　（　　）

4. 股份有限公司注销回购的本公司股票时，回购价格小于股票面值总额的差额计入盈余公积。　　　　　　　　　　　　　　　　　　　　　（　　）

5. 企业用税前利润弥补亏损时，不需进行专门的会计处理。　　　（　　）

6. 分派股票股利，既不影响资产和负债，也不影响股东权益。　　（　　）

7. 股份有限公司溢价发行股票时，股票溢价的净收入计入营业外收入。（　　）

8. 用盈余公积弥补亏损或转增资本，不会引起所有者权益总额的变动。（　　）

9. 企业用税后利润弥补以前年度亏损，不需进行专门的财务处理。（　　）

10. 以减资为目的收购本公司的股票，在股票注销时，超出股票面值的部分，应先冲销溢价收入，不足部分冲销留存收益。　　　　　　　　　　（　　）

11. 其他综合收益与实收资本一样，都是由投资者对企业直接投资而形成的。
　　　　　　　　　　　　　　　　　　　　　　　　　　　　　（　　）

12. 公司持有的库存股属于公司的资产。　　　　　　　　　　　（　　）

(二) 单项选择题

1. 下列各项中,不会导致企业所有者权益总额发生变动的是(　　)。

A. 股东大会宣告分配现金股利

B. 回购本公司股票

C. 盈余公积转增资本

D. 收到投资者投入的银行存款

2. 企业以盈余公积转增资本后,留存的盈余公积不得低于注册资本的比例为(　　)。

A. 10%　　　　　　B. 20%　　　　　　C. 25%　　　　　　D. 50%

3. 云山公司提取盈余公积 30 万元;以资本公积 5 万元、盈余公积 10 万元转增资本。云山公司所有者权益增加额为(　　)万元。

A. 0　　　　　　　B. 15　　　　　　　C. 30　　　　　　　D. 45

4. 云山股份委托某证券公司发行普通股,股票面值总额 4 000 万元,发行总额 16 000 万元,发行费按发行总额的 2% 计算(不考虑其他因素),股票发行净收入全部收到。云山股份该笔业务记入"资本公积"账户的金额为(　　)万元。

A. 4 000　　　　　B. 11 680　　　　　C. 11 760　　　　　D. 12 000

5. 云山公司年初所有者权益 160 万元,本年度实现净利润 300 万元,以资本公积转增资本 50 万元,提取盈余公积 30 万元,向投资者分配现金股利 20 万元。假设不考虑其他因素,云山公司年末所有者权益为(　　)万元。

A. 360　　　　　　B. 410　　　　　　C. 440　　　　　　D. 460

6. 1 月 1 日,云山公司所有者权益情况如下:实收资本 200 万元,资本公积 17 万元,盈余公积 38 万元,未分配利润 32 万元。则云山公司 1 月 1 日留存收益为(　　)万元。

A. 32　　　　　　　B. 38　　　　　　　C. 70　　　　　　　D. 87

7. 云山公司年初未分配利润为 100 万元,本年净利润为 1 000 万元,按 10% 计提法定盈余公积,按 5% 计提任意盈余公积,宣告发放现金股利为 80 万元。云山公司的期末未分配利润为(　　)万元。

A. 855　　　　　　B. 867　　　　　　C. 870　　　　　　D. 874

8. 云山公司(已上市)发行普通股 1 000 万股,每股面值 1 元,每股发行价格 5 元,支付手续费 20 万元,支付咨询费 60 万元。则云山公司发行普通股计入股本的金额为(　　)万元。

A. 1 000　　　　　B. 4 920　　　　　C. 4 980　　　　　D. 5 000

9. 云山公司期初的所有者权益为:股本 4 000 万元(每股面值为 1 元),资本公积——股本溢价 800 万元,盈余公积 600 万元,未分配利润 500 万元。本期经股东大会批准,以每股 7 元的价格回购本公司股票 300 万股并注销。下列关于云山公司回购并注销股票的相关会计处理中,正确的是(　　)。

A. 回购时：

借：库存股   2 100

   贷：银行存款   2 100

B. 注销时：

借：股本   300

   利润分配——未分配利润   1 800

      贷：库存股   2 100

C. 注销时：

借：股本   300

   资本公积——股本溢价   1 800

      贷：库存股   2 100

D. 注销时：

借：股本   300

   盈余公积   1 800

      贷：库存股   2 100

10. 固定资产转化为采用公允价值模式计量的投资性房地产,投资性房地产应当按照转换当日的公允价值计量。转换当日的公允价值大于原账面价值的差额通过(　　)账户核算。

A. "公允价值变动损益"   B. "营业外支出"

C. "其他综合收益"   D. "投资收益"

11. 下列各项中,属于资本公积核算范围的是(　　)。

A. 接受非货币性资产捐赠

B. 其他债权投资的公允价值变动

C. 享有的被投资单位其他综合收益变动的份额

D. 以权益结算的股份支付

12. 下列各项中,不属于其他综合收益的是(　　)。

A. 其他权益工具投资公允价值变动

B. 发行认股权证取得的收入

C. 长期股权投资采用权益法核算确认的享有被投资企业其他综合收益变动的份额

D. 自用房地产转为按照公允价值计量的投资性房地产时公允价值高于账面价值的差额

13. 下列各项中,属于优惠幅度最大的优先股是(　　)。

A. 参与累积分派优先股   B. 参与非累积分派优先股

C. 非参与累积分派优先股   D. 非参与非累积分派优先股

14. 下列关于股份有限公司溢价发行股票相关会计处理的表述中,错误的是

（   ）。

A. 发行股票应按股票的面值计入股本

B. 发行收入与股票面值差额即股本溢价计入资本公积

C. 发行股票相关的手续费、佣金等交易费用，应单独计入财务费用

D. 发行股票相关的手续费、佣金等交易费用，应从溢价中抵扣，冲减"资本公积——股本溢价"

15. 云山有限责任公司属于增值税一般纳税人，10月1日接受投资方投入的一项非专利技术，合同约定价值是800万元，同时收到投资方作为资本投入的商标权一项，合同约定价值为500万元，假设合同约定的价值与公允价值相符，不考虑其他因素，则下列说法中正确的是（   ）。

A. 投资方不能用非专利技术投资

B. 应该计入实收资本的数额为800万元

C. 应该计入实收资本的数额为500万元

D. 应该计入实收资本的数额为1 300万元

16. 2024年年初，云山公司的所有者权益总额为1 150万元，其中：实收资本700万元，盈余公积200万元，其他综合收益100万元，未分配利润150万元；当年实现净利润300万元，该企业按净利润的10%计提法定盈余公积，向投资者分配现金股利140万元，不考虑其他因素，云山公司2024年年末留存收益总额为（   ）万元。

A. 650   B. 620   C. 510   D. 450

17. 云山公司2023年年末的所有者权益总额为3 860万元，该公司2024年实现利润总额为400万元，该公司适用的所得税税率为25%，假定不存在纳税调整事项；2024年年末企业按本年净利润的10%计提盈余公积，宣告分配现金股利120万元。不考虑其他因素，2024年12月31日，云山公司的所有者权益总额为（   ）万元。

A. 4 040   B. 4 100   C. 4 140   D. 4 260

18. 所有者权益总额应等于（   ）。

A. 资产总额

B. 资产总额减负债总额

C. 流动资产总额减流动负债总额

D. 长期资产总额减长期负债总额

19. 云山公司2024年1月1日所有者权益构成情况如下：股本1 500万元，资本公积100万元，盈余公积300万元，未分配利润400万元。2024年度实现利润总额为200万元，按10%和5%分别提取法定盈余公积和任意盈余公积，企业适用的所得税税率为25%。假定不存在纳税调整事项及其他因素，云山公司2024年12月31日可供投资者分配的利润为（   ）万元。

A. 550   B. 527.5   C. 535   D. 542.5

20. 下列各项中,不属于盈余公积用途的是(　　　)。

A. 支付股利   B. 转增资本

C. 弥补亏损   D. 购建集体福利设施

(三) 多项选择题

1. 云山有限责任公司(简称云山公司)为增值税一般纳税人,收到甲公司作为资本投入的原材料一批,合同约定该批材料不含增值税的价值为 2 000 万元,增值税税额 260 万元(由甲公司支付),云山公司已取得增值税专用发票。该批材料合同约定的价值与公允价值相符,甲公司享有云山公司注册资本的份额为 2 100 万元。不考虑其他因素,下列关于云山公司接受甲公司投资的会计处理中,正确的有(　　　)。

A. 借记"原材料"账户 2 000 万元

B. 贷记"实收资本"账户 2 100 万元

C. 贷记"应交税费——应交增值税(进项税额)"账户 260 万元

D. 贷记"资本公积——资本溢价"账户 160 万元

2. 下列各项中,应在所有者权益变动表中单独列示的有(　　　)。

A. 向所有者(股东)分配利润   B. 所有者投入资本

C. 综合收益总额   D. 会计估计变更累积影响数

3. 下列说法中,正确的有(　　　)。

A. 股东的股份比例是企业进行股利分配的主要依据

B. 股东可以用货币出资

C. 股东不可以用实物、知识产权、土地使用权等可以用货币估价并可以依法转让的非货币财产作价出资

D. 投资者投入的非现金资产,如果投资合同或协议约定的价值不公允,则按照公允价值入账

4. 下列各项中,不能增加企业资本公积的有(　　　)。

A. 划转无法支付的应付账款   B. 处置原接受捐赠的固定资产

C. 资本溢价   D. 盘盈的固定资产

5. 甲公司注册资本总额为 500 万元后,收到乙公司投入的现金 120 万元,在原注册资本中占 20% 的份额,甲公司进行账务处理时可能涉及的科目有(　　　)。

A. "银行存款"   B. "实收资本(或股本)"

C. "资本公积"   D. "盈余公积"

6. 下列关于资本公积和留存收益区别的说法中,正确的有(　　　)。

A. 资本公积主要来自资本溢价(或股本溢价)

B. 留存收益主要来源于企业生产经营活动实现的利润

C. 资本公积来源于企业的实现的利润

D. 留存收益包括资本公积和未分配利润

7. 下列各项中,属于所有者权益的有(　　　　)。

A. 股本溢价　　　　　　　　　　B. 计提的任意盈余公积

C. 投资者投入的资本　　　　　　D. 应付销售人员的基本薪酬

8. 下列关于盈余公积的说法中,正确的有(　　　　)。

A. 盈余公积是指企业按照有关规定从净利润中提取的积累资金

B. 公司制企业的盈余公积包括法定盈余公积和任意盈余公积

C. 法定盈余公积是指企业按照股东会或股东大会决议提取的盈余公积

D. 任意盈余公积是指企业按照规定的比例从净利润中提取的盈余公积

9. 云山公司按照年度实现净利润的10%提取盈余公积,2024年1月1日,云山公司股东权益总额为20 000万元,其中:普通股股本10 000元(10 000股),资本公积5 000万元,盈余公积3 000万元,未分配利润2 000万元。2024年5月6日,云山公司股东大会通过的利润分配方案:每10股派发1元的现金股利;以2023年12月31日的股本总额为基数,以资本公积转增股本,每10股普通股转增2股,每股面值1元。2024年云山公司实现净利润8 000万元,2024年12月31日云山公司资产负债表中,下列项目的列报金额正确的有(　　　　)。

A. 股本12 000万元　　　　　　B. 资本公积3 000万元

C. 盈余公积3 800万元　　　　　D. 未分配利润8 200万元

10. 企业发生的下列交易或事项,会引起当期"资本公积——其他资本公积"发生变动的有(　　　　)。

A. 控股股东代企业偿还应付账款2 000万元

B. 因联营企业增资导致投资方持股比例下降但仍具有重大影响,投资方享有被投资单位增资后可辨认净资产份额的增加额

C. 授予员工股票期权,在等待期内确认相关费用

D. 控股股东对管理人员赠予股份且立即可行权

(四)计算分析题

1. 云山公司为有限责任公司,发生下列有关接受投资的经济业务:

(1) 收到A股东的货币资金投资2 000 000元,存入银行。

(2) 收到B股东的固定资产投资,不含税的协议价值为1 000 000元,增值税税额为130 000元。

(3) 收到C股东的股权投资,确认为交易性金融资产,评估价值为870 000元。

(4) 三年后,D股东希望加入。云山公司的所有者权益总额为6 000 000元,D股东拟占增资后注册资本的1/5,按照该公司所有者权益账面价值以货币资金出资。

(5) 四年后,该公司以资本公积500 000元、盈余公积1 500 000元转增资本。

要求:根据资料,编制相关会计分录。

2. 云山股份有限公司2023年1月1日的股东权益为100 000万元,其中:普通股为50 000万元(每股面值1元),累积参与优先股为10 000万元(每股面值1元),资本公积为35 000万元,盈余公积为5 000万元,未分配利润为0。参与累积优先股

的条件为:股利率为 6%,并可按普通股股利水平扣除当年已分派优先股股利(6%)后参与剩余股利分配。云山公司按净利润的 10% 提取法定盈余公积,并将当年可供股东分配的利润进行分配。云山公司 2023 年实现净利润 360 万元,2024 年实现净利润 5 000 万元。

要求:计算 2023 年、2024 年分配的优先股股利及普通股股利,并编制股利分配的会计分录。

3. 云山股份有限公司是一家上市公司。2021 年 1 月 1 日,公司向其 200 名管理人员每人授予 100 股股票期权,这些职员从 2021 年 1 月 1 日起在该公司连续服务 3 年,即可以每股 5 元购买 100 股该公司股票而获益。授予日云山公司股票的每股面值为 1 元,公允价值为 18 元,云山公司估计授予管理人员的期权在当日的公允价值为 18 元。

第一年有 20 名职员离开公司,云山公司预计三年中离开的职员比例将达到 20%;第二年又有 10 名职员离开公司,云山公司将预计的职员离开比例调整为 15%;第三年又有 15 名职员离开。未离开的职员全部行权获得股票。

要求:根据资料,编制相关会计分录。

4. 云山股份有限公司是一家上市公司。2021 年 1 月 1 日,公司向其 200 名管理人员每人授予 100 股股票增值权,这些职员从 2021 年 1 月 1 日起在该公司连续服务 3 年,即可按照当时股票增值权的增长幅度行权获得现金。云山公司估计,该增值权的公允价值和职员离开人数如表 11-1 所示。

表 11-1 股票增值权的公允价值和职员离开人数资料

年份	公允价值/元	实际当年职员离开人数/名	预计剩余年份职员离开人数/名
2021	14	20	15
2022	15	10	10
2023	18	15	—

要求:根据资料,编制相关会计分录。

5. 沿用上述第 3 题的资料。假定 2021 年 1 月 1 日,云山公司以每股 20 元的价格购回 20 000 股本公司股票,用于股份支付。2024 年 1 月 1 日职工行权后,该公司将剩余股票以每股 25 元的价格出售。

要求:根据资料,编制回购股票、职工行权、出售剩余股票的会计分录。

📑 案例分析
- -

从双重股权看小米财务分析

港交所于 2018 年 4 月起准许双重股权结构的公司上市。同年 7 月,小米以双重股权结构的公司在港交所上市。通过小米集团招股说明书可知,小米公司自 2010 年成立之初到 2018 年上市之前,年收入一直保持较高较快的增速,并且在

2017 年成为全球最大的消费级 LOT 平台。小米凭借自己雄厚的实力,即使一股一权的股权结构,也足以赴港上市,为何在 2018 年港交所允许双重股权结构后,小米以双重股权结构上市呢?

小米作为国内第一家采用双重股权结构的公司,吸引大众对其股权结构的动因和效益进行研究。对此,你作为云山证券公司的研究员展开了对小米上市前后股权结构的专项调查分析,以下是你收集整理的相关资料:

1. 公司基本情况

成立于 2010 年 4 月的北京小米科技有限责任公司(以下简称小米),是一家以手机、智能硬件、LOT 平台为核心的互联网公司。小米采用了独特且强大的"铁人三项"商业模式。在手机市场上,小米的主要竞争优势在于高性价比和较低的市场价格。

目前,它既是以智能硬件和 LOT(物联网)为核心的互联网公司,又是研发各类智能科技产品的创新性科技类公司。在十多年快速发展中,其研发团队不仅专注于提升产品的技术和质量,还对生活智能产品不断创新,将智能手机市场和家电制造业有机结合在一起。2018 年小米在港交所上市,成为在港交所首个采用双重股权结构上市的公司,创造了香港史上最大规模的科技股 IPO。

2. 双重股权结构及与普通股和优先股的关系

不同于一般的同股同权股权结构,双重股权结构采用了同股不同权的形式,将股票类型分为 A 股和 B 股,其中 A 类股票享有超级表决权,即每一股 A 类股票具有十份投票表决权;而每一股 B 类股享有一份投票表决权。使得创始人团队可以在融资时以较少的股票持有量获得较高的表决权,实现对公司直接或间接的控制。

与一般规定的普通股相比,双重股权 AB 股是在此之外发行的拥有特别表决权的股份,在每股具有表决权的股份上拥有的表决权数量多于每股普通股所拥有的表决权数量,其他股东权利与普通股相同。

而优先股则是另行规定的其他种类股份,该股份持有者优先于普通股股东分配公司利润和剩余财产,但参与公司决策管理等权利受到限制。

3. 企业融资过程

小米在初创期因为企业规模小资金成本高,可能难以承担债权融资所得资金的利息,对债权投资者的吸引力小,融资渠道单一,所以企业以吸收风险投资进行股权融资为主,其中权益融资的方式是可转换可赎回的优先股。该种优先股的特点是,投资股东既可以行使股东的权利,也可以不行权要求企业赎回先前购买的该公司股票。因优先股的清偿顺序在普通股之前,对优先股股东起到了保护作用。

从表 11-2 中我们可以看到,小米上市前进行了 A—F 轮融资。随着小米公司一轮又一轮地融资,创始人手中的股权不断地被稀释,其中小米执行董事、创始人、董事长及首席执行官雷军持股仅 31.41%,小米执行董事、联合创始人及副董事长林斌持股仅 13.33%。同时小米上市之前,所发行的优先股股权比例也高达 50.16%,这类优先股如果在小米上市之后全部转换为 B 类普通股权,必会对创始人股权产生稀释影响,从而产生控制权转移的风险。

表 11-2　上市前融资情况

上市前融资情况	A 轮	B 轮	C 轮	D 轮	E 轮	F 轮
融资金额/美元	1 025 万	3 085 万	9 010 万	2.16 亿	1 亿	11.34 亿
雷军股权比例	44.09%	38.91%	35.31%	33.48%	33.29%	31.41%
林斌股权比例	19.04%	16.51%	14.49%	14.21%	13.70%	13.32%

数据来源:小米集团招股说明书

4. 企业股权结构变化

小米规定公司的重大事项需要投票权的股东出席股东大会 3/4 以上的同意票才能通过,普通事项需要达到 1/2。从图 11-1、表 11-3 中我们可以看到,小米上市后,仅雷军拥有 57% 的投票权即可直接决定公司的普通事项,雷军和林斌的合计 87% 的投票权也可直接决定重大事项。

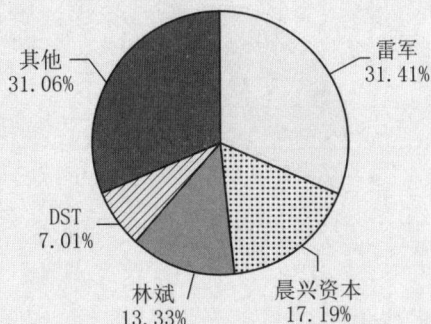

图 11-1　上市前股权结构

表 11-3　上市后股权结构

股东	上市后股权	上市后投票权
雷军	31.41%	57.90%
林斌	13.33%	30.04%
晨兴资本	17.19%	4.40%
Apoletto Limited	7.01%	1.80%
其他投资者	31.06%	5.86%

数据来源:小米集团招股说明书

通过上市前后小米集团股权结构对比发现,上市后虽然雷军拥有小米 31.41%

的股权,但是他的投票权为 57.9%;而林斌持股比例为 13.33%,但他拥有 30.04% 的投票权。相比于上市之前两人对小米合计 44.74% 的控制权来说,上市之后投票权超过 87% 是一个大幅度的提升。上市之后,雷军将公司的控制权牢牢掌握在自己手中。所以双重股权结构进一步巩固了小米集团创始人团队对其上市公司的控制权和表决权,对上市公司的稳定发展和股东权利的稳定性起到了积极的保护作用。

综合分析题

1. 根据上述材料,请分析概括小米以双重股权结构上市的原因。

2. 分析双重股权制度的优势。

第十二章　收入、费用与利润

学习目标

1. 掌握营业成本与营业收入的核算;费用的核算;利润分配的核算;收入确认的五步法模型;

2. 理解利润分配的顺序;费用、成本、支出的关系;营业外收支的核算;

3. 了解收入、费用、利润的定义。

练习题

(一) 判断题

1. 企业出售固定资产获得的收入属于"营业收入"。　　　　　　　　(　　)

2. 企业采用委托代销方式销售商品,应在商品发出时确认营业收入。　(　　)

3. 根据履约义务的时间,营业收入分为在某一时段内分期确认和在某一时点确认。　　　　　　　　　　　　　　　　　　　　　　　　　(　　)

4. 企业未满足销售收入确认条件的售出商品发生销售退回时,应借记"库存商品"账户,贷记"主营业务成本"账户。　　　　　　　　　　　　(　　)

5. 购买商品支付货款取得的现金折扣列入利润表的"财务费用"项目。　(　　)

6. 一系列实质相同且转让模式相同的、可明确区分的商品,应作为单项履约义务。　　　　　　　　　　　　　　　　　　　　　　　　　　(　　)

7. 债券利息在所得税前扣除,股利在税后发放。　　　　　　　　　(　　)

8. 企业因未及时缴纳企业所得税而支付税款滞纳金时,应借记"所得税费用"账户。　　　　　　　　　　　　　　　　　　　　　　　　　　(　　)

9. 制造费用作为期间费用,应该在月末将其作为发生额转入本年利润,以实现与收入的配比,计算出利润。　　　　　　　　　　　　　　　　(　　)

10. 企业本年利润结算以后,"利润分配"账户除"未分配利润"二级账户以外,其他二级账户应无余额。　　　　　　　　　　　　　　　　　(　　)

(二) 单项选择题

1. 云山公司发生的下列经济业务中,不构成其收入的是(　　　)。

A. 销售库存商品　　　　　　　　B. 转让无形资产使用权

C. 销售原材料　　　　　　　　　D. 接受捐赠的一批库存商品

2. 下列各项中,构成企业履约义务的是( )。

A. 甲公司为履约合同而进行的前期客户档案的管理

B. 乙公司销售商品合同中约定保修期为 1 年

C. 丙公司为履行合同而进行的行政管理工作

D. 丁公司为履行合同而对客户进行会籍管理

3. 下列项目中,属于应在某一时点确认收入的是( )。

A. 酒店管理服务

B. 为客户建造办公大楼

C. 企业履约过程中所产出的商品具有不可替代用途,且该企业在整个合同期间内有权就累计至今已完成的履约部分收取款项

D. 为客户定制的具有可替代用途的产品

4. 云山公司以每件 200 元的价格向其客户销售 50 件产品,收到 10 000 元的货款。按照销售合同,客户有权在 30 天内退回任何没有损坏的产品,并得到全额现金退款。每件产品的成本为 150 元。云山公司预计会有 3 件(即 6%)产品被退回,而且即使估算发生后续变化,也不会导致大量收入的转回。云山公司预计收回产品的成本不会太大,并认为再次出售产品时还能获得利润。云山公司销售 50 件产品应确认的收入为( )元。

A. 10 000　　　　B. 9 400　　　　C. 0　　　　D. 2 500

5. 云山公司经营一家会员制健身俱乐部,云山公司与客户签订了为期 2 年的合同,客户入会之后可以随时在该俱乐部健身。除俱乐部的年费 4 000 元之外,云山公司还向客户收取了 200 元的入会费,用于补偿俱乐部为客户进行注册登记、准备会籍资料以及制作会员卡等初始活动所花费的成本。云山公司收取的入会费和年费均无须返还。2023 年,云山公司与 500 名客户签订了为期 2 年的合同,一次收取价款 200 万元,注册登记等款项 10 万元。云山公司 2023 年的下列会计处理中正确的是( )。

A. 将一次收取价款 200 万元确认为 2023 年的收入

B. 将一次收取的注册登记等款项 10 万元确认为 2023 年的收入

C. 将一次收取价款 200 万元和注册登记等款项 10 万元在 2023 年和 2024 年两年内分摊确认为收入

D. 将一次收取价款 200 万元在 2023 年和 2024 年两年内分摊确认为收入,将一次收取的注册登记等款项 10 万元确认为 2023 年的收入

6. 甲公司为增值税一般纳税人。2023 年 12 月 1 日,甲公司为乙公司开发产品提供技术援助服务,服务期限为 2 个月,约定服务费为 100 万元(不含税),在服务结束时乙公司一次性支付。甲公司根据历史数据表明,乙公司会按约定支付服务费。

假定截至 12 月 31 日甲公司的履约进度为 50％,乙公司同时受益。不考虑增值税,则甲公司在 2023 年 12 月 31 日应确认的收入为( )万元。

  A. 100   B. 50   C. 106   D. 53

  7. 云山公司与客户订立一项合同,约定转让软件使用权、提供安装服务,并在 1 年内提供软件更新和技术支持。合同明确规定,安装服务主要是为了使软件能够与客户使用的其他定制软件应用程序相对接,否则软件无法使用。则下列表述中,错误的是( )。

  A. 软件更新构成单项履约义务

  B. 技术支持构成单项履约义务

  C. 软件使用权构成单项履约义务

  D. 安装服务(包括软件使用权)属于单项履约义务

  8. 云山公司与客户订立一项合同,在客户的场地上为客户建造一栋写字楼,公司向客户提供的砖头、水泥、人工等都能够使客户获益,但是企业需提供重大的服务将这些商品进行整合。关于云山公司会计处理的下列说法中,正确的是( )。

  A. 向客户提供砖头、水泥构成单项履约义务

  B. 向客户提供人工构成单项履约义务

  C. 通过重大服务整合成一栋写字楼构成单项履约义务

  D. 将砖头、水泥运送至客户场地发生的运输活动构成单项履约义务

  9. 云山公司为一家咨询服务提供商,中标一项,向一新客户提供咨询服务。云山公司为取得合同而发生的成本如下:①尽职调查的外部律师费 4 万元;②提交标书的差旅费 6 万元(客户不承担);③销售人员佣金 8 万元。假定不考虑其他因素,云山公司应确认的合同资产为( )万元。

  A. 12   B. 14   C. 8   D. 18

  10. 云山公司与客户签订合同,向其销售 A、B 两件产品,合同价款为 9 000 元。A、B 产品的单独售价分别为 6 000 元和 4 000 元,合计 10 000 元。上述价格均不包含增值税。不考虑其他因素,A 产品应当分摊的交易价格为( )元。

  A. 6 000   B. 4 000   C. 5 400   D. 3 600

  11. 云山公司管理部门使用的固定资产发生的下列支出中,属于收益性支出的是( )。

  A. 购入时发生的保险费   B. 购入时发生的运杂费

  C. 发生的日常修理费用   D. 购入时发生的安装费

  12. 下列支出中,不应计入管理费用的是( )。

  A. 发生的排污费

  B. 管理部门固定资产的折旧

  C. 管理部门报废固定资产的净损失

  D. 发生的业务招待费

13. 下列各项中,不应计入营业外支出的是(   )。

A. 支付的合同违约金
B. 向慈善机构的捐款
C. 固定资产报废造成的损失
D. 转让固定资产造成的损失

14. 对于固定资产后续支出,如果企业误把费用化支出确认为资本化支出,将会导致当期(   )。

A. 净利润高估
B. 净利润低估
C. 费用高估
D. 资产低估

15. 制造业企业的下列各项目中,应计入"其他业务成本"的是(   )。

A. 出租固定资产的折旧费
B. 存货盘亏净损失
C. 地震造成的财产净损失
D. 捐赠支出

16. 下列各项中,不应列入利润表"营业成本"项目的是(   )。

A. 随同商品出售不单独计价的包装物成本

B. 商品流通企业销售外购商品的成本

C. 随同商品出售单独计价的包装物成本

D. 销售材料的成本

17. 某企业生产资源税应税项目产品用于销售,应交资源税借记(   )账户。

A. "管理费用"
B. "营业外支出"
C. "税金及附加"
D. "生产成本"

18. 2023年12月,云山公司发生相关税金及附加如下:城市维护建设税税额为3.5万元,教育费附加为1.5万元,房产税税额为20万元,车船税税额为3万元,不考虑其他因素,2023年12月利润表"税金及附加"项目的本期金额为(   )万元。

A. 25
B. 23
C. 28
D. 5

19. 下列各项中,属于"本年利润"账户年末借方余额反映的内容的是(   )。

A. 全年实现税后利润
B. 累计未分配利润
C. 全年发生亏损
D. 累计未弥补亏损

20. 下列各项中,不属于"利润分配"账户核算内容的是(   )。

A. 弥补以前年度亏损
B. 提取盈余公积
C. 向股东分配利润
D. 结转应交所得税

21. 年末结转后,"利润分配"账户的贷方余额表示(   )。

A. 利润实现额
B. 利润分配额
C. 未分配利润
D. 未弥补亏损

(三)多项选择题

1. 按照现行规定,一般纳税人在下列项目中,不应确认为收入的是(   )。

A. 出售固定资产收回的款项
B. 出租机器设备的租金收入
C. 收到的罚款、赔偿金
D. 销售商品收取的增值税销项税额

2. 广义收入包括的内容有（　　　　）。

A. 主营业务收入

B. 公允价值变动收益

C. 投资收益

D. 营业外收入

3. 下列关于收入确认的表述中,正确的有（　　　　）。

A. 企业应当在履行了合同中的履约义务,即在客户取得相关商品控制权时确认收入

B. 没有商业实质的非货币性资产交换,不确认收入

C. 企业因向客户转让商品对价不是很可能收回,应当将已收取的对价部分确认为收入

D. 企业因向客户提供劳务的对价不是很可能收回,企业只有在不再负有向客户提供劳务的剩余义务,且已向客户收取的对价无须退回时,才能将已收取的对价确认为收入

4. 下列关于履约进度的说法中,正确的有（　　　　）。

A. 当履约进度不能合理确定时,企业已经发生的成本预计能够得到补偿的,应当按照已经发生的成本金额确认收入,直到履约进度能够合理确定为止

B. 当客观环境发生变化时,企业需要重新评估履约进度是否发生变化,该变化应当作为会计估计变更进行会计处理

C. 对于每一项履约义务,企业只能采用一种方法来确定其履约进度

D. 资产负债表日,企业应当对履约进度进行重新估计

5. 下列各项中,企业应通过"营业外收入"账户核算的有（　　　　）。

A. 无法支付的应付账款

B. 接受固定资产捐赠

C. 无法查明原因的现金溢余

D. 出租包装物实现的收入

6. 甲公司系生产型企业,2022 年 8 月发生的下列交易中,不适用《企业会计准则第 14 号——收入》的规定进行会计处理的有（　　　　）。

A. 对外出租机器设备收取的租金

B. 进行债权投资收取的利息

C. 出租土地使用权收取的租金

D. 用公司生产的产品换入一台设备

7. 下列关于利得的表述中,正确的有（　　　　）。

A. 出租固定资产取得的租金收入不属于利得

B. 处置报废固定资产产生的净收益属于利得

C. 其他权益工具投资公允价值变动收益不属于利得

D. 交易性金融资产的公允价值变动形成的损益不属于利得

8. 下列各项中,影响营业利润的项目有（　　　　）。

A. 已销商品销售成本

B. 原材料销售收入

C. 固定资产报废净收益

D. 转让交易性金融资产净收益

9. 下列各项中,企业应计入销售费用的有(　　　　)。

A. 随同商品出售不单独计价的包装物成本

B. 已售商品成本

C. 销售商品过程中发生的保险费

D. 专设销售机构的房屋折旧费

10. "利润分配"账户所属明细账户中,在利润结算后应没有余额的有(　　　　)。

A. "提取盈余公积"　　　　　　　　　B. "盈余公积补亏"

C. "分配普通股股利"　　　　　　　　D. "未分配利润"

(四) 计算分析题

1. 云山公司 9 月发生有关经济业务如下:

(1) 转让某项专有技术使用权,收到转让收入 36 万元,款已收妥入账;

(2) 出租包装物,收到租金 550 元,出租期间,支付修理费 50 元;

(3) 因违反合同规定,支付罚款 1 400 元;

(4) 仓库发生火灾,确认库存商品损失 3.5 万元,保险公司理赔损失额的 75%。

要求:根据资料,编制相关会计分录。

2. 2024 年 1 月 3 日,云山公司与某客户签订一份软件销售及后续一年技术服务的合同,并经双方批准。该合同规定:公司应于收到款项后开始为客户编写软件(编写过程中客户无法控制软件),并在 2024 年 6 月 30 日交付软件,同时 2024 年 7 月 1 日至 2024 年 6 月 30 日提供与该软件相关的技术服务;软件及技术服务不含增值税的总价为 4 800 000 元,不考虑增值税。云山公司单独销售该软件的价款为 3 840 000 元,单独提供一年技术服务的价款为 960 000 元,合计 4 800 000 元。该软件的成本为 3 000 000 元,每月提供技术服务人工成本为 50 000 元。客户于 2024 年 3 月 31 日预付全部价款 4 800 000 元。

要求:根据资料,编制相关会计分录。

3. 云山股份有限公司某年度实现净利润 980 万元,按净利润的 10% 提取法定盈余公积,按净利润的 5% 提取任意盈余公积,向股东分派现金股利 30 万元,同时分派每股面值 1 元的股票股利 250 万股。

要求:根据资料,编制相关会计分录。

4. 云山公司为增值税一般纳税人。2024 年 1 月 1 日,云山公司向乙公司销售 10 000 件 A 产品,单位销售价格为 1 000 元,单位成本为 800 元(未计提存货跌价准备),开出的增值税专用发票上注明的销售价格为 1 000 万元,增值税税额为 130 万元。协议约定,乙公司应于 2 月 1 日前支付货款。在 6 月 30 日之前有权退还 A 产品。产品已经发出,款项尚未收到。假定云山公司根据过去的经验,估计该批产品的退货率为 10%。产品发出时增值税纳税义务已经发生,实际发生销售退回时,有关的增值税税额允许冲减。2月1日,云山公司收到乙公司支付价税合计1 130万元。5月10日,云山公司收到退货600件,6月30日又收到退货500件,云山公司收到退回货物当日已将相应货款退回。

要求:

(1) 根据资料,编制云山公司发出A产品、月末估计销售退回的会计分录;

(2) 根据资料,编制云山公司2月1日收到款项的会计分录;

(3) 根据资料,编制云山公司5月10日收到退货的会计分录;

(4) 根据资料,编制云山公司6月30日收到退货的会计分录。

(金额单位用万元表示)

案例分析

新收入准则下网游企业收入确认问题分析——以恺英网络为例

1. 恺英网络基本情况

上海恺英网络科技有限公司成立于2008年,2015年与A股上市公司泰亚鞋业股份有限公司进行资产重组,2016年更名为恺英网络股份有限公司。公司以游戏为核心,集游戏研发、运营、发行于一体,坚持"游戏＋平台＋互联网高科技"的发展战略,主要业务包括游戏业务、平台业务以及互联网高科技业务。

恺英网络是一个主营业务非常突出的上市公司,其中网游收入所占比例超过80%,公司通过游戏产品(移动游戏、网页游戏、H5游戏)和发行平台(XY页游平台、XY助手、XY游、MG游戏)进行横向延伸,通过电竞、动画、漫画、影视剧等泛娱乐内容进行纵向布局。恺英网络游戏产品收入对公司整体业绩影响很大。在互联网时代,网络信息系统是公司网游业务的数据收集的根本,玩家只需通过虚拟网络注册账号、充值、消费即可,这就导致公司的用户分布广、数量大、公司业务交易量大,所以在虚拟网络中玩家充值消费的真实性也难以核实,因此本文分析恺英网络在新旧收入准则对比下存在的收入确认问题。

2. 新收入准则下恺英网络收入确认的问题——虚拟道具销售收入确认时间难选择

原收入准则下,销售商品收入是在某一时点确认收入;新收入准则下,企业可以选择在某一时点或某一时段确认收入,但是对于时段如何选择没有具体规定,尤其是网游行业虚拟商品多种多样,收入确认的时点或时段更难确定。恺英网络主要以免费体验游戏,后续玩家付费购买道具的方式盈利。网游行业的虚拟商品与传统行业的实物商品不同,虚拟道具类型复杂多样,使用期限不固定。恺英网络的游戏道具按照使用时间可以划分为一次性道具、特定次数使用道具、特定时间有效道具以及永久道具四种类型,如表12-1所示。

表 12-1　恺英网络的道具类型

道具类型	使用规定
一次性道具	只有一次使用机会,使用完就会失效,如单机小游戏中的复活机会,购买一个道具只能使用一次
特定次数有效道具	只有特定次数的使用机会,次数用完道具就会失效,如三次加速道具等
特定期限有效道具	在一定时间内有效的道具,如一些虚拟人物的服装,经验加倍等类型的特权类道具
永久有效道具	道具在游戏存续期内有效,贯穿整个游戏生命周期,如游戏中需要购买的游戏角色

这四种类型道具的有效时间差异较大,原收入准则下,恺英网络采取在玩家购买虚拟道具的时点确认收入。原因是恺英网络认为玩家购买虚拟商品之后,拥有虚拟商品及其附属利益,玩家拥有处置虚拟商品的权利,即自己使用或赠送他人,所以玩家拥有虚拟商品的所有权,应该在销售时点确认收入。但在新收入准则下,虚拟道具的收入的核算要根据合同中的履约义务来确认,因此虚拟道具销售收入确认需要分具体情况考虑。

3. 虚拟道具销售收入分摊时期建议

根据新收入准则的五步法模型,公司应该在履行履约义务的某一时点或某一时段确认收入。因此,购买之后就立刻被完全消耗的道具可以在购买道具时确认收入,其他道具可以根据新收入准则选择在某一时段确认收入。

依据玩家在使用道具时的情况为网游公司虚拟商品的确认时点或时段的选择提供以下建议:

(1)具有限定使用次数道具的收入确认时点。对于一次性道具,玩家购买之后通常会立即使用,使用一次之后道具就失效,这就意味着公司不再负有向玩家提供相应服务的义务,公司已经完成履约义务,在此时公司在玩家购买道具之后就确认收入的做法合理。对于规定有特定次数的游戏道具则与一次性道具有较大不同,玩家不一定会立即完全消耗道具,此时恺英网络再用在玩家购买道具时确认收入的方法其实影响会计信息的准确性。因为此时恺英网络的履约义务并未完全履行,只有玩家消耗够次数,该道具才算无效,如果玩家并未完全消耗,恺英网络就仍需为玩家提供服务。但是,由于玩家使用的时点无法确定,根据玩家每次使用的时点来分次确认收入的工作量大又复杂,且该道具出售时使用次数已经确定,通常特定次数有效的道具,其次数会限定在3~7次之间,并不会有过多的使用次数,所以相比较而言,这种情况下,在玩家购买虚拟道具时确认收入在实务中可实现性较高。

(2)特定期限有效道具收入确认时点。对于特定期限有效的道具,虽然几乎各个网游平台都有玩家充值金额一旦到账不予退回的规定,但是由于道具可以在一定期限内使用,过了规定的时间道具才会无效,所以恺英网络对玩家仍有后续义务。恺英网络在玩家购买道具的时点可能还未真正提供服务,在此时确认收入就相当于提前确认了收入。在这种情况下,选择在道具有效期这一时段确认收入更加合理。

(3) 永久有效道具收入确认时点。对于永久有效道具,例如玩家购买的游戏角色,玩家购买之后就可以在游戏中一直使用,直到玩家放弃该游戏,或是游戏终止运营,在此期间,公司需要一直为玩家提供服务,只有当玩家不再进入游戏时,公司才可以停止为玩家提供服务。但是,另一种情况除外,有些道具是玩家购买之后获得一串兑换码,然后用兑换码来兑换道具,这种道具可以在玩家之间流通,玩家可以赠送或者出售给别的玩家。那么在这种情况下,即使购买道具的玩家放弃游戏,但是由于购买道具的玩家已经将该道具赠送或出售给别的玩家,所以恺英网络依旧要对拥有该道具的玩家提供服务。对于可以转让的永久有效道具,由于道具可以转让给其他玩家,更适合用基于游戏寿命来确认收入。例如某游戏在1月份销售永久道具收200万元,该游戏剩余寿命为两个月,则公司在1月份和2月份分别确认收入100万元;如果按照恺英网络原有的确认收入方法,则1月份的收入为200万元,显然这是不合理的,因为提前确认了收入。

综合分析题

1. 请简述收入确认的五步法模型以及新旧收入准则的差异。

2. 网游行业虚拟商品与传统行业实物商品在收入确认的差异体现在哪些方面?

第十三章 财务报表

学习目标

1. 了解财务报表的编制目的、要求和种类；

2. 掌握资产负债表、利润表、现金流量表、所有者权益变动表的意义、作用及内容；

3. 掌握资产负债表、利润表、现金流量表的编制方法；

4. 了解财务报表附注的内容和填列要求。

练习题

(一) 判断题

1. "收入－费用＝利润"这一公式是编制利润表的理论基础。 （   ）

2. 财务报表附注对于财务报表来说可有可无。 （   ）

3. "其他应付款"项目只需要根据"其他应付款"和"应付股利"两个总账账户的期末余额数的合计数进行填列。 （   ）

4. 财务报表所提供的信息是只给企业内部使用者提供的信息。 （   ）

5. 企业应当以对外提供的财务报表为基础披露分部信息，对外提供合并财务报表的企业，应当以合并财务报表为基础披露分部信息。 （   ）

6. 现金流量可以分为三类，即经营活动产生的现金流量、投资活动产生的现金流量和筹资活动产生的现金流量。 （   ）

7. 资产负债表有些项目期末余额可以根据总账账户余额填列，如"应付票据""短期借款""应付职工薪酬"等项目；有些项目则需要根据几个总账科目的期末余额计算填列，如"货币资金"项目需要根据"库存现金""银行存款""其他货币资金"三个总账账户的期末余额的合计数填列。 （   ）

8. 现金等价物通常包括 6 个月内到期的债券投资等，权益性投资变现的金额不确定，因而属于现金等价物。 （   ）

9. 在我国，企业利润表采用的基本是单步式结构。 （   ）

10. 投资活动包括取得和收回投资、购建和处置固定资产、购买和处置无形资产等。   （   ）

11. 筹资活动是指企业长期资产的购建和不包括在现金等价物范围内的投资及其处置活动。   （   ）

12. 所有者权益变动表中直接计入所有者权益的利得和损失,以及与所有者(股东)的资本交易导致的所有者权益的变动,应当分别列示。   （   ）

(二) 单项选择题

1. 年末资产负债表中的"未分配利润"项目,其填列依据是(   )。

A. "利润分配"账户年末余额   B. "应付利润"账户年末余额

C. "本年利润"账户年末余额   D. 盈余公积"账户年末余额

2. 提供企业资产的流动性和偿债能力情况的报表是(   )。

A. 资产负债表   B. 利润表

C. 现金流量表   D. 所有者权益变动表

3. 下列关于财务报表的说法中,错误的是(   )。

A. 财务报表一般分为表首、正表两部分

B. 财务报表可以分为个别财务报表和合并财务报表

C. 财务报表的列报基础是会计分期

D. 企业至少应当编制年度财务报表

4. 云山公司 12 月 31 日"固定资产"账户余额为 2 000 万元,"累计折旧"账户余额为 800 万元,"固定资产减值准备"账户余额为 100 万元,"在建工程"账户余额为 200 万元。该企业 12 月 31 日资产负债表中"固定资产"项目的金额为(   )万元。

A. 1 200   B. 900   C. 1 100   D. 2 200

5. 云山公司正在研究和开发一项新工艺,9 月 30 日以前发生各项研究、调查、试验等费用 200 万元,10 月至 12 月发生材料人工等各项支出 100 万元,至 9 月月末,该公司已经可以证实该项新工艺开发成功并满足无形资产确认标准。在 12 月 31 日资产负债表中的"开发支出"项目为(   )万元。

A. 300   B. 200   C. 100   D. 0

6. 下列各项中,影响营业利润的是(   )。

A. 公允价值变动损益   B. 营业外支出

C. 所得税费用   D. 营业外收入

7. 云山公司与销售方自 6 月 30 日起执行一份合同,云山公司确认一项 5 年分期付款的 2 000 万元负债计入"长期应付款"账户,该商品现销价 828 万元,该现销价与长期应付款的差额 321 万元计入"未确认融资费用"账户,在 12 月 31 日支付货款 300 万元,"未确认融资费用"经摊销后余额 132.74 万元,假如没有相关项目的其他业务,云山公司该项业务在 12 月 31 日资产负债表中"长期应付款"项目的填列金额为(   )。

A. 2 828   B. 1 567.26   C. 2 718   D. 1 888.26

8. 云山公司年末结账前"应收账款"账户所属明细账户中有借方余额 30 000 元,

贷方余额 10 000 元;"预付账款"账户所属明细账户中有借方余额 35 000 元,贷方余额 6 000 元;"应付账款"账户所属明细账户中有借方余额 60 000 元,贷方余额 90 000 元;"预收账款"账户所属明细账户中有借方余额 2 000 元,贷方余额 1 000 元;"坏账准备"账户余额为 3 000。则年末资产负债表中"应收账款"项目和"预付款项"项目的余额期末数分别为(   )。

A. 29 000 元和 32 000 元

B. 32 000 元和 95 000 元

C. 32 000 元和 15 000 元

D. 29 000 元和 95 000 元

9. 下列税金中,属于经营活动产生的现金流量的是(   )。

A. 处置无形资产缴纳的增值税

B. 转移不动产缴纳的增值税

C. 房产税

D. 耕地占用税

10. 下列活动中,属于筹资活动引起的现金流量的是(   )。

A. 发行债券

B. 金融资产投资

C. 支付购买固定资产现金

D. 收到上年度销售商品货款

11. 云山公司本期应付生产人员工资 500 000 元,应付在建工程人员工资 100 000 元,实际支付生产人员工资 400 000 元,实际支付在建工程人员工资 100 000 元,另支付住房公积金为应付工资总额的 20%,支付养老金等社会保障支出也为应付工资的 20%,本期云山公司应计入现金流量表"应付给职工以及为职工支付的现金"项目的金额为(   )元。

A. 740 000

B. 560 000

C. 600 000

D. 840 000

12. 云山公司为增值税一般纳税企业。2024 年度,云山公司主营业务收入为 1 000 万元,增值税销项税额为 130 万元;应收账款期初余额为 100 万元,期末余额为 150 万元;预收账款期初余额为 50 万元,期末余额为 60 万元。假定不考虑其他因素,云山公司 2024 年度现金流量表中"销售商品、提供劳务收到的现金"项目应填列的金额为(   )万元。

A. 1 090

B. 1 190

C. 1 230

D. 1 290

13. 云山公司 2024 年度共发生财务费用 50 000 元,其中:34 000 元为短期借款利息,1 000 元为票据贴现息。则现金流量表补充资料中"财务费用"项目应填列的金额为(   )元。

A. 34 000

B. 50 000

C. 1 000

D. −50 000

14. 下列对资产流动性的描述中,正确的是(   )。

A. 现金的流动性强于固定资产

B. 存货的流动性强于银行存款

C. 存货的流动性强于应收账款

D. 固定资产的流动性强于银行存款

15. 资产负债表的下列项目中,只需要一个总分类账户直接填列的项目是(   )。

A. 货币资金

B. 短期借款

C. 预付款项

D. 在建工程

16. "预付账款"账户明细账中若有贷方余额,应将其计入资产负债表中的(   )项目。

A. "应收账款"   B. "预收款项"

C. "应付账款"   D. "其他应付款"

17. 云山公司"应付账款"账户月末贷方余额 40 000 元,其中:"应付甲公司账款"明细账户贷方余额 35 000 元,"应付乙公司账款"明细账户贷方余额 5 000 元,"预付账款"账户月末贷方余额 30 000 元,其中:"预付 A 工厂账款"明细账户贷方余额 50 000 元,"预付 B 工厂账款"明细账户借方余额 20 000 元。该企业月末资产负债表中"应付账款"项目的金额为(   )元。

A. 30 000   B. 70 000   C. 40 000   D. 90 000

18. 下列经济事项中,能引起经营活动现金流量发生变化的是(   )。

A. 缴纳增值税   B. 购买工程物资

C. 赊销商品   D. 发放现金股利

19. 企业在判断重要性程度时,应当以(   )为基础。

A. 预计的年度财务数据   B. 中期财务数据

C. 预计的中期财务数据   D. 上年度的年度财务数据

20. 支付的在建工程人员的工资属于(   )产生的现金流量。

A. 筹资活动   B. 经营活动

C. 投资活动   D. 汇率变动

(三) 多项选择题

1. 资产负债表中"存货"项目,需要根据(   )账户的分析汇总数填列。

A. "原材料"   B. "库存商品"

C. "工程物资"   D. "委托加工物资"

2. 下列各项中,属于筹资活动产生的现金流量的有(   )。

A. 支付的现金股利   B. 取得短期借款

C. 增发股票收到的现金   D. 偿还公司债券支付的现金

3. 将净利润调节为经营活动产生的现金流量时,下列各调整项目中,属于调增项目的有(   )。

A. 投资收益   B. 递延所得税负债增加

C. 长期待摊费用的增加   D. 固定资产报废损失

4. 云山公司 2024 年度发生的下列交易或事项中,会引起投资活动产生的现金流量发生变化的有(   )。

A. 收到被投资方派发现金股利 70 万元

B. 转让一项专利权,取得价款 150 万元

C. 购入一项固定资产,支付价款 400 万元

D. 采用权益法核算的长期股权投资,确认投资收益 300 万元

5. 下列各项中,属于企业经营活动产生的现金流量的有(　　　　)。

A. 销售材料取得的收入

B. 收到长期股权投资的现金股利

C. 转让无形资产所有权取得的收入

D. 出租无形资产使用权取得的收入

6. 在中期财务报告中,企业应当提供的比较财务报表包括(　　　　)。

A. 本中期末的资产负债表和上年度与本中期末相同日期的资产负债表

B. 本中期的利润表

C. 年初至本中期末的利润表以及上年度可比期间的利润表(其中上年度可比期间的利润表是指上年度可比本中期的利润表和上年度年初至可比本中期末的利润表)

D. 年初至本中期末的现金流量表和上年度年初至可比本中期末的现金流量表

7. 对会计政策、会计估计变更和会计差错,企业中期财务报表附注应当包括的信息有(　　　　)。

A. 中期财务报表所采用的会计政策与上年度财务报表相一致的说明

B. 会计估计变更的内容、理由及其影响数

C. 会计估计变更的累积影响数

D. 如果发生了会计政策的变更,应当说明会计政策变更的内容、理由及其影响数;如果会计政策变更的累积影响数不能合理确定,应当说明理由

8. 现金流量表中的"支付给职工以及为职工支付的现金"项目包括(　　　　)。

A. 支付给退休人员的退休金　　　　B. 支付给在建工程人员的工资

C. 支付给生产人员的工资　　　　　D. 支付给车间管理人员的工资

9. 下列各项中,属于"非流动资产"的项目有(　　　　)。

A. 债权投资　　　　　　　　　　　B. 持有待售资产

C. 一年内到期的非流动资产　　　　D. 投资性房地产

(四) 计算分析题

1. 云山公司为增值税一般纳税企业,适用的增值税税率为 13%,2024 年与销售活动现金流量有关的业务如下:

(1) 销售产品一批,增值税专用发票上注明的售价为 300 000 元,增值税销项税额为 39 000 元,货款未收到;

(2) 销售产品一批,售价为 840 000 元,增值税销项税额为 109 200 元,款项已通过银行收妥;

(3) 收到应收账款 64 800 元;

(4) 公司采用商业承兑汇票结算方式销售产品一批,价款为 100 000 元,增值税销项税额为 13 000 元,收到 113 000 元的商业承兑汇票一张,公司已将上述承兑汇票到银行办理贴现,贴现利息为 3 000 元。

要求:根据资料,计算现金流量表中"销售商品、提供劳务收到的现金"项目的金额。

2. 云山公司2024年的营业收入为2 000万元,营业成本为840万元,研发费用为30万元,管理费用为100万元,税金及附加为34万元,投资收益为170万元,信用减值损失为220万元(损失),公允价值变动损益为120万元(收益),营业外收入为70万元,营业外支出为25万元。

要求:根据资料,计算该企业2024年度的营业利润和利润总额(金额单位以万元表示)。

3. 云山公司2024年度"财务费用"账户借方发生额为170万元,均为利息费用。财务费用包括计提的长期借款利息45万元,其余财务费用均以银行存款支付。"应付股利"账户年初余额为60万元,无年末余额。除上述资料外,债权、债务的增减变动均以货币资金结算。

要求:根据资料,计算现金流量表中"分配股利、利润或偿付利息支付的现金"项目的金额。(金额单位以万元表示)

4. 云山公司2024年度发生的管理费用为4 200万元。其中,以现金支付离退休人员的各项费用1 200万元和生产人员工资1 260万元,现金盘亏无法查明原因的损失19万元,计提固定资产折旧870万元,无形资产摊销600万元,其余均以现金支付。

要求:根据资料,计算现金流量表中"支付其他与经营活动有关的现金"项目的金额(金额单位以万元表示)。

5. 云山公司为工业企业,其2024年度资产、负债类部分账户年初、年末余额和本年发生额如表13-1所示。

表13-1 云山公司2024年度部分账户资产 单位:万元

账户名称	年初余额		发生额		年末余额	
	借方	贷方	借方	贷方	借方	贷方
交易性金融资产	100		500	200	400	
应收票据	123			123		
应收账款(总)	500		3 000	1 500	2 000	
——甲公司	730		2 700	1 000	2 430	
——乙公司		230	300	500		430
坏账准备		10		8		18
应收股利			20	20		
原材料	400		2 000	1 000	1 400	
制造费用	200		100	100	200	
生产成本	100		5 000	3 800	1 300	

账户名称	年初余额		发生额		年末余额	
	借方	贷方	借方	贷方	借方	贷方
库存商品	90		400	300	190	
固定资产	5 000		300	500	4 800	
累计折旧		2 000	800	200		1 400
短期借款		280				280
应付账款(总)		600	1 500	1 100		200
——丙公司		800	1 300	800		300
——丁公司	200		200	300	100	

要求:根据资料,填列表13-2中所列示项目的年初数和年末数。

表 13-2

编制单位:云山公司　　　　　　　2024 年 12 月 31 日　　　　　　　单位:万元

资　　产	年初数	年末数	负债和所有者权益	年初数	年末数
应收账款			应付账款		
预付款项			预收款项		
存　　货					

案例分析

顺丰控股股份有限公司现金流量表分析

物流市场格局目前由通达系、顺丰系、京东系等占据大部分份额,各企业之间竞争激烈,2020 年新加入的极兔的低价策略更是加剧了竞争。低价竞争对企业的现金流有一定影响,而现金流又可以显示企业的核心营运能力,因此通过对企业现金流现状的分析可以有效了解企业当前的经营状况。

1. 公司基本情况

顺丰控股股份有限公司(以下简称"顺丰")最初是于 1993 年在广东省佛山市顺德区注册的一家快件专送的小公司,如今已发展成为国内最大的综合物流服务商、国内快递行业的龙头企业。近几年,随着信息技术的发展,顺丰将云计算和物联网等新技术更多地应用于物流行业,形成可视化、智能化的柔性供应链。而 2021 年第一季度的报表显示,顺丰公司归属上市公司股东的净利润亏损了约 9.89 亿元。

2. 现金流量表分析

(1)经营活动现金流量分析。

从表 13-3 中可以看到,顺丰的销售与劳务金额依然在缓步上涨。员工的工资在 2020 年年初略有下降,之后开始逐渐提升。对于 2021 年年初工资费用大幅增加的原因,顺丰在季度报告中给出的解释是春节不打烊以及减少人员流动,于是给予了员工大量补贴。2020 年购买商品及劳务支付的费用增加,这与公司加大新业务的前置投入和花费资金改善场地设备及其他资源有关。经营活动现金流入量的增长大于现金流出量的增长,现金流量净额增加,较 2020 年同期增长率为 24.15%,经营活动能力较强。公司的战略情况影响了公司的现金流,从短期来看可能会影响企业的营运情况,导致企业无法支付债务的风险增加。

表 13-3 经营活动产生的现金流量 单位:亿元

项 目	2021.3.31	2020.12.31	2020.9.30	2020.6.30	2020.3.31
客户存款和同业存放款净增加额	—	—	—	0.014	0.027
销售商品、提供劳务收到的现金	445.2	1 554	1 125	729.5	342.6
收到其他与经营活动有关的现金	205.3	835.6	592.4	361.2	137.3
经营活动现金流入其他项目	3.41	2	2.299	2	4.465
收到的税费返还	0.303	1.167	1.207	0.073	0.268
经营活动现金流入	654.3	2 393	1 721	1 093	484.6
购买商品、接受劳务支付的现金	340.7	1 034	716.3	461.4	226.1
客户贷款及垫款净增加额	—	0.589	0.596	0.508	0.133
支付给职工以及为职工支付的现金	88.72	239.4	180	122.3	68.85
支付的各项税费	14.03	51.93	39.6	24.92	9.91
支付其他与经营活动有关的现金	223.3	951.9	678.8	414.9	160.6
经营活动现金流出的其他项目	0.068	0.003	0.003	—	-2.027
经营活动现金流出小计	666.7	2 280	1 615	1 024	465.5
经营活动产生的现金流量净额	-12.49	113.2	106	69.32	19.09

(2) 资活动的现金流量分析。

从表 13-4 中可以看到收回投资资金连续增长,顺丰投资活动的资金回收情况良好,但是投资活动现金流量净额在 2020 年呈现净流出状态,投资活动现金净流量亏损总值为 148.84 亿元,亏损程度远大于行业的 58 亿元,投资活动现金流净额增长率较 2019 年同期降低了 5.95%。从这些数据可以看出,顺丰的投资现金流情况还不稳定,或是由增加货运飞机和设备等固定资产投资导致。

表 13-4　投资活动产生的现金流量　　　　　　　　单位:亿元

项　　目	2021.3.31	2020.12.31	2020.9.30	2020.6.30	2020.3.31
收回投资收到的现金	6.769	6.445	0.355	0.141	—
取得投资收益收到的现金	0.656	5.066	3.596	2.394	0.691
处置固定资产、无形资产和其他长期资产收回的现金净额	0.291	0.649	0.413	0.216	0.076
处置子公司及其他营业单位收到的现金	3.35	0.651	0.6	0.3	0.2
收到的其他与投资活动有关的现金	211.3	1 122	866.8	528.3	181.8
投资活动现金流入的其他项目	—	7.99			
投资活动现金流入小计	222.4	1 143	871.8	531.4	182.8
购建固定资产、无形资产和其他长期资产支付的现金	39.69	122.7	73.95	39.74	19.12
投资支付的现金	2.789	17.94	4.519	9 995	0.678
取得子公司及其他营业单位支付的现金净额	1.616	0.92	0.267	—	—
支付其他与投资活动有关的现金	269.8	1 150	960.5	669.3	310.4
投资活动现金流出小计	313.9	1 292	1 039	710.1	330.2
投资活动产生的现金流量净额	-91.53	-148.8	-167.5	-178.7	-147.4

(3) 筹资活动的现金流量分析。

从表 13-5 中我们可以看到,顺丰从 2020 年中期起,其借款的金额就在不断上升,同时 2020 年下半年现金净额增幅降低,考虑为债务清偿和向股东分配股利而进行借款筹资。2021 年年初现金流净额为正,主要由投资资金增加引起。由此可见,随着销售上涨和市场份额扩大,企业需要大量追加资金,而仅靠经营活动现金流量净额无法满足所需,因此需要筹集必要的外部资金作为补充,如举债。

表 13-5　筹资活动产生的现金流量　　　　　　　　　　　　单位:亿元

项　　目	2021.3.31	2020.12.31	2020.9.30	2020.6.30	2020.3.31
吸收投资收到的现金	15.53	6.867	6.463	6.287	4.105
子公司吸收少数股东投资收到的现金	15.53	6.867	6.463	6.287	4.105
取得借款收到的现金	69.04	199.5	159.5	135.9	97.91
筹资活动现金流入小计	84.57	206.4	166	142.2	102
偿还债务所支付的现金	13.6	173.1	132.5	101.1	84.31
分配股利、利润或偿付利息支付的现金	2.197	19.17	17.75	14.74	1.938
支付的其他与筹资活动有关的现金	10.5	0.854	0.834	0.834	0.185
筹资活动现金流出小计	26.3	193.1	151.1	116.7	86.44
筹资活动产生的现金流量净额	58.26	13.32	14.86	25.46	15.57

综合分析题:

1. 根据上述材料,分析顺丰控股公司现金流管理中存在的问题。

2. 面对上述情况,顺丰公司现金流管理应如何应对呢?

第十四章　会计政策、会计估计变更与差错更正

学习目标

1. 掌握会计政策及会计估计变更的概念和会计处理方法；

2. 掌握会计变更处理的追溯调整法和未来适用法的基本原理；

3. 掌握各类会计差错的调整方法、资产负债表日后事项的类别及调整事项的调整方法。

练习题

（一）判断题

1. 企业选择投资性房地产的后续计量模式属于会计政策。（　　）

2. 本期发生的交易或事项与以前相比具有本质差别而采用新的会计政策属于会计政策变更。（　　）

3. 发现前期不重要的会计差错，应调整期初留存收益以及财务报表其他相关项目的期初数。（　　）

4. 企业因账簿法定保存期限期满而销毁，使当期期初确定会计政策变更对以前各期累计影响数无法计算的，会计政策变更应当采用未来适用法进行处理。（　　）

5. 无形资产预计使用寿命和净残值的确定属于会计政策。（　　）

6. 对于发生的重要的前期差错，如影响损益，应将其对损益的影响数调整发现当期的期初留存收益，至于财务报表其他相关项目的期初数就不必调整了。（　　）

7. 会计差错仅指会计核算时由于记录方面出现的错误。（　　）

8. 未来适用法不需要计算会计政策变更产生的累积影响数。（　　）

9. 年度资产负债表日后发生的涉及损益的事项，通过"以前年度损益调整"科目处理。（　　）

10. 在资产负债表日至财务报告批准报出日期间，如果某些事情的发生对企业并无任何影响，也就不属于资产负债表日后事项。（　　）

（二）单项选择题

1. 下列项目中,属于会计政策的是(　　)。

A. 收入确认的方法　　　　　　　B. 无形资产的使用寿命

C. 估计坏账的方法　　　　　　　D. 固定资产的使用年限

2. 下列各项中,属于会计估计项目的是(　　)。

A. 固定资产的使用年限和净残值

B. 借款费用是资本化还是费用化

C. 发出存货的计价方法

D. 长期股权投资后续计量的成本法与权益法

3. "以前年度损益调整"科目用来核算(　　)。

A. 本年度发现的以前年度非重大差错涉及损益调整的事项

B. 资产负债表日后事项中的非调整事项涉及损益调整的事项

C. 本年度发生的以前年度重大差错涉及损益调整的事项

D. 本年度发现的以前年度重大差错涉及利润分配调整的事项

4. 云山公司某项长期股权投资,原持股比例为80%,采用成本法核算;后因处置投资持股比例降为30%,但仍有重大影响,决定改用权益法核算。此会计事项属于(　　)。

A. 正常会计处理　　　　　　　　B. 会计差错

C. 会计政策变更　　　　　　　　D. 会计估计变更

5. 下列关于会计差错的说法中,正确的是(　　)。

A. 并不是所有会计差错均要在会计报表附注中披露

B. 前期差错的性质不应在会计报表附注中披露

C. 本期发现的,属于前期的非重要差错(不考虑日后事项),应调整发现当期的期初留存收益和会计报表其他项目的期初数

D. 本期发现的,属于前期的重要会计差错(不考虑日后事项),不调整会计报表相关项目的期初数,但应调整发现当期与前期相同的相关项目

6. 云山公司2024年实现净利润8 500万元。该公司2024年发生和发现的下列交易或事项中,会影响其年初未分配利润的是(　　)。

A. 发现2022年少计管理费用4 500万元

B. 发现2023年少提财务费用0.10万元

C. 为2023年售出的设备提供售后服务发生支出550万元

D. 因客户资信状况明显改善,将应收账款坏账准备计提比例由10%改为5%

7. 对本期发生的属于本期的会计差错,采取的会计处理方法是(　　)。

A. 不作任何调整　　　　　　　　B. 调整前期相同的相关项目

C. 调整本期相关项目　　　　　　D. 直接计入当期净损益项目

8. 云山公司于2020年12月1日购入并使用一台机床,该机床入账价值为

84 000 元,估计使用年限为 8 年,预计净残值 4 000 元,按直线法计提折旧。2024 年年初由于新技术发展,将原估计使用年限改为 5 年,净残值改为 2 000 元,所得税税率为 25%。则该估计变更对 2024 年净利润的影响金额为(   )元。

    A. - 16 000   B. - 12 000   C. 16 000   D. 10 720

9. 会计准则规定的会计政策变更采用的追溯调整法,是将会计政策变更的累积影响数调整(   )。

    A. 计入当期损益   B. 计入资本公积

    C. 期初留存收益   D. 管理费用

10. 甲企业 2024 年 1 月 20 日向乙企业销售一批商品,已进行收入确认的有关账务处理;同年 2 月 1 日,乙企业收到货物后验收不合格要求退货。2 月 10 日,甲企业收到退货。甲企业年度资产负债表批准报出日是 4 月 30 日。甲企业对此业务的正确处理是(   )。

    A. 作为 2023 年资产负债表日后事项的调整事项

    B. 作为 2023 年资产负债表日后事项的非调整事项

    C. 作为 2024 年资产负债表日后事项的调整事项

    D. 作为 2024 年当年正常的销售退回事项

11. 云山公司 2023 年度的财务会计报告于 2024 年 4 月 30 日批准报出,2024 年 12 月 31 日,该公司发现了 2022 年度的一项重大会计差错(不影响 2023 年度的损益)。该公司正确的做法是(   )。

    A. 调整 2024 年度会计报表的年初数

    B. 调整 2024 年度会计报表的年末数和本年数

    C. 调整 2023 年度会计报表的年末数和本年数

    D. 调整 2023 年度会计报表的年初数和上年数

12. 下列关于会计估计的表述中,不正确的是(   )。

    A. 会计估计的存在是由于经济活动中存在的不确定性因素的影响

    B. 进行会计估计时,往往以未来可利用的信息或资料为基础

    C. 进行会计估计并不会削弱会计确认和计量的可靠性

    D. 企业应当披露重要的会计估计,不具有重要性的会计估计可以不披露

13. 下列基于会计政策变更的表述中,不正确的是(   )。

    A. 会计政策变更,是指企业对相同的交易或者事项由原来采用的会计政策改用另一会计政策的行为

    B. 企业采用的会计政策,在每一会计期间和前后各期应当保持一致,不得随意变更

    C. 会计政策变更表明以前的会计期间采用的会计政策存在错误

    D. 变更会计政策应能够更好地反映企业的财务状况和经营成果

14. 因会计政策变更而采用追溯调整法计算累计影响数时,不应包括的项目是

（   ）。

    A. 提取的法定盈余公积   B. 提取的任意盈余公积

    C. 未分配利润   D. 补分的股利

15. 下列会计原则和会计处理方法中,不属于会计政策的是(   )。

    A. 实质重于形式要求

    B. 长期股权投资核算的权益法

    C. 坏账损失核算的备抵法

    D. 所得税核算的资产负债表债务法

16. 云山公司对所得税采用资产负债表债务法核算,适用的所得税税率为25%, 2023 年 10 月以 600 万元购入 W 上市公司的股票,作为短期投资,期末按成本法计价。云山公司从 2024 年 1 月 1 日起执行新准则,并按照新准则的规定将该项股权投资划分为交易性金融资产,期末按照公允价值计量,2023 年年末该股票公允价值为 450 万元,则该会计政策变更对云山公司 2024 年的期初留存收益的影响为(   )万元。

    A. －145   B. －150   C. －112.5   D. －108.75

17. 会计政策变更的累积影响数是指(   )。

    A. 会计政策变更对当期税后净利润的影响数

    B. 会计政策变更对当期投资收益、累计折旧等相关项目的影响数

    C. 会计政策变更对以前各期追溯计算的变更年度期初留存收益应有金额与原有金额之间的差额

    D. 会计政策变更对以前各期追溯计算后各有关项目的调整数

18. 云山公司在 2024 年 1 月变更会计政策,采用追溯调整法进行调整,调整列报前期最早期初财务报表相关项目及其金额。其中,列报前期是指(   )。

    A. 2024 年度   B. 2023 年度   C. 2022 年度   D. 2021 年度

19. 下列各项中,应采用未来适用法进行会计处理的是(   )。

    A. 会计估计变更

    B. 滥用会计政策变更

    C. 本期发现的以前年度重大会计差错

    D. 可以合理确定累积影响数的会计政策变更

（三）多项选择题

1. 下列各项中,属于会计差错的有(   )。

    A. 由于物价持续下跌,云山公司将存货的核算由原来的加权平均法改为先进先出法

    B. 由于银行提高了借款利率,当期发生的财务费用过高,故云山公司将超出财务计划的利息暂作资本化处理

    C. 由于产品销路不畅,产品销售收入减少,固定费用相对过高,云山公司将固定

资产折旧方法由双倍余额递减法改为平均年限法

D. 由于客户财务状况改善,云山公司将坏账准备的计提比例由原来的 6% 降为 3%

2. 下列各项中,应采用未来适用法处理会计政策变更的情况有(　　　　)。

A. 企业因账簿超过法定保存期限而销毁,引起会计政策变更累积影响数只能确定账簿保存期限内的部分

B. 企业账簿因不可抗力而毁坏,引起会计政策变更累积影响数无法确定

C. 会计政策变更累积影响数能够确定,但法律或行政法规要求对会计政策的变更采用未来适用法

D. 会计政策变更累积影响数能够合理确定,法律或行政法规要求对会计政策的变更采用追溯调整法

3. 在下列事项中,不会对年初未分配利润产生影响的有(　　　　)。

A. 发现上年度固定资产少计提折旧费用 500 万元

B. 发现上年度多计了资本公积 200 万元

C. 因客户资信状况明显改善,将应收账款坏账准备计提比例由 15% 改为 5%

D. 发现上年度少计了财务费用 10 万元

4. 企业应当在附注中披露与前期差错更正有关信息,这些信息包括(　　　　)。

A. 前期过失的性质

B. 各个列报前期财务报表中受影响的工程名称和更正金额

C. 无法进行追溯重述的,说明该事实和原因以及对前期过失开始进行更正的时点、具体更正情况

D. 在以后期间的财务报表中,需要重复披露在以前期间的附注中已披露的前期差错更正的信息

5. 下列交易或事项中,属于会计政策变更的有(　　　　)。

A. 存货期末计价由按成本计价改为按成本与可变现净值孰低计价

B. 投资性房地产由成本模式计量改为公允价值模式计量

C. 固定资产由按直线法计提折旧改为按年数总和法计提折旧

D. 坏账准备的计提比例由应收账款余额的 5% 改为 10%

6. 企业发生的下列事项中,不应作为重要差错更正的有(　　　　)。

A. 由于地震使厂房使用寿命受到影响,调减了厂房的预计使用年限

B. 委托代销方式销售商品时在发出商品时确认了收入

C. 由于出现新技术,将专利权的摊销年限由 8 年改为 5 年

D. 鉴于当期利润完成状况不佳,将固定资产的折旧方法由双倍余额递减法改为直线法

7. 资产负债表日后发生的调整事项,根据处理原则,下列表述正确的有(　　　　)。

A. 不涉及损益以及利润分配的事项,直接调整相关科目

B. 涉及损益的事项,通过"以前年度损益调整"科目核算

C. 进行相关账务处理的同时,还应调整财务报告相关项目的数字

D. 涉及利润分配调整的事项,通过"利润分配——未分配利润"科目核算

8. 上市公司在其年度资产负债表日至财务报告批准报出日之间发生的下列事项中,属于非调整事项的有(　　　　)。

A. 向社会公众发行公司债券

B. 发生台风导致公司存货严重受损

C. 日后期间新取得的证据表明某项资产在资产负债表日已经发生减值但企业没有对其计提减值准备

D. 资本公积转增资本

9. 下列各项中,属于会计差错的事项有(　　　　)。

A. 账户分类和计算错误

B. 漏记已完成的交易

C. 由于资产或负债的当前状况及预期经济利益或义务发生了变化,因而对资产或负债的账面价值或者资产的定期消耗金额进行调整

D. 因市场发生变化,企业变更确定公允价值的方法

10. 下列各项中,属于会计差错的有(　　　　)。

A. 进行会计处理时,金额计算错误

B. 应用会计政策错误

C. 疏忽或曲解事实以及舞弊产生的影响

D. 固定资产盘盈

(四) 计算分析题

1. 云山公司 2024 年发现下列会计差错:

(1) 公司于 3 月发现,将当年 1 月购入的一项管理用低值易耗品,价值 29 000 元,误记为固定资产,并已计提折旧 2 900 元;

(2) 12 月 31 日,公司发现一台管理用固定资产本年度漏计提折旧,金额为 18 000 元;

(3) 12 月 31 日,公司发现 2023 年度的一台管理用设备少计提折旧 2 400 元,属于不重要的会计差错;

(4) 12 月 31 日,公司发现 2022 年漏记了管理人员工资 5 000 元,属于不重要的会计差错。

(5) 公司于年末发现,2024 年年初从银行存款中支付全年生产车间机器设备保险费 12 000 元,账上借记了"管理费用"12 000 元,贷记了"银行存款"12 000 元。

要求:根据资料,编制更正会计差错的会计分录。

2. 云山公司为 2020 年 12 月 25 日改制的股份有限公司,采用资产负债表债务法进行所得税核算,所得税税率为 25%,每年按净利润的 15% 计提法定盈余公积。为

了提供更可靠、更相关的会计信息,经董事会批准,云山公司于2024年度对部分会计政策及会计估计作了调整。有关会计政策变更、会计估计变更及其他相关事项的资料如下:

(1) 从2024年1月1日起,将行政管理部门使用的设备的预计使用年限由12年改为8年;同时将该设备的折旧方法由平均年限法改为年数总和法。根据税法的规定,设备应按平均年限法计提折旧,折旧年限为12年,预计净残值为0。上述设备已使用3年,并已计提了3年的折旧,尚可使用5年,其账面原价为4 800万元,累计折旧为1 200万元(未计提减值准备);

(2) 从2024年1月1日起,将无形资产的期末计价由账面摊余价值改为账面摊余价值与可收回金额孰低计价。云山公司2022年1月20日购入某项专利权,实际成本为3 200万元,预计使用年限为16年,采用直线法摊销,摊销年限与税法规定一致。该专利权于2022年年末、2023年年末和2024年年末的预计可收回金额分别为2 100万元、1 800万元和1 600万元(假定预计使用年限不变)。

要求:

(1) 根据资料,计算云山公司2024年度应计提的设备折旧额;

(2) 根据资料,计算云山公司2024年度专利权的摊销额;

(3) 根据资料,计算云山公司会计政策变更的累积影响数,并编制与会计政策变更相关的会计分录。

(金额单位以万元表示,计算结果保留两位小数)

案例分析

广州浪奇有限公司会计变更案例

广州浪奇公司在近三年的会计变更大致可归纳为由于类似于收入准则、租赁准则等会计准则变化导致的强制性会计变更以及为了粉饰财务数据、平滑年度利润进行自主性会计处理变更两大类。

1. 广州浪奇有限公司简介

广州浪奇实体工业股份有限公司又称广州市浪奇有限公司(简称广州浪奇),始建于1959年,是我国最早经营日化产品的企业之一。20世纪90年代,广州浪奇一直紧跟市场趋势,不断进行体制改革;在1993年,成为广州市首批上市公司之一,建立了较为完善的现代企业制度,2019年,公司成功并购华糖食品,正式切入食品板块,实现日化和食品发展的双主业发展模式。自2020年以来,公司对产业结构进行优化调整,舍弃盈利较少的部分大宗贸易业务,以绿色日化和健康食品为公司核心业务板块向资本市场拓展。截至2020年12月31日,广州浪奇公司营业总收入334 849.62万元,同比下降72.99%,营业总成本366 945.62万元。

广州浪奇公司 2020 年年度财务报告中披露的净资产为 - 258 531.88 万元。同年,广州浪奇公司被其年审审计师事务所——中审众环会计师事务所,基于内部控制执行情况和资产管理情况出具了否定意见的审计报告。在 2021 年,深圳市场交易所根据《深圳证券交易所股票上市规则(2020 修订)》第 14.3.1 条之第(二)项和第 13.3 条之第(四)项规定,在最近的一个会计年度内,企业净资产经外部审计后为负,或者在追溯调整后经外部审计为负的,该上市公司应被给予警示,但如果在最近的一个财政年度内,上市公司被年审审计师事务所作出了无法表示意见和否定意见的报告,那么该上市公司所属股票将会被进行风险警示,以作区别。基于此,根据公司官网披露:2021 年 4 月 30 日,广州市浪奇实业股份有限公司股票被实施停盘一日处理,2021 年 5 月 6 日开始开市复盘进行交易,并于该日,广州浪奇公司股票被深交所作特别处理,即"退市风险警示"及"其他风险警示",自此广州浪奇公司股票代码不变,但是简称由"广州浪奇"变更为"*ST 浪奇";同时将广州浪奇公司股价每日限定在 5% 以内波动。

2. 事件进程

近年来,广州浪奇公司多次发生会计变更,涉及自 2019 年至 2021 年发生会计政策变更 4 次:2019 年 8 月 30 日财务报表格式调整、2019 年 10 月 29 日合并财务报表格式调整、2020 年 4 月 28 日收入会计处理变更、2020 年 4 月 30 日租赁会计处理变更。会计估计变更(资产减值计提)4 次,2020 年 4 月 15 日,计提应收账款减值准备、计提其他应收款减值准备及计提存货减值准备共计人民币 1 520.06 万元;2020 年 8 月 29 日计提应收账款减值准备、计提其他应收款减值准备及存货减值准备,共计人民币 1 541.99 万元;2020 年 10 月 31 日计提其流动资产减值准备金额为人民币 120 904.06 万元;2021 年 4 月 30 日计提信用减值准备合计 547 877.56 万元,资产减值准备合计 1 478 814 695.43 元。发生重大会计处理变更 1 次,2020 年 11 月 14 日变更土地收储款会计处理,涉及资金 224 709.50 万元。其中以 2020 年存货会计变更和土地收储款会计处理变更最为重大。

3. 事件结果

两次会计变更事件不仅对广州浪奇公司 2020 年的股票价格产生影响,而且广州浪奇公司随后的财务问题和经营问题也一直持续很久。从 2021 年年度股票开盘之日开始,广州浪奇公司的股价就一路下滑,至 2021 年 2 月 3 日,股价达到广州浪奇公司股票自上市以来历史最低点 2.3 元/股,截至停盘前一交易日,股价为 2.57 元/股;于 2021 年 4 月 30 日,股票停盘一日,于 2021 年 5 月 6 日复盘,至此广州浪奇被"ST"。

综合分析题

1. 请分析广州浪奇能够利用会计变更进行财务造假的原因。

2. 广州浪奇利用会计变更进行财务造假带给你什么启示?

参考答案与解析

第一章 总 论

一、判断题

1. × 2. √ 3. × 4. × 5. √ 6. ×

判断题解析

二、单项选择题

1. B 2. D 3. C 4. C 5. C 6. A 7. D 8. C 9. D 10. C 11. A 12. D 13. C 14. B 15. D 16. B 17. B 18. A 19. B 20. B

单项选择题解析

三、多项选择题

1. ABCD 2. BD 3. ACD 4. BD 5. ABCD 6. ABCD 7. BCD 8. CD 9. CD 10. AB

多项选择题解析

四、案例分析

1. (1) 在金正大重大财务造假案件中,不仅仅有高级管理层共同合谋,还有会计从业人员的直接参与。会计的职业道德要求会计师在工作中秉持职业道德,不参与财务造假,并且对此类行为进行劝阻。然而,在该事件中可以看到,相关会计人员同样受到利益驱使,与高级管理层联手进行财务报表的造假和业务流程的虚构。财务造假体现了会计职业道德的缺失。

（2）部分会计人员缺乏职业道德教育。在企业从事会计工作,需要的硬性条件相对固定,学历、工作经验、证书等门槛足以判断会计人员的工作能力,但没有对会计人员职业道德的判定和考核。不论是在哪个阶段,企业对会计职业道德的重视度都相对较低,其更多地将重点放在会计实操的效率上,这就导致了部分会计人员缺乏职业道德教育,再加上一些利益驱使、商业大环境中的不良风气等,从而使得会计人员动摇而作出违背职业道德的选择。

（3）对会计人员检查和监管的力度不足。企业的会计人员在制作报表后,应由内部审计人员和外部审计人员进行审计和核查。不过从金正大的财务造假事件可以看出,一些有意为之的财务造假即使之后会有被揭露的可能性,但在当时很大程度上会蒙蔽审计师,也就是说对会计人员的审查和监督并不到位。同时,企业内部也缺乏对会计人员的监督和管理,以至于舞弊行为不断发生。

2.（1）更新和完善监管制度与相关法律法规。当前,在相关法规越发细致、严格的情况下依然存在违反商业道德的现象,这警示相关部门要不断进行法律法规的细化和范围的延伸,制定与证券法、公司法相配套的法律法规。

（2）提高会计人员的职业道德水平和职业素养。会计人员不仅要具备工作经验和实操能力,更要注重职业道德的学习与提高。高校应利用学校的教育资源,对财会类专业的学生开设会计职业道德必修课,将会计职业道德教育提升至与理论知识传授和业务能力培养同等重要的地位。

（3）加强内部控制体系和职业道德建设。国内外的内控制度都强调要加强内部管理,以避免出现舞弊现象。对此,企业需要各部门相互制约,证券市场要对举报内部舞弊和违反商业伦理道德与职业道德行为的人员给予一定的奖励。

（4）加强内外部审计规范。内部审计要做到公平、公正,能够及时阻止违反职业道德的行为。审计师责任重大,不能因为资源有限而根据以往的经验判断企业经营的真实性,审计机关在给企业出具审计报告和审计意见之前,必须详细、完整地审查事件的经过。

第二章　货币资金

一、判断题

1. √　2. ✕　3. √　4. ✕　5. ✕　6. ✕　7. √　8. ✕　9. ✕　10. √　11. ✕　12. ✕

判断题解析

二、单项选择题

1. D 2. B 3. A 4. C 5. C 6. B 7. D 8. A 9. A 10. C 11. D 12. A 13. A 14. C 15. D 16. A 17. C 18. B 19. A 20. C

单项选择题解析

三、多项选择题

1. ABC 2. ABD 3. ABC 4. ABCD 5. ACD 6. CD 7. ABCD 8. BCD 9. ABCD 10. AC

多项选择题解析

四、计算分析题

1.

银行存款余额调节表　　　　　　　　　　　　　　　　单位:元

项　　目	金　额	项　　目	金　额
银行存款日记账余额	5 400 000	银行对账单余额	8 300 000
加:银行已收、企业未收	4 800 000	加:企业已收、银行未收	6 000 000
减:银行已付、企业未付	400 000	减:企业已付、银行未付	4 500 000
调整后的存款余额	9 800 000	调整后的存款余额	9 800 000

2. 借:原材料　　　　　　　　　　　　　　　　　　　　4 500
　　贷:其他货币资金——银行汇票存款　　　　　　　　　　　4 500
　　借:银行存款　　　　　　　　　　　　　　　　　　　　500
　　贷:其他货币资金——银行汇票存款　　　　　　　　　　　　500

3. 借:应收账款——上海机械厂　　　　　　　　　　　　23 600
　　贷:主营业务收入　　　　　　　　　　　　　　　　　　20 000
　　　应交税费——应交增值税(销项税额)　　　　　　　　　2 600
　　　银行存款　　　　　　　　　　　　　　　　　　　　1 000

4. (1)借:库存现金　　　　　　　　　　　　　　　　　2 500
　　　　贷:银行存款　　　　　　　　　　　　　　　　　　2 500
　　(2)借:其他应收款——李帅　　　　　　　　　　　　1 800
　　　　贷:库存现金　　　　　　　　　　　　　　　　　　1 800

（3）借：管理费用　　　　　　　　　　　　　　　　1 850

　　　　贷：其他应收款——李帅　　　　　　　　　　　　1 800

　　　　　　库存现金　　　　　　　　　　　　　　　　　　50

（4）借：管理费用　　　　　　　　　　　　　　　　1 050

　　　　贷：库存现金　　　　　　　　　　　　　　　　　1 050

（5）借：其他应收款——备用金（生产车间）　　　500

　　　　贷：库存现金　　　　　　　　　　　　　　　　　　500

（6）借：其他应收款——张良　　　　　　　　　　　600

　　　　贷：库存现金　　　　　　　　　　　　　　　　　　600

　　　借：管理费用　　　　　　　　　　　　　　　　　570

　　　　　库存现金　　　　　　　　　　　　　　　　　　30

　　　　贷：其他应收款——张良　　　　　　　　　　　　600

（7）借：制造费用　　　　　　　　　　　　　　　　　80

　　　　贷：库存现金　　　　　　　　　　　　　　　　　　80

（8）借：库存现金　　　　　　　　　　　　　　　　188

　　　　贷：待处理财产损溢——待处理流动资产损溢　　188

（9）借：待处理财产损溢——待处理流动资产损溢　50

　　　　贷：库存现金　　　　　　　　　　　　　　　　　　50

（10）借：待处理财产损溢——待处理流动资产损溢　188

　　　　贷：营业外收入　　　　　　　　　　　　　　　　188

　　　借：其他应收款——出纳员　　　　　　　　　　50

　　　　贷：待处理财产损溢——待处理流动资产损溢　　50

5.（1）借：其他货币资金——外埠存款　　　　　30 000

　　　　贷：银行存款　　　　　　　　　　　　　　　30 000

（2）借：原材料　　　　　　　　　　　　　　　　16 000

　　　　应交税费——应交增值税（进项税额）　2 080

　　　　贷：其他货币资金——外埠存款　　　　　　18 080

（3）借：银行存款　　　　　　　　　　　　　　　11 920

　　　　贷：其他货币资金——外埠存款　　　　　　11 920

（4）借：其他货币资金——银行汇票存款　　　66 000

　　　　贷：银行存款　　　　　　　　　　　　　　　66 000

（5）借：原材料　　　　　　　　　　　　　　　　45 000

　　　　应交税费——应交增值税（进项税额）　5 850

　　　　贷：其他货币资金——银行汇票存款　　　　50 850

（6）借：银行存款　　　　　　　　　　　　　　　15 150

　　　　贷：其他货币资金——银行汇票存款　　　　15 150

（7）借：其他货币资金——信用卡存款   50 000

        贷：银行存款   50 000

（8）借：管理费用   5 000

        贷：其他货币资金——信用卡存款   5 000

五、案例分析

1.（1）经营获现能力恶化：在一般情况下，净利润现金比率越大，企业盈利质量越高。东旭光电的净利润逐年增加，而经营活动产生现金流量却在逐年减少，说明本期净利润中存在尚未实现现金的流入，企业净收益质量很差，即使盈利，也可能发生现金短缺，严重时会导致企业破产。

（2）受限资金占比高：受限资金主要指的是保证金、不能随时用于支付的存款（如定期存款）、在法律上被质押或者以其他方式设置了担保权利的货币资金。东旭光电的资金被集中存放在集团的财务公司中，银行承兑汇票保证金、抵押、质押等资金处于受限状态，公司流动性面临风险。

（3）资金投入分配不当：研发支出少，投资支出多，资金没有得到合理的使用。

（4）投资项目进程缓慢：东旭光电投资建设了多个项目，但大部分项目达不到预期进程，不仅导致无法创造现金流，还导致资金闲置，可能需要另外筹资满足日常经营需求。

（5）公司内部控制薄弱：董事长沉迷游戏，团队大规模离职，换了5任财务总监，反映出东旭光电内部控制存在缺陷，说明企业的财务报表准确性较差，从而导致企业管理者相对于其他主体信息不对称的程度更大，管理层谋取个人利益的动机更大。

2. 货币资金是企业资产的重要组成部分，同时也是所有资产中流动性最强、风险最大的资产，如果企业的资金管理不到位，不仅会引起资金的闲置，造成资金的不足，而且会使得企业的财力过于分散，削弱企业的整体实力。

企业账面上的钱不一定是"真钱"，在分析企业货币资金状况时，要注意以下几点：

（1）关注货币资金的受限比例。不能只看"货币资金"的账面金额，还需要分析货币资金的结构——库存现金、银行存款和其他货币资金。除了库存现金外，银行存款和其他货币资金都可能用途受到限制。如果企业的货币资金受限比例较高，流动性差，那么该企业财务报表中"货币资金"项目的金额则存在"水分"。

（2）对于集团货币资金集中管理的企业，关注其资金统筹和调度的能力。一旦出现流动性风险，将波及整个集团的资金链。

（3）分析企业的营运能力，了解资金流入来源。企业货币资金流入主要来自销售和筹资，因此要关注企业的盈利能力以及经营活动和筹资活动带来的现金流净额。

（4）分析公司负债情况，警惕"存贷双高"现象。"存贷双高"作为企业经营中的一种异象,不管是正常的还是异常的,都是资源未得到合理利用的表现,其不仅影响企业的持续稳健经营,加大经营风险,还会给市场带来严重的负面影响,降低资源配置效率,影响宏观经济增长。

（5）看公司业务情况及重大在建工程进展情况。关注工程的投资规模、资金占用情况、工程进度等。通过全方位分析才能对企业的实际资金额得出一个较为客观的评价。

第三章　存　货

一、判断题

1. ✕　2. ✕　3. ✓　4. ✕　5. ✕　6. ✓　7. ✕　8. ✕　9. ✕　10. ✕　11. ✓
12. ✓

判断题解析

二、单项选择题

1. A　2. C　3. D　4. C　5. A　6. B　7. C　8. C　9. A　10. B　11. A　12. C
13. C　14. C　15. A　16. B　17. C　18. B　19. D　20. A

单项选择题解析

三、多项选择题

1. ABD　2. AB　3. ACD　4. ABD　5. ACD　6. ABD　7. AB　8. ACD
9. ABC　10. ABD

多项选择题解析

四、计算分析题

1.（1）由于尚未领用的原材料是用于生产产品的,因此应该首先判断该产品是否发生了减值。产品的成本＝（600＋40＋50）×50％＋600＝945(万元)；产品的可变现净值＝1 200－100＝1 100(万元)。由于产品的成本小于可变现净值,产品没有发生减值,相应的原材料也没有发生减值,不需要计提存货跌价准备。

(2) 对于代销商品,受托方以收取手续费进行核算的,委托代销的商品属于委托方的资产。云山公司应当将期末尚未对外出售的商品列示在存货项目中,应列示金额为 400 万元(20×20)。

(3) 资料(1)属于企业存货,列示金额＝(600＋40＋50)＋550＝1 240(万元);资料(2)在存货中的列示金额为 400 万元;资料(3)该设备虽然已经签订了销售合同,货物尚未发出,合同尚未履行,产品的主要风险未转移,因此应该将这批丁产品作为企业存货列示。该批丁产品的成本＝5×40＝200(万元),该批丁产品的可变现净值＝4.8×40－8＝184(万元)。丁产品的成本大于其可变现净值,应对其计提减值金额。存货采用成本与可变现净值孰低原则计量,因此存货的列报金额＝184(万元)。根据上述事项,年末资产负债表"存货"项目的列示金额＝1 240＋400＋184＝1 824(万元)。

2.(1) 2020 年 1 月 1 日,购入商品:

借:库存商品	1 000 000	
应交税费——应交增值税(进项税额)	130 000	
贷:银行存款		1 130 000

(2) 2020 年 12 月 31 日,计提存货跌价准备:

| 借:资产减值损失 | 100 000 | |
| 贷:存货跌价准备 | | 100 000 |

(3) 2021 年 12 月 31 日,计提存货跌价准备:

| 借:资产减值损失 | 300 000 | |
| 贷:存货跌价准备 | | 300 000 |

(4) 2022 年 12 月 31 日,转回存货跌价准备:

| 借:存货跌价准备 | 100 000 | |
| 贷:资产减值损失 | | 100 000 |

(5) 2023 年 6 月 1 日,出售商品:

借:银行存款	1 356 000	
贷:主营业务收入		1 200 000
应交税费——应交增值税(销项税额)		156 000
借:主营业务成本	700 000	
存货跌价准备	300 000	
贷:库存商品		1 000 000

五、案例分析

1.(1) 有缺陷的存货管理模式。一般情况下,存货的采购与保管应该是由相互独立的部门或人员分别负责,然而,通过对广州浪奇存货管理模式的分析发现,在 2020 年 4 月以前,广州浪奇的外部仓库货物的管理一直由商务拓展部业务人员负责,没有第三方人员参与其中,未形成有效的监督机制,存在相关人员利用职务之便进行舞弊的风险。直到2020年4月之后,公司才派遣供应链管理部根据商业拓展部提供的第三方贸易仓库联系方式,向仓库方索取每月盘点确认表,对外部存货实施管理,并在5月的定期存货盘点中发现了端倪,同时在9月确定了5.72亿元存货的丢失。在没有监督的情况下,单一部门或人员对存货流动的各个环节都有操作空间。对于自有仓库来说,首先,在存货的采购过程中,相关人员可能虚报采购价格。其次,在验收入库时,可能出现存货品种、数量、规格与原始凭证不一致的情况。再次,在盘点过程中,相关人员可能提供虚假的存货盘点表。同样,对于外部仓库来说,在存货采购环节也会出现虚报价格的情况;在存货存储环节相关人员可能会与外部仓库的管理人员串通提供虚假的存货库存单据,甚至可能会无中生有,伪造与外部仓库的仓储合同。

（2）具有特殊化学属性的存货难以盘点。农业类企业的消耗性生物资产因为其生产受自然环境影响大,存货价值差异性大,导致难以准确计量,盘点困难,如因扇贝消失而备受关注的獐子岛,作为其存货扇贝在水下基本无法看见,数量难以评估,质量难以检测,导致盘点流程形同虚设。无独有偶,化学类企业也常常由于化工材料独特的化学属性使得盘点人员无法进行正常的存货盘点工作。大多化学材料有严格的储存规定,密封、防火、防潮、需专门储罐,这使正常存货盘点的取样和计数变得困难。甚至对于许多存放危险化学材料的仓库,盘点人员无法进入其中进行实地盘点。如广州浪奇存储于瑞丽仓的三氯乙酰氯由于其具有腐蚀性、强刺激性等特点,需要密封储存,在存货盘点时因储罐无取样口而无法取样,也就无法对其进行管理控制。

（3）公司与外部仓库相距甚远。由于广州浪奇的贸易业务涉及全国各地,为了降低运输成本,广州浪奇的存货大多存放在外部仓库,在2019年年底广州浪奇的外部仓库存放存货占比就已高达84.06%。在本次丢失存货的外部仓库中,辉丰仓距离广州浪奇公司1 689公里,瑞丽仓距离广州浪奇公司1 571公里。那么,如此远距离的存货仓储会带来什么问题呢?首先,远距离会提高实地盘点成本,如盘点人员的差旅费和每次盘点工作的时长。为了控制成本,企业往往会减少盘点人员的数量,但这可能影响企业盘点工作的质量。其次,由于不是自有仓库,企业对外部存货的盘点需要烦琐的申请程序,这可能使企业降低存货实地盘点频率,削弱企业对外部存货的控制,导致存货盘点的及时性失效,对存货的真实情况无法核实。

（4）广州浪奇通过虚假仓储合同虚增存货。2018—2019年,浪奇利用化工材料独特的化学属性难以盘点、公司与外部仓库相距甚远同样难以盘点的特性,通过虚构大宗商品贸易业务、循环交易乙二醇仓单等手段,与供应商及客户进行贸易往来,实际并无实物流转,同时浪奇借助自身信用为供应商及客户提供融资担保,使得其账面上的应收账款、预付账款和存货都大幅上升。此外,浪奇将其自有资金、商业承兑汇票等以"对外采购"的名义支付给隐性关联方,以此形成的部分预付账款转入存货,导致存货虚增。因此,辉丰仓的1.19亿元存货和瑞丽仓的4.53亿元存货无法正常开展货物盘点及抽样检测工作。

2. 广州浪奇存货内部控制应进一步优化：

（1）分离不相容职位、进行明晰的职责划分。内部控制规范规定企业应保证不相容职位相互分离，各岗位间权责明晰，因此员工的职责应该相互独立，形成有效的监督。

（2）根据化学存货属性选择不同的仓库。对于存储条件严格、盘点困难的存货加强管控，管控措施包括提高盘点工作的频率、派遣更负责任的人员进行盘点等。

（3）派遣本公司员工到外部仓库进行监督。要加强对外部仓库存储存货的控制，企业可以派遣自有员工到外部仓库参与相应存货的管理。

第四章 金 融 资 产

一、判断题

1. ✕ 2. ✓ 3. ✕ 4. ✓ 5. ✕ 6. ✕ 7. ✕ 8. ✓ 9. ✕ 10. ✓

判断题解析

二、单项选择题

1. A 2. D 3. D 4. A 5. D 6. B 7. C 8. B 9. A 10. D 11. B 12. B 13. A 14. D 15. A 16. D 17. A 18. D 19. A 20. B

单项选择题解析

三、多项选择题

1. ABC 2. ABCD 3. AD 4. BC 5. BCD 6. CD 7. ABD 8. ABC 9. AD

多项选择题解析

四、计算分析题

1.（1）扣除商业折扣销售价格 = 100 × (1 − 10%) = 90(万元)

（2）增值税销项税额 = 90×13% = 11.7（万元）

（3）对于现金折扣，云山公司认为按照最可能发生金额能够更好地预测其有权获取的对价金额。因此，云山公司应确认的销售商品收入的金额 = 90×(1 - 2%) = 88.2（万元）。

确认收入时：

借：应收账款——A公司　　　　　　　　　　　　　　　999 000
　　贷：主营业务收入　　　　　　　　　　　　　　　　882 000
　　　　应交税费——应交增值税（销项税额）　　　　　117 000

① 若A公司于第10天付清货款，应给予1.8万元（90×2%）的现金折扣，收到货款时账务处理如下：

借：银行存款　　　　　　　　　　　　　　　　　　　　999 000
　　贷：应收账款——A公司　　　　　　　　　　　　　999 000

② 若A公司于第15天付清货款，应给予0.9万元（90×1%）的现金折扣，收到货款时账务处理如下：

借：银行存款　　　　　　　　　　　　　　　　　　　1 008 000
　　贷：应收账款——A公司　　　　　　　　　　　　　999 000
　　　　主营业务收入　　　　　　　　　　　　　　　　　9 000

③ 若A公司于第30天付清货款，则无现金折扣，收到货款时账务处理如下：

借：银行存款　　　　　　　　　　　　　　　　　　　1 017 000
　　贷：应收账款——A公司　　　　　　　　　　　　　999 000
　　　　主营业务收入　　　　　　　　　　　　　　　　18 000

2. （1）2021年年末，计提坏账准备：

借：信用减值损失　　　　　　　　　　　　　　　　　150 000
　　贷：坏账准备　　　　　　　　　　　　　　　　　150 000

（2）2022年发生坏账损失：

借：坏账准备　　　　　　　　　　　　　　　　　　　 60 000
　　贷：应收账款——A公司　　　　　　　　　　　　　 20 000
　　　　　　　　——B公司　　　　　　　　　　　　　 40 000

2022年年末，计提坏账准备：

借：信用减值损失　［1 800 000×10% - (150 000 - 60 000)]90 000
　　贷：坏账准备　　　　　　　　　　　　　　　　　 90 000

（3）2023年收回已注销的坏账：

借：应收账款——A公司　　　　　　　　　　　　　　　 20 000
　　贷：坏账准备　　　　　　　　　　　　　　　　　 20 000

借：银行存款　　　　　　　　　　　　　　　　　　　 20 000
　　贷：应收账款——A公司　　　　　　　　　　　　　 20 000

2023年年末,转回多计提的坏账准备:

借:坏账准备   80 000

 贷:信用减值损失   80 000

3.(1)借:预付账款——A公司   25 000

   贷:银行存款   25 000

（2）借:原材料   50 000

   应交税费——应交增值税(进项税额)   6 500

   贷:预付账款——A公司   56 500

借:预付账款——A公司   31 500

 贷:银行存款   31 500

4.(1)2022年1月1日:

借:交易性金融资产——成本   10 000 000

 应收利息 $(1\ 000 \times 5\% \times 6/12)$ 250 000

 投资收益   40 000

 贷:银行存款   10 290 000

（2）2022年1月2日:

借:银行存款   250 000

 贷:应收利息   250 000

（3）2022年6月30日:

借:公允价值变动损益   100 000

 贷:交易性金融资产——公允价值变动   100 000

借:应收利息   250 000

 贷:投资收益   250 000

（4）2022年7月2日:

借:银行存款   250 000

 贷:应收利息   250 000

（5）2022年12月31日:

借:公允价值变动损益   100 000

 贷:交易性金融资产——公允价值变动   100 000

借:应收利息   250 000

 贷:投资收益   250 000

（6）2023年1月2日:

借:银行存款   250 000

 贷:应收利息   250 000

（7）2023年3月31日:

借:应收利息   125 000

 贷:投资收益   125 000

借:银行存款   10 100 000

  交易性金融资产——公允价值变动   200 000

    贷:交易性金融资产——成本   10 000 000

      应收利息   125 000

      投资收益   175 000

借:投资收益   200 000

    贷:公允价值变动损益   200 000

5.（1）2022 年 4 月 15 日，购入股票：

借:其他权益工具投资——成本   2 800 000

  应收股利   （0.3×200 000）60 000

    贷:银行存款   （14.3×200 000）2 860 000

（2）2022 年 4 月 20 日，收到已宣告发放的股利：

借:银行存款   60 000

    贷:应收股利   60 000

（3）2022 年 6 月 30 日，股票的市价为每股 12 元（低于购入价 14 元）

借:其他综合收益   （2 800 000－12×200 000）400 000

    贷:其他权益工具投资——公允价值变动   400 000

2022 年 12 月 31 日，股票的市价为每股 15 元（高于购入价 14 元）

借:其他权益工具投资——公允价值变动

      （15×200 000－12×200 000）600 000

    贷:其他综合收益   600 000

（4）2023 年 4 月 10 日，宣告发放现金股利：

借:应收股利   （0.4×200 000）80 000

    贷:投资收益   80 000

2023 年 4 月 20 日，收到股利：

借:银行存款   80 000

    贷:应收股利   80 000

（5）2023 年 5 月 1 日，出售股票：

借:银行存款   3 300 000

    贷:其他权益工具投资——成本   2 800 000

             ——公允价值变动   200 000

      盈余公积   [（3 300 000－200 000－2 800 000）×10%]30 000

      利润分配——未分配利润   270 000

同时：

借:其他综合收益   200 000

    贷:盈余公积   （200 000×10%）20 000

      利润分配——未分配利润   180 000

五、案例分析

1. 两类金融资产的定义及分类。金融资产,是企业所拥有的以价值形态存在的资产,是一种索取实物资产的无形的权利。本案例中主要分析交易性金融资产和可供出售这两类金融资产。企业拥有交易性金融资产的目的是短期内出售,而可供出售金融资产是没有被划分到其他三类,且购入就确定为可供出售的金融资产。由于,这两类金融资产从内容上有交集,且划分标准由管理当局主观确定,所以,这两类金融资产的划分给管理者提供了盈余操作空间。

而雅戈尔的案例中影响较大的为处置该金融资产时对企业盈余的影响。具体分析如下:

交易性金融资产的价值,不论上升还是下降,后续计量时均在当期利润中有所体现,因此,交易性金融资产出售时,其变动不会对当期利润产生太大影响,企业利用交易性金融资产来调整利润、进行盈余管理的可操作性不大。而对于可供出售金融资产,处置时需将资本公积中累计的公允价值变动结转到投资收益中,所以对利润影响较大。当企业经营出现亏损时,管理者可以改变原有意图,将盈利的可供出售金融资产出售,把隐藏在资本公积中的隐藏利润释放出来,即公允价值变动部分从资本公积中转入利润中,以增加当期利润,实现盈利。当利润增长较快时,出售亏损的可供出售金融资产,以平滑利润,使得利润处于一个相对平稳增长的状态。

2. 雅戈尔事件给我们带来的启示有:

(1) 加强公司内部控制。金融工具,特别是衍生金融工具存在着较大风险,尽管从宏观上看,政府部门及行业协会,证券交易所等均设有金融产品的管制,但主要还是在企业自身层面上,上市公司要想控制好风险,就必须从本身做起,强化内部控制,增强风险意识。

在金融资产存在较大风险的情况下,首先,必须健全公司法人治理结构,必须使企业管理层形成有力的相互约束,相互监督,在强化董事会和监事会的监管职权时还要提高内部审计人员的独立性并强化其职权。其次,还应该完善公司内部控制制度。当上市公司以金融资产为投资对象时,将面临极大风险,应在公司层面建立风险决策机制与风险监管机制。对金融投资业务风险管理流程,需作出明确规定:明确管理层风险容忍度等;厘清每类业务交易要素和交易流程;分清各部门责任等。最后,还应对金融投资业务不相容岗位进行分离控制,把金融投资业务操作岗位、结算岗位与监督岗位分开,使每一个人明确责任和权力。

(2) 外部投资者应积极关注附注披露情况。外部报表使用者在了解一家上市公司的资产情况以及经营情况时,不应该仅仅关注总资产、总利润以及净利润的数量情况。上市公司可能会使用与雅戈尔一样的盈余管理手段,使得其实际的经营情况和盈利情况有所掩盖。外部报表使用者为了了解上市公司的实际盈利质量,应当关注金融资产投资对其资产和利润的影响。当上市公司中的金融资产占总资产的比重较大时,应当关注全面收益报告,注重其他综合收益的影响;同时需要关注财务报表附注的披露情况,具体分析利润总额中金融投资收益的情况,以及金融投资收益的构成情况。只有这样才能对一家上市公司的资产质量及盈利质量进行全面了解,减少投资风险。通过全方位分析才能对企业的实际资金额得出一个较为客观的评价。

第五章　长期股权投资

一、判断题

1. ✓　2. ✓　3. ✓　4. ✓　5. ✗　6. ✓　7. ✗　8. ✓　9. ✓　10. ✓　11. ✓
12. ✗

判断题解析

二、单项选择题

1. B　2. A　3. A　4. B　5. A　6. D　7. B　8. B　9. B　10. B　11. C　12. D
13. D　14. D　15. C　16. C　17. B　18. B　19. A

单项选择题解析

三、多项选择题

1. ACD　2. BCD　3. BC　4. ABCD　5. AD　6. AD　7. ABD　8. AC
9. BCD　10. ABCD

多项选择题解析

四、计算分析题

1. (1) 2022 年 1 月 1 日:

借:长期股权投资——成本		5 000
贷:银行存款		5 000

（初始投资成本 5 000（万元）＞4 000（万元）（20 000×20％），不调整长期股权投资的初始投资成本。）

（2）2022 年度,乙公司实现净利润 3 000 万元：

借：长期股权投资——损益调整　　　　　　　　　600（3 000×20％）

　　贷：投资收益　　　　　　　　　　　　　　　　　　　　　　600

（3）2023 年 1 月 1 日（合并日）：

① 云山公司长期股权投资（新投资比例 60％）的初始投资成本＝22 000×60％＝13 200（万元）

② 原 20％股权投资的账面价值＝5 000＋600＝5 600（万元）

③ 2023 年 1 月 1 日,云山公司进一步取得股权投资时初始投资成本（13 200 万元）与合并日原长期股权投资账面价值（5 600 万元）,加上合并日取得进一步股份新支付对价的账面价值（2 000 万元）之和的差额（5 600 万元）,调整资本公积（资本溢价或股本溢价）。

借：长期股权投资　　　　　　　　（22 000×60％）132 000 000

　　贷：长期股权投资——投资成本　　　　　　　　　　50 000 000

　　　　　　　　　　——损益调整　　　（3 000×20％）6 000 000

　　　　股本　　　　　　　　　　　　　　　　　　　20 000 000

　　　　资本公积——股本溢价　　　　　　　　　　　56 000 000

2.借：长期股权投资　　　　　　　　　　　　　113 000 000

　　贷：主营业务收入　　　　　　　　　　　　　100 000 000

　　　　应交税费——应交增值税（销项税额）　　　13 000 000

　借：主营业务成本　　　　　　　　　　　　　　80 000 000

　　贷：库存商品　　　　　　　　　　　　　　　　80 000 000

3.借：长期股权投资——损益调整

　　　　　　　　　　　　　［（3 200－400）×20％］56 000 000

　　贷：投资收益　　　　　　　　　　　　　　　　56 000 000

4.借：长期股权投资　　　　　　　　　　　　　　31 000 000

　　其他债权投资——公允价值变动　　　　　　　　2 000 000

　　贷：其他债权投资——成本　　　　　　　　　　32 000 000

　　　　投资收益　　　　　　　　　　　　　　　　1 000 000

　借：投资收益　　　　　　　　　　　　　　　　　2 000 000

　　贷：其他综合收益　　　　　　　　　　　　　　2 000 000

五、案例分析

1.（1）重大影响通常以持股比例 20％至 50％作为判断条件。

（2）除考虑持股比例外，还需要考虑能否对被投资单位的生产经营决策产生重大影响，若能对被投资单位的生产经营决策产生重大影响，尽管持股比例低于20％，也应当认定为"重大影响"。如公司是否在被投资单位的董事会或类似权力机构中派有代表、是否参与被投资单位财务和经营政策制定过程等。

2. 2014年至2019年，姚记科技将持有细胞集团股权作为长期股权投资以权益法计量，确认投资亏损对合并利润表造成不利影响。在2020年姚记科技变更该股权的会计核算方法后，公司猛增利润5.1亿元，同时只需要确认该股权的公允价值变动损益，细胞集团的亏损不会影响到姚记科技的业绩。

此外，姚记科技的股权虽然被稀释，表面上持有比例低于20％，但其持有投资的目的、财务管理决策权、股份转让和资产处置否决权并未发生改变，因而依然能够对细胞集团施加重大影响，也不符合交易性金融资产以近期出售为目的的确认条件。因此，姚记科技没有充分披露该重大影响的界定和判断依据，或者转换长期股权投资核算方法的证据不足，可能违背了会计准则。

综上，姚记科技变更会计核算方法有"盈余管理"之嫌。

第六章　固　定　资　产

一、判断题

1. ✕　2. ✕　3. ✓　4. ✓　5. ✕　6. ✕　7. ✓　8. ✓　9. ✕　10. ✕　11. ✓
12. ✓

判断题解析

二、单项选择题

1. C　2. A　3. B　4. D　5. C　6. D　7. B　8. C　9. C　10. A　11. C　12. D
13. B　14. B　15. C　16. A　17. A　18. D　19. D　20. B

单项选择题解析

三、多项选择题

1. ACD　2. ACD　3. BCD　4. AB　5. AD　6. ABC　7. ABCD　8. ABD
9. BCD

四、计算分析题

1. (1) 2020 年 3 月 10 日,购入安装:

借:在建工程 300 000

　　应交税费——应交增值税(进项税额) 39 000

　　贷:银行存款 339 000

(2) 设备安装:

借:在建工程 90 000

　　应交税费——应交增值税(进项税额) 3 600

　　贷:原材料 50 000

　　　银行存款 43 600

(注:"该批材料购进时支付的增值税进项税额 6 500 元"不用转出)

(3) 2020 年 3 月 28 日,设备达到预定可使用状态:

借:固定资产 390 000

　　贷:在建工程 390 000

2. (1) 2017 年 12 月 31 日,购入该机器设备。

借:固定资产 10 000 000

　　应交税费——应交增值税(进项税额) 1 300 000

　　贷:银行存款 11 300 000

(2) 2018 年至 2022 年计提折旧。

2018 年 12 月 31 日应计提的折旧:$1\,000 \times \dfrac{2}{5} = 400$(万元)

借:制造费用 4 000 000

　贷:累计折旧 4 000 000

2019 年 12 月 31 日应计提的折旧:$(1\,000 - 400) \times \dfrac{2}{5} = 240$(万元)

借:制造费用 2 400 000

　贷:累计折旧 2 400 000

2020 年 12 月 31 日应计提的折旧:$(1\,000 - 400 - 240) \times \dfrac{2}{5} = 144$(万元)

借:制造费用 1 440 000

　贷:累计折旧 1 440 000

2021 年 12 月 31 日、2022 年 12 月 31 日应计提的折旧:(1 000 − 400 − 240 − 144

—50)÷2＝83(万元)

借：制造费用   830 000

　　贷：累计折旧   830 000

3.(1)固定资产转入清理：

借：固定资产清理   7 020

　　累计折旧   177 080

　　固定资产减值准备   2 300

　　贷：固定资产   186 400

(2)发生清理费用和相关税费：

借：固定资产清理   4 270

　　贷：银行存款   4 270

(3)收到残料变价收入：

借：银行存款   5 400

　　贷：固定资产清理   5 400

(4)结转固定资产处置净损益：

借：营业外支出——处置非流动资产损失   5 890

　　贷：固定资产清理   5 890

4.(1)2022年6月末，将固定资产转入在建工程：

2022年6月末飞机的累计折旧金额＝8 000×3‰×8.5＝2 040(万元)

借：在建工程   59 600 000

　　累计折旧   20 400 000

　　贷：固定资产   80 000 000

(2)终止确认老发动机的账面价值：

2022年6月月末老发动机的账面价值＝500－500×3‰×8.5＝372.5(万元)

借：营业外支出——非流动资产处置损失   3 725 000

　　贷：在建工程   3 725 000

(3)购入并安装新发动机：

借：工程物资   7 000 000

　　应交税费——应交增值税(进项税额)   910 000

　　贷：银行存款   7 910 000

借：在建工程   7 000 000

　　贷：工程物资   7 000 000

支付安装费用：

借：在建工程   100 000

　　应交税费——应交增值税(进项税额)   9 000

　　贷：银行存款   109 000

（4）新发动机安装完毕，投入使用：

固定资产的入账价值 = 5 960 + 700 + 10 − 372.5 = 6 297.50（万元）

借：固定资产　　　　　　　　　　　　　　　　62 975 000

　　贷：在建工程　　　　　　　　　　　　　　　　62 975 000

5.（1）2019 年 12 月 5 日，购入该设备：

借：固定资产　　　　　　　　　　　　　　　　50 000 000

　　应交税费——应交增值税（进项税额）　　　6 500 000

　　贷：银行存款　　　　　　　　　　　　　　　　56 500 000

（2）2020 年度对该设备应计提的折旧金额 = (5 000 − 50) × 5/15 = 1 650（万元）

2021 年度对该设备应计提的折旧金额 = (5 000 − 50) × 4/15 = 1 320（万元）

（3）2021 年 12 月 31 日，对该设备计提减值准备：

该设备应计提减值准备的金额 = (5 000 − 1 650 − 1 320) − 1 800 = 230（万元）

借：资产减值损失　　　　　　　　　　　　　　2 300 000

　　贷：固定资产减值准备　　　　　　　　　　　　2 300 000

（4）2022 年度对该设备计提折旧：

该设备应计提的折旧金额 = $(1\ 800 − 30) × \frac{3}{6}$ = 885（万元）

借：制造费用　　　　　　　　　　　　　　　　8 850 000

　　贷：累计折旧　　　　　　　　　　　　　　　　8 850 000

（5）2023 年 12 月 31 日，处置该设备：

借：固定资产清理　　　　　　　　　　　　　　9 150 000

　　固定资产减值准备　　　　　　　　　　　　2 300 000

　　累计折旧　　　　　　　　　　　　　　　　38 550 000

　　贷：固定资产　　　　　　　　　　　　　　　　50 000 000

借：固定资产清理　　　　　　　　　　　　　　20 000

　　贷：银行存款　　　　　　　　　　　　　　　　20 000

借：银行存款　　　　　　　　　　　　　　　　10 170 000

　　贷：固定资产清理　　　　　　　　　　　　　　9 000 000

　　　　应交税费——应交增值税（销项税额）　　1 170 000

借：资产处置损益　　　　　　　　　　　　　　170 000

　　贷：固定资产清理　　　　　　　　　　　　　　170 000

五、案例分析

1.（1）高于同行业的毛利率。尔康制药药用淀粉系列产品毛利率超高，收入规模庞大并且利润高速增长，这说明产品处于供不应求的状态，却积存了大量产品库存，且存货货龄和应收账款账龄也在不断增长，两者明显是矛盾的，因而其主营业务收入及毛利率的真实性值得商榷。因此,尔康制药极有可能夸大了主营业务收入规模,导致毛利率虚高,其营业收入存在重大错报风险。

（2）较高的存货和固定资产占比。存货数量庞大,且利润率逐年增长,销售收入也不断增加,代表产品市场反应极好,但存货的周转天数却在增加,说明存货周转速度下降,产品积压;同时,固定资产账面价值增速明显,占比超过同行业水平,并将大量在建工程转入固定资产,这是十分异常的。

（3）虚构与子公司的销售交易。虚构的交易虚增了营业收入和净利润,营业收入缺乏真实性。

（4）公司治理结构不完善。通过尔康制药股权结构发现其股权高度集中化,且是高度集权的家族式控股企业,给舞弊的操作带来了极大的便利和机会。

2. 固定资产是企业资产的重要组成部分,若企业的固定资产管理不到位,可能会导致资产损失、资产信息失真、会计差异和其他风险,从而削弱企业的整体实力。因此,我们在分析企业固定资产状况时,应当注意以下几点:

（1）观察在建工程近几年是否有超乎常规的增长。

（2）审查在建工程转入固定资产的合理性,了解固定资产增加情况及理由,核对固定资产明细表,确认是否经过必经的手续,检查会计处理的合理性与正确性。

（3）观察固定资产周转天数有没有明显提高,如果存在明显提高,可能固定资产有一部分是虚增的。

（4）与同行进行对比,关注固定资产金额与营收总额是否有明显的差异,如果固定资产与收入比(平均固定资产净值/销售收入)远远大于同行的水平,那就说明固定资产中可能隐藏了虚增的利润。

第七章　无 形 资 产

一、判断题

1.　×　2.　×　3.　√　4.　√　5.　×　6.　×　7.　×　8.　×　9.　×　10.　×　11.　×　12.　×

判断题解析

二、单选题

1.　D　2.　C　3.　B　4.　D　5.　A　6.　B　7.　B　8.　B　9.　A　10.　A　11.　B　12.　D
13.　D　14.　C　15.　A　16.　D　17.　C　18.　A　19.　D　20.　A

三、多项选择题

1. CD 2. ABD 3. BCD 4. ABC 5. ABC 6. ABCD 7. ABCD 8. AB
9. AB 10. AB

四、计算分析题

1. (1) 发生研发支出:

借:研发支出——费用化支出	6 500 000
——资本化支出	5 000 000
贷:原材料	6 000 000
应付职工薪酬	3 000 000
累计折旧	500 000
银行存款	2 000 000

(2) 期末,达到预定可使用状态:

借:管理费用	6 500 000
贷:研发支出——费用化支出	6 500 000
借:无形资产	5 000 000
贷:研发支出——资本化支出	5 000 000

2. (1) 2020 年 1 月 10 日—2020 年 5 月 31 日,无形资产研究阶段:

借:研发支出——费用化支出	1 000 000
贷:银行存款	740 000
原材料	260 000

(2) 2020 年 6 月 1 日—2020 年 11 月 1 日,无形资产开发阶段:

借:研发支出——资本化支出	1 200 000
贷:应付职工薪酬	350 000
原材料	850 000

(3) 2020 年 11 月 1 日,无形资产投入使用:

借:无形资产	1 200 000
贷:研发支出——资本化支出	1 200 000

借:管理费用   1 000 000

  贷:研发支出——费用化支出   1 000 000

(4) 2020 年 11 月开始,摊销无形资产

每月摊销额 = 1 200 000 ÷ 5 ÷ 12 = 20 000(元)

(5) 2022 年 12 月 31 日,无形资产出售:

无形资产累计摊销额 = 20 000 × 25 = 500 000(元)

借:银行存款   5 200 000

  累计摊销   500 000

  资产处置损益   180 000

  贷:无形资产   1 200 000

3. 无形资产累计摊销额 = 600 ÷ 10 × 5 = 300(万元)

借:累计摊销   3 000 000

  无形资产减值准备   1 600 000

  营业外支出   1 400 000

  贷:无形资产——专利权   6 000 000

4. (1) 2021 年 12 月 31 日,计提减值准备前,无形资产累计摊销额 = 600 000 ÷ 10 × 4 = 240 000(元);其账面价值 = 600 000 − 240 000 = 480 000(元)。

2021 年 12 月 31 日,计提减值准备:

应计提的减值准备 = 480 000 − 280 000 = 200 000(元)

借:资产减值损失   200 000

  贷:无形资产减值准备   200 000

(2) 2023 年 1 月 8 日,出售无形资产:

累计摊销 = 240 000 + 280 000 / 5 = 296 000(元)

账面价值 = 600 000 − 296 000 − 200 000 = 104 000(元)

出售无形资产净损益 = 100 000 − 104 000 = −4 000(元)

借:银行存款   106 000

  累计摊销   296 000

  资产处置损益   4 000

  无形资产减值准备   200 000

  贷:无形资产——专利权   600 000

    应交税费——应交增值税(销项税额)   6 000

5. (1) 2020 年无形资产处于研究阶段:

借:研发支出——费用化支出   7 000 000

  贷:原材料   1 000 000

    应付职工薪酬   5 000 000

    累计折旧   1 000 000

借:管理费用   7 000 000

    贷:研发支出——费用化支出   7 000 000

（2）2021年，无形资产处于开发阶段：

借:研发支出——费用化支出   6 000 000

          ——资本化支出   40 000 000

    贷:原材料   21 500 000

       应付职工薪酬   23 500 000

       累计折旧   1 000 000

借:管理费用   6 000 000

    贷:研发支出——费用化支出   6 000 000

（3）2022年1月1日—2022年6月30日，无形资产仍处于开发阶段：

借:研发支出——资本化支出   40 500 000

    贷:应付职工薪酬   40 000 000

       应付利息   500 000

（4）2022年7月1日，无形资产达到预计可使用状态：

借:无形资产   80 500 000

    贷:研发支出——资本化支出   80 500 000

（5）2022年7月，无形资产开始摊销

2022年无形资产摊销额＝80 500 000÷10÷2＝402.5(万元)

借:管理费用   4 025 000

    贷:累计摊销   4 025 000

五、案例分析

1.（1）大力投入研发。比亚迪的研发投入在2021年已经超过百亿，在行业中处于中上水平，比亚迪研发的大力投入使得其专利技术在行业内处于领先地位，形成了庞大的"技术鱼池":掌握了电池、IGBT、电机、电控等新能源汽车全产业链技术，也是全球唯一掌握"三电"核心技术的车企，拥有纯电动、混动两套产品"班底"，拥有较高的核心竞争力。

（2）注重人才培养建设。回顾25年发展历程，比亚迪的每一步跨越，无一不是依靠人才实现技术的突破和创新，从而各业务在所处行业均占据优势地位。公司十分注重人文关怀，尊重员工，培养人才，坚持以人为本的人力资源发展方针。比亚迪的培养晋升渠道通畅，重视科研人才，使得比亚迪人才流失率极低。

（3）提高市场品牌效应。面对如今竞争激烈的汽车市场，比亚迪选择布局海外市场，不断扩张。今年比亚迪宣布乘用车进入泰国市场，并在柬埔寨召开了元PLUS上市发布会，通过在柬埔寨金边开设乘用车销售中心的方式，引入了多款畅销新能源车型进入柬埔寨，充分满足了柬埔寨用户对新能源汽车的需求，提高了海外知名度。

2. 无形资产是没有实物形态的可辨认的非货币性资产。相较于有形资产而言，无形资产没有那么容易准确计量。在《企业会计准则——无形资产》中规定了企业自创并依法申请取得的无形资产入账时，应将其自创的阶段分为研究阶段和开发阶段，其中：研究阶段的支出全部计入当期损益作费用化处理，而在开发阶段符合资本化条件的才可以被确认为无形资产。无形资产可以给企业带来长期的收益效应，但它不是一个确定的价值，其价值具有高度的不确定性。如今，技术创新型企业已然成为最具发展潜力的企业，企业的竞争已经从有形资产转向无形资产，更加重视技术、人才素质与企业文化建设。

无形资产关系到企业的核心竞争力。企业的核心竞争力是在长期发展过程中形成的，是企业获得长期竞争优势的保证。企业的无形资产构成了核心竞争力的大部分，核心竞争力的比较就是企业无形资产的比较。对于汽车制造业而言，专利技术是企业的核心竞争力，是与同类型竞争对手拉开差距的重要因素。比亚迪深耕技术发展，积极研发投入创新，其有效专利量占中国汽车行业上市企业总和的28％以上，是行业均值的60倍，正因如此，比亚迪才能在竞争激烈的汽车市场中脱颖而出。同时，无形资产是企业筹集资金和参与投资的重要手段。土地使用权、商标权等无形资产可以作为抵押财产为企业筹集资金，在资金紧张的情况下企业也可以通过出售专利等手段获得一定的资金。

虽然无形资产对企业有积极作用，但研发投入仍存在一定的风险。一般来说，无形资产的研发要经过一个漫长的过程，前期投入很大，结果也无法预测。只有少数创新能够成功并给企业带来巨大的经济效益，而大多数企业在基础研究或应用阶段都会失败，初始投资无法收回，很多企业会因为高风险或者资金不足而放弃创新，从而减少研发投入。

第八章　投资性房地产

一、判断题

　1. ×　　2. ×　　3. √　　4. √　　5. √　　6. ×　　7. ×　　8. √　　9. ×　　10. ×　　11. √　　12. ×

判断题解析

二、单项选择题

　1. C　2. A　3. A　4. C　5. A　6. D　7. D　8. A　9. D　10. B　11. B　12. C　13. A　14. B　15. C　16. C　17. A　18. B　19. B　20. D

三、多项选择题

1. BC 2. ACD 3. AB 4. ABC 5. AD 6. ABC 7. ABCD 8. AC 9. BD
10. ABCD

多项选择题解析

四、计算分析题

1.（1）2020 年 12 月 31 日,将自用固定资产转为投资性房地产(成本模式):

借:投资性房地产 2 800

 累计折旧 500

 固定资产减值准备 300

 贷:固定资产 2 800

  投资性房地产累计折旧 500

  投资性房地产减值准备 300

（2）该建筑物 2021 年年末的账面价值 = 2 800 − 500 − 300 − (2 800 − 500 − 300) ÷ 20 = 1 900(万元)。

（3）2022 年 1 月 1 日,成本模式转为公允价值模式:

借:投资性房地产——成本 3 000

 投资性房地产累计折旧 [500 + (2 800 − 500 − 300)/20]600

 投资性房地产减值准备 300

 贷:投资性房地产 2 800

  盈余公积 110

  利润分配——未分配利润 990

2022 年 12 月 31 日,调整投资性房地产的公允价值并确认租金收入:

借:投资性房地产——公允价值变动 500

 贷:公允价值变动损益 500

借:银行存款 150

 贷:其他业务收入 150

2023 年 12 月 31 日,建筑物收回自用,并确认租金收入:

借:银行存款 150

 贷:其他业务收入 150

借:固定资产   3 300

  公允价值变动损益   200

   贷:投资性房地产——成本   3 000

       ——公允价值变动   500

2.(1) 2021 年 3 月 1 日,将办公楼出租时:

借:投资性房地产——成本   2 400

   贷:开发产品   1 100

    其他综合收益   1 300

(2) 2021 年 12 月 31 日,调整投资性房地产的公允价值:

借:投资性房地产——公允价值变动   200

   贷:公允价值变动损益   200

2022 年 12 月 31 日,调整投资性房地产的公允价值:

借:投资性房地产——公允价值变动   40

   贷:公允价值变动损益   40

(3) 2023 年 3 月 1 日,办公楼出售时:

借:银行存款   2 800

   贷:其他业务收入   2 800

借:其他业务成本   2 640

   贷:投资性房地产——成本   2 400

       ——公允价值变动   240

借:公允价值变动损益   240

   贷:其他业务成本   240

借:其他综合收益   1 300

   贷:其他业务成本   1 300

3.(1) 自行建造办公大楼的初始入账成本 = 1 400 + 160 + 362 = 1 922(万元)

(2) 云山公司该项办公大楼 2021 年年末累计折旧 = (1 922 − 122)/20 × 4/12 +

(1 922 − 122)/20 = 30 + 90 = 120(万元)

(3) 2022 年 1 月 1 日,办公大楼停止自用改为出租时:

借:投资性房地产——成本   2 200

  累计折旧   120

   贷:固定资产   1 922

    其他综合收益   398

(4) 2022 年年末,调整公允价值时:

借:投资性房地产——公允价值变动   200

   贷:公允价值变动损益   200

(5) 2022 年年末,确认办公大楼租金收入:

借:银行存款   283.4

  贷:其他业务收入   260

   应交税费——应交增值税(销项税额) 23.4

(6) 2023年1月,处置该项办公大楼时:

借:银行存款   2 779.5

  贷:其他业务收入   2 550

   应交税费——应交增值税(销项税额) 229.5

借:其他业务成本   1 802

  公允价值变动损益   200

  其他综合收益   398

  贷:投资性房地产——成本   2 200

      ——公允价值变动   200

4. (1) 2023年1月1日,将写字楼出租时:

借:投资性房地产——写字楼   3 000

 累计折旧   1 000

  贷:固定资产   3 000

   投资性房地产累计折旧   1 000

(2) 2023年12月31日,确认租金收入、计提折旧、支付日常维护费用,以及确认资产减值:

借:银行存款   300

  贷:其他业务收入   300

借:其他业务成本   100

  贷:投资性房地产累计折旧   100

借:其他业务成本   40

  贷:银行存款   40

借:资产减值损失   200

  贷:投资性房地产减值准备   200

注意:投资性房地产的日常修理费用,应该直接计入当期损益,通过其他业务成本核算。

(3) 2024年1月1日至6月30日,对该项投资性房地产进行再开发:

借:投资性房地产——写字楼(在建)   1 700

 投资性房地产累计折旧   1 100

 投资性房地产减值准备   200

  贷:投资性房地产——写字楼   3 000

借:投资性房地产——写字楼(在建)   200

  贷:银行存款   200

2024 年 6 月 30 日,该写字楼再开发完成:

借:投资性房地产——写字楼 1 900

  贷:投资性房地产——写字楼(在建) 1 900

(4) 2024 年 12 月 31 日,确认租金收入并计提折旧:

借:银行存款 250

  贷:其他业务收入 250

借:其他业务成本 [1 900/25×(6/12)]38

  贷:投资性房地产累计折旧 38

5.(1) 2020 年 12 月 31 日,将写字楼转为投资性房地产:

借:投资性房地产 3 940

  累计折旧 312

  贷:固定资产 3 940

  投资性房地产累计折旧 [(3 940 − 40)/50×4]312

(2) 2021 年 1 月 1 日,预收租金:

借:银行存款 480

  贷:预收账款 480

【提示】针对预收账款和合同负债的简要说明:合同负债只适用于收入准则,比如销售商品、奖励积分等。对于收入准则核算以外的业务,比如投资性房地产业务等,应通过预收账款核算。

2021 年 1 月 31 日,确认租金收入、结转相关成本:

确认租金收入 = 480÷12 = 40(万元)

计提的折旧金额 = (3 940 − 40)÷50÷12 = 6.5(万元)

借:预收账款 40

  贷:其他业务收入 40

借:其他业务成本 6.5

  贷:投资性房地产累计折旧 6.5

(3) 2022 年 12 月 31 日,将成本模式转为公允价值模式:

借:投资性房地产——成本 4 200

  投资性房地产累计折旧 [(3 940 − 40)/50×6]468

  贷:投资性房地产 3 940

  盈余公积 72.8

  利润分配——未分配利润 655.2

(4) 2023 年 12 月 31 日,确认公允价值变动损益:

借:投资性房地产——公允价值变动 300

  贷:公允价值变动损益 300

(5) 2024 年 1 月 1 日,处置该项投资性房地产时:

借:银行存款	4 600
贷:其他业务收入	4 600
借:其他业务成本	4 500
贷:投资性房地产——成本	4 200
——公允价值变动	300
借:公允价值变动损益	300
贷:其他业务成本	300

五、案例分析

1. (1) 公允价值获取的可操作性难度较大。由于市场上的企业繁多,要辨认市场信息的真实性就具有一定的难度。同时,投资性房地产在活跃市场上也很难获得公开的报价,只能通过估计来进行公允价值的操作,而在不同的地区,房地产行业发展情况以及市场环境都不尽相同,投资性房地产的市场价格评估存在困难。对企业来说,想要获得准确、合理的公允价值并非易事,这就使得以公允价值模式计量投资性房地产的可操作性和准确性大大下降。

(2) 增加企业成本。百花村公司从 2007 年起就选择对其投资性房地产改为采用公允价值模式计量。目前,绝大多数选择以公允价值模式计量其投资性房地产的企业,其所运用的公允价值大都是用以下方式确定的:相关机构评估价格、类似性质的房地产的市价以及交易双方协商达成价格。就目前来看,企业投资性房地产公允价值的获取成本还处于较高水平,这是由于国内大部分企业都未拥有属于自己的公允价值信息获取渠道和定价系统。由于市场中不同的评估机构和交易双方所提供的价格信息在一定程度上存在差异,企业在获取到信息后还需要大量的时间和人力、物力来进行筛选,这也在一定程度上增加了企业的成本。所以百花村对其投资性房地产采用公允价值模式计量,可能需要聘请第三方机构进行价格评估,并将公允价值的获取途径和方法及其增减变动情况等相关信息在年报中进行详细地披露,这都会使得百花村地产的审计成本以及评估成本提高,在一定程度上增加企业的费用。

(3) 公允价值随意性强,容易导致企业操纵利润。公允价值计量在我国应用的时间还不长,有许多方面都还有待完善。公允价值是参与交易的双方对市场价值的一种判断,也就是公允价值的测量和评估具有一定的主观性,也就给人为操纵公允价值提供了便利。如果上市公司对其投资性房地产选择公允价值模式进行后续计量,则企业的利润存在可操纵的空间,在巨大的利益诱惑面前,总有企业会为了谋取利益而违背法律法规的规定,出现徇私舞弊的行为,使公允价值变成企业操作利润的工具。

2. (1) 进一步完善房地产市场。在我国目前的房地产市场中,应该利用网络建立起一个完善的房地产市场信息数据库以及第三方交流平台,及时发布投资性房地产的评估信息,以便各上市公司了解市场信息,也为各公司采用公允价值计量提供较为可靠的数据,改善目前信息不对称的状况,这样不仅可以提升房地产市场交易的透明度和公正性,还可以在确定公允价值的过程中为公司节省时间和成本,提高效率。

（2）建立健全会计准则体系和法律制度。首先,要从我国房地产市场的具体情况出发,进一步完善相关的准则体系,要充分考虑到其在实际中的操作难度,从而为解决实际问题提供真实有效的办法;其次,还要对准则进行修改和补充,防止有人利用准则不完善的地方来牟取不合法的利益。同时,要进一步健全有关的法律制度,加强对投资性房地产法治环境的建设,加大执法力度,对损害市场公平的行为要严格查处,加大企业和相关从业人员的违法成本,保证房地产市场的正常运行。

第九章　资　产　减　值

一、判断题

1. ✕　2. ✓　3. ✓　4. ✓　5. ✕　6. ✓　7. ✕　8. ✓　9. ✓　10. ✕　11. ✓
12. ✕

判断题解析

二、单项选择题

1. B　2. D　3. D　4. B　5. A　6. C　7. D　8. C　9. D　10. C　11. D　12. B
13. A　14. C　15. C　16. D　17. B　18. B

单项选择题解析

三、多项选择题

1. ABD　2. ABCD　3. AB　4. AB　5. BD　6. ABCD　7. ACD　8. ABD
9. BD　10. AB

多项选择题解析

四、计算分析题

1.（1）计算固定资产的账面价值：

该资产的账面价值 = 原值 − 累计折旧 − 计提的减值准备 = 3 000 − 800 − 200 = 2 000(万元)

（2）计算资产的可收回金额：

公允价值减去处置费用后的净额为 1 800 万元；

预计未来现金流量现值 = $600 \div (1 + 5\%) + 550 \div (1 + 5\%)^2 + 400 \div (1 + 5\%)^3 + 320 \div (1 + 5\%)^4 + 180 \div (1 + 5\%)^5 = 1\,820.13$(万元)

所以该资产的可收回金额为 1 820.13 万元，低于该资产的账面价值 2 000 万元，即甲设备发生了减值。

（3）应该计提的资产减值准备 = 2 000 − 1 820.13 = 179.87(万元)。

借：资产减值损失　　　　　　　　　　　　　　　179.87

　　贷：固定资产减值准备　　　　　　　　　　　　179.87

2. C 分公司资产组的账面价值为 520 万元，可收回金额为 490 万元，发生减值损失 30 万元。C 分公司资产组中的减值金额先冲减商誉 20 万元，余下的 10 万元分配给甲设备、乙设备和无形资产。

甲设备应承担的减值损失 = $10 \times 250 + (250 + 150 + 100) = 5$(万元)

乙设备应承担的减值损失 = $10 \times 150 + (250 + 150 + 100) = 3$(万元)

无形资产应承担的减值损失 = $10 \times 100 + (250 + 150 + 100) = 2$(万元)

相关会计分录为：

借：资产减值损失　　　　　　　　　　　　　　　30

　　贷：商誉减值准备　　　　　　　　　　　　　　20

　　　　固定资产减值准备——甲设备　　　　　　　5

　　　　　　　　　　　　　——乙设备　　　　　　3

　　　　无形资产减值准备　　　　　　　　　　　　2

3.（1）2021 年 9 月 5 日，进行固定资产改扩建：

借：在建工程　　　　　　　　　　　　　　　　1 400

　　累计折旧　　　　　　　　　　　　　　　　　400

　　固定资产减值准备　　　　　　　　　　　　　200

　　贷：固定资产　　　　　　　　　　　　　　　2 000

借：在建工程　　　　　　　　　　　　　　　　　600

　　贷：工程物资　　　　　　　　　　　　　　　　300

　　　　原材料　　　　　　　　　　　　　　　　　100

　　　　应交税费——应交增值税（进项税额转出）　 13

　　　　应付职工薪酬　　　　　　　　　　　　　　150

　　　　银行存款　　　　　　　　　　　　　　　　 37

（2）改建后固定资产的入账价值 = 1 400 + 600 = 2 000(万元)

（3）2022 年该项固定资产应计提的折旧额 = (2 000 − 100) ÷ 10 = 190(万元)

借:制造费用　　　　　　　　　　　　　　　　　　　　　　　　190

　　贷:累计折旧　　　　　　　　　　　　　　　　　　　　　　190

（4）2022年12月31日应计提的减值准备前的固定资产的账面价值＝2 000－190＝1 810(万元)；可收回金额为1 693万元。该项固定资产应计提的减值准备金额＝1 810－1 693＝117(万元)

借:资产减值损失　　　　　　　　　　　　　　　　　　　　　117

　　贷:固定资产减值准备　　　　　　　　　　　　　　　　　　117

（5）2023年该项固定资产应计提的折旧额＝(1 693－100)÷9＝177(万元)

借:制造费用　　　　　　　　　　　　　　　　　　　　　　　177

　　贷:累计折旧　　　　　　　　　　　　　　　　　　　　　177

（6）2023年12月31日，应计提的减值准备前的固定资产的账面价值＝1 693－177＝1 516(万元)，可收回金额为1 600万元，不能转回以前年度计提的减值准备。

（7）2024年计提折旧＝(1 516－100)÷8＝177(万元)

借:制造费用　　　　　　　　　　　　　　　　　　　　　　　177

　　贷:累计折旧　　　　　　　　　　　　　　　　　　　　　177

五、案例分析

1.（1）加强监管，加大惩治力度。对于獐子岛公司这样进行巨额财务造假，不仅给投资者带来损失，而且影响金融市场平稳运行。虽然我国目前关于信息披露的法律条例较为完善，但是像獐子岛公司这样的农业企业，受自然因素影响较大，生产经营具有很大的不确定性，也容易有一些操作空间，更应该完善地进行信息披露。新的《证券法》于2020年3月1日起开始执行，新法对财务报表需要披露的信息提出了更高的要求，对财务信息造假的处罚金额相对于原来的证券法更大，责罚的人员范围也更广，能起到的规范作用更明显。此外，各个行业都有各自的特点，监管机构可以对不同行业制定不同标准和要求，将法则的作用落到实处。

（2）企业要建立风险导向的内部控制体系。企业自身遵守法律法规、按照准则要求正确地编制财务报表并向外披露信息是杜绝财务造假的根本方法。同时，企业需要加强内部控制，筑牢监控防线，及时地进行风险预警，贯彻落实内部控制制度并不断完善，真正发挥独立董事的作用，注重对企业的监管与治理。如果公司治理结构不合理科学，就可能出现内部人控制现象，导致内部控制的功能大大削弱。

因为渔业生产周期长、投资大、收效慢、市场风险、自然灾害频发，易导致经营陷入困境。如果企业没有以风险为导向的内部控制制度安排，要想长远科学发展是不现实的。因此，首先，应建立风险导向的公司内部控制体系，明确各职能部门在风险管理中的职责；其次，应根据企业经营风险的特征，构建预警系统和量化风险指标体系，对风险进行量化管理。此外，风险管理部门应及时向决策层发出警示，以提前准备采取应对措施。

2. (1) 加强政府监管与支持力度。由于外部环境具有很强的不确定性,因此需要借助政府的力量进行调节。根据农业类上市公司的特殊性,制定相对应的会计审计准则,加大对其监管力度,保证财务数据的真实性。同时完善气象灾害监测系统,为农业企业提供有效的灾害预警信息。

(2) 制定稳健的企业发展战略。由于农业投资周期长,存货资金占用较大,而多数农业上市企业选择多元化战略,最后出现"背农"经营情况,导致主营业务资金短缺不得不大规模举债经营。企业通过多元化战略进行扩张时,企业高层管理者必须保障主营业务的稳定发展,合理调配多元化的比例。多元化战略应与企业的财务状况相结合,合理配置资源,时刻警惕可能出现的财务危机,防止企业因过度的多元化发展导致企业出现资金断流,甚至产生财务危机。

(3) 提升公司的经营管理水平。大部分农业上市公司是家族企业或集体企业,是在政府的扶持下成立起来的,发展较为缓慢,公司治理结构有别于一般的公司。所以企业要完善董事制度,使公司的内部控制制度更加有效地施行,同时加强对企业高管人员的监督,营造好的企业文化氛围。

第十章 负 债

一、判断题

1. ✗ 2. ✓ 3. ✗ 4. ✓ 5. ✗ 6. ✓ 7. ✓ 8. ✗ 9. ✓ 10. ✓ 11. ✗
12. ✗ 13. ✓ 14. ✓ 15. ✓

判断题解析

二、单项选择题

1. C 2. B 3. A 4. B 5. D 6. A 7. B 8. B 9. B 10. C 11. B 12. A
13. D 14. B 15. A

单项选择题解析

三、多项选择题

1. ABC 2. ACD 3. ABCD 4. ABCD 5. ABCD 6. AB 7. ACD 8. ACD
9. ABD 10. BCD

四、计算分析题

1.（1）借：在途物资　　　　　　　　　　　　　　　　　　　　120 000
　　　　　应交税费——应交增值税（进项税额）　　　　　15 600
　　　　　　贷：银行存款　　　　　　　　　　　　　　　　135 600

（2）借：原材料　　　　　　　　　　　　　　　　　　　　　125 000
　　　　　应交税费——应交增值税（进项税额）　　　　　　　450
　　　　　　贷：银行存款　　　　　　　　　　　　　　　　　5 450
　　　　　　　　在途物资　　　　　　　　　　　　　　　　120 000

（3）借：固定资产　　　　　　　　　　　　　　　　　　　　30 000
　　　　　应交税费——应交增值税（进项税额）　　　　　　3 900
　　　　　　贷：应付账款　　　　　　　　　　　　　　　　33 900

（4）进项税额 = 购买价款 × 扣除率 = 200 000 × 9% = 18 000（元）
　　借：在途物资　　　　　　　　　　　　　　　　　　　　182 000
　　　　应交税费——应交增值税（进项税额）　　　　　　18 000
　　　　　贷：银行存款　　　　　　　　　　　　　　　　200 000

（5）借：管理费用　　　　　　　　　　　　　　　　　　　　20 000
　　　　　应交税费——应交增值税（进项税额）　　　　　　2 600
　　　　　　贷：银行存款　　　　　　　　　　　　　　　　22 600

（6）借：固定资产　　　　　　　　　　　　　　　　　　1 500 000
　　　　　应交税费——应交增值税（进项税额）　　　　135 000
　　　　　　贷：银行存款　　　　　　　　　　　　　1 635 000

2.（1）借：待处理财产损溢——待处理流动资产损溢　　　22 600
　　　　　　贷：原材料　　　　　　　　　　　　　　　　20 000
　　　　　　　　应交税费——应交增值税（进项税额转出）　2 600

（2）借：应付职工薪酬——职工福利费　　　　　　　　　67 800
　　　　　　贷：原材料　　　　　　　　　　　　　　　　60 000
　　　　　　　　应交税费——应交增值税（进项税额转出）　7 800

3.（1）购入空调扇时：
借：库存商品——空调扇　　　　　　　　　　　　　　　150 000
　　应交税费——待认证进项税额　　　　　　　　　　　19 500
　　　贷：银行存款　　　　　　　　　　　　　　　　　169 500

（2）经税务机关认证不可抵扣进项税时：

借:应交税费——应交增值税(进项税额)　　　　　　　19 500
　　贷:应交税费——待认证进项税额　　　　　　　　　　　　　19 500

同时:

借:库存商品——空调扇　　　　　　　　　　　　　　19 500
　　贷:应交税费——应交增值税(进项税额转出)　　　　　　　19 500

(3) 实际发放空调扇时:

借:应付职工薪酬——非货币性福利　　　　　　　　　169 500
　　贷:库存商品——空调扇　　　　　　　　　　　　　　　　169 500

4. (1) 借:应收账款　　　　　　　　　　　　　　　　3 390 000
　　　　贷:主营业务收入　　　　　　　　　　　　　　　3 000 000
　　　　　应交税费——应交增值税(销项税额)　　　　　 390 000

(2) 借:银行存款　　　　　　　　　　　　　　　　　　45 200
　　　　贷:主营业务收入　　　　　　　　　　　　　　　　 40 000
　　　　　应交税费——应交增值税(销项税额)　　　　　　 5 200

5. (1) 借:营业外支出　　　　　　　　　　　　　　　　232 500
　　　　贷:库存商品　　　　　　　　　　　　　　　　　 200 000
　　　　　应交税费——应交增值税(销项税额)　　　　　　32 500

(2) 借:长期股权投资　　　　　　　　　　　　　　　　847 500
　　　　贷:其他业务收入　　　　　　　　　　　　　　　 750 000
　　　　　应交税费——应交增值税(销项税额)　　　　　　97 500

同时:

借:其他业务成本　　　　　　　　　　　　　　　　　600 000
　　贷:原材料　　　　　　　　　　　　　　　　　　　　 600 000

6. (1) 购进货物时:

借:原材料　　　　　　　　　　　　　　　　　　　1 130 000
　　贷:应付票据　　　　　　　　　　　　　　　　　　1 130 000

(2) 销售货物时:

不含税价格 = 900 000/(1 + 3%) = 873 786(元)

应交增值税 = 873 786 × 3% = 26 214(元)

借:应收账款　　　　　　　　　　　　　　　　　　 900 000
　　贷:主营业务收入　　　　　　　　　　　　　　　　 873 786
　　　　应交税费——应交增值税　　　　　　　　　　　　26 214

7. (1) 材料入库时:

借:原材料　　　　　　　　　　　　　　　　　　　1 200 000
　　应交税费——应交增值税(进项税额)　　　　　　 156 000
　　贷:银行存款　　　　　　　　　　　　　　　　　　1 356 000

（2）用于发放职工福利时：

借：应付职工薪酬 1 356 000
　　贷：应交税费——应交增值税（进项税额转出） 156 000
　　　　原材料 1 200 000

8.（1）如果委托方云山公司收回加工后的材料用于继续生产应税消费品：

借：委托加工物资 200 000
　　贷：原材料 200 000

借：委托加工物资 50 000
　　应交税费——应交消费税 5 000
　　贷：应付账款 55 000

借：原材料 250 000
　　贷：委托加工物资 250 000

（2）如果云山公司收回加工后的材料直接用于销售：

借：委托加工物资 200 000
　　贷：原材料 200 000

借：委托加工物资 55 000
　　贷：应付账款 55 000

借：原材料 255 000
　　贷：委托加工物资 255 000

9. 注：会计分录中的金额单位为"万元"。

（1）不考虑发行费用的情况下，负债成分的公允价值 = 100 000 × 1.5 % × 0.943 4 + 100 000 × 2 % × 0.890 0 + 100 000 × (1 + 2.5 %) × 0.839 6 = 89 254.1（万元），权益成分的公允价值 = 100 000 − 89 254.1 = 10 745.9（万元）。

（2）负债成分应分摊的发行费用 = 1 600 × 89 254.1/100 000 = 1 428.07（万元）；权益成分应分摊的发行费用 = 1 600 − 1 428.07 = 171.93（万元）。

（3）借：银行存款 （100 000 − 1 600)98 400
　　　　应付债券——可转换公司债券（利息调整）
　　　　　[100 000 − (89 254.1 − 1 428.07)]12 173.97
　　　　贷：应付债券——可转换公司债券（面值） 100 000
　　　　　　其他权益工具 （10 745.9 − 171.93)10 573.97

（4）2023 年 12 月 31 日，该可转换公司债券的摊余成本 = (100 000 − 12 173.97) × (1 + 6.59 %) − 100 000 × 1.5 % = 92 113.77（万元）。

确认利息费用：

借：在建工程 [(100 000 − 12 173.97) × 6.59 %]5 787.74
　　贷：应付利息 （100 000 × 1.5 %)1 500
　　　　应付债券——可转换公司债券（利息调整） 4 287.74

2024 年 1 月 1 日,支付利息:

借:应付利息   1 500
   贷:银行存款   1 500

(5) 2024 年 6 月 30 日,该可转换公司债券的摊余成本 = 92 113.77 + 92 113.77 × 6.59% ÷ 2 − 100 000 × 2% ÷ 2 = 94 148.92(万元)。

确认利息费用:

借:财务费用   (92 113.77 × 6.59% ÷ 2)3 035.15
   贷:应付利息   (100 000 × 2% ÷ 2)1 000
      应付债券——可转换公司债券(利息调整)   2 035.15

(6) 借:应付债券——可转换公司债券(面值)   100 000
      其他权益工具   10 573.97
      应付利息   1 000
   贷:应付债券——可转换公司债券(利息调整)
                        (12 173.97 − 4 287.74 − 2 035.15)5 851.08
      股本   (100 000 ÷ 10)10 000
      资本公积——股本溢价   95 722.89

五、案例分析

1.(1)忽视主营业务,盲目多元化扩张。海航集团在多元化发展初期,尝试与主营业务相关的多元化经营,并缓慢扩张,集团也因相关多元化发展跻身于"中国四大航空公司"之一。但 2010 年开始,海航开始非相关多元化的扩张,使集团整体商业模式变模糊,企业主营业务的核心竞争力逐渐降低,企业多元化发展策略演变为"仅为扩大规模而扩大",进而爆发资金链紧张的危机,导致企业进入破产重组的程序。

(2)资产负债率高,高杠杆融资,导致流动性不足。海航集团将获得的资金大部分用于跨境投资并购,采用"贷款—收购—质押—再贷款—再收购"模式。据不完全统计,2012 年海航集团跨境投资并购项目达到 45 个,金额达到 500 亿美元左右,存在高杠杆融资。同时,资产负债率长期居高不下,造成企业资金链断裂,出现了流动性风险。

(3)资产处置不当,亏本甩卖严重。海航集团想通过卖资产获得稳定的现金流来偿还债务,却没有在最佳的时间内处理资产,造成资产亏本处理,使得资产负债率不降反升,陷入恶性循环。

2.(1)优先发展主营业务,合理规划多元化经营。企业首先要保证核心业务的稳健发展,将发展重心投入到核心业务当中,增强其核心竞争力,才可进一步发展多元化经营;其次,企业在进入非相关多元化市场时,需要谨慎分析,以免投入过多的资金和成本,削薄主营业务的核心竞争力。

(2)合理使用杠杆,防范财务风险。依靠短期融资偿还长期债款是不可取的,应降低债务融资比例、提升经营业绩等。同时,可以加强资金管理,完善财务内部控制制度,进一步整合公司管理资源,加强组织内部协同合作,规范资本运转。

第十一章　所有者权益

一、判断题

1. √　2. ✕　3. ✕　4. ✕　5. ✕　6. ✕　7. ✕　8. √　9. √　10. √　11. ✕　12. ✕

判断题解析

二、单项选择题

1. C　2. C　3. A　4. B　5. C　6. C　7. C　8. A　9. A　10. C　11. D　12. B　13. A　14. C　15. D　16. C　17. A　18. B　19. B　20. D

单项选择题解析

三、多项选择题

1. ABD　2. ABC　3. ABD　4. ABD　5. ABC　6. AB　7. ABC　8. AB　9. ABCD　10. BC

多项选择题解析

四、计算分析题

1.（1）借:银行存款 　　　　　　　　　　　　　　　　　　　2 000 000
　　　　贷:实收资本 　　　　　　　　　　　　　　　　　　2 000 000
（2）借:固定资产 　　　　　　　　　　　　　　　　　　　1 000 000
　　　　应交税费——应交增值税（进项税额） 　　　　　　130 000
　　　　贷:实收资本 　　　　　　　　　　　　　　　　　　1 130 000
（3）借:交易性金融资产 　　　　　　　　　　　　　　　　870 000
　　　　贷:实收资本 　　　　　　　　　　　　　　　　　　870 000

（4）借：银行存款   1 500 000

   贷：实收资本   1 000 000

     资本公积   500 000

（5）借：资本公积   500 000

     盈余公积   1 500 000

   贷：实收资本   2 000 000

2. 参与累积优先股按 6% 的股利率每年应分派股利 $= 10\,000 \times 6\% = 600$（万元）

2023 年可供股东分配的净利润 $= 360 \times (1 - 10\%) = 324$（万元）

2023 年分派优先股股利 324 万元，分配不足的 276 万元累积到以后年度予以补付。

2024 年可供股东分配的净利润 $= 5\,000 \times (1 - 10\%) = 4\,500$（万元）

2024 年补付 2023 年的优先股股利 276 万元后，可供股东分配的净利润为 4 224 万元，每股股利率为 7.04%（$4\,224 \div 60\,000 \times 100\%$），超过优先股的股利率 6%，按照优先股的条件，可以参与剩余股利的分配，即与普通股的每股股利相同，可分得股利 704 万元（$10\,000 \times 7.04\%$），2024 年优先股股东共分得股利 980 万元（276 + 704）；普通股股利为 3 520 万元（$50\,000 \times 7.04\%$）。

有关股利分配的会计分录如下：

2023 年：

借：利润分配——应付优先股股利   3 240 000

  贷：应付股利——优先股股利   3 240 000

2024 年：

借：利润分配——应付优先股股利   9 800 000

     ——应付普通股股利   35 200 000

  贷：应付股利——优先股股利   9 800 000

     ——普通股股利   35 200 000

3.（1）2021 年 1 月 1 日：

预计支付股份应负担的费用 $= 100 \times 200 \times 18 = 360\,000$（元）

授予日不做账务处理。

（2）2021 年 12 月 31 日：

预计支付股份应负担的费用 $= 100 \times 200 \times (1 - 20\%) \times 18 = 288\,000$（元）

2021 年应负担的费用 $= 288\,000 \times 1/3 = 96\,000$（元）

借：管理费用   96 000

  贷：资本公积——其他资本公积   96 000

（3）2022 年 12 月 31 日：

预计支付股份应负担的费用 $= 100 \times 200 \times (1 - 15\%) \times 18 = 306\,000$（元）

2022 年年末累计应负担的费用 $= 306\,000 \times 2 \div 3 = 204\,000$（元）

2022 年应负担的费用 = 204 000 − 96 000 = 108 000(元)

借:管理费用   108 000

  贷:资本公积——其他资本公积   108 000

(4) 2023 年 12 月 31 日:

实际支付股份应负担的费用 = 100×155×18 = 279 000(元)

2023 年应负担的费用 = 279 000 − 204 000 = 75 000(元)

借:管理费用   75 000

  贷:资本公积——其他资本公积   75 000

(5) 2024 年 1 月 1 日:

向职工发行股票收取价款 = 5×100×155 = 77 500(元)

股本 = 100×155 = 155 000(元)

借:银行存款   77 500

  资本公积——其他资本公积   279 000

  贷:股本   15 500

    资本公积——股本溢价   341 000

4.(1) 2021 年 1 月 1 日,授予日不做处理。

(2) 2021 年 12 月 31 日:

预计支付股份应负担的费用 = 100×(200 − 35)×14 = 231 000(元)

2021 年应负担的费用 = 231 000×1÷3 = 77 000(元)

借:管理费用   77 000

  贷:应付职工薪酬——股份支付   77 000

(3) 2022 年 12 月 31 日:

预计支付股份应负担的费用 = 100×(200 − 40)×15 = 240 000(元)

2022 年年末累计应负担的费用 = 240 000×2÷3 = 160 000(元)

2022 年应负担的费用 = 160 000 − 77 000 = 83 000(元)

借:管理费用   83 000

  贷:应付职工薪酬——股份支付   83 000

(4) 2023 年 12 月 31 日:

预计支付股份应负担的费用 = 100×(200 − 45)×18 = 279 000(元)

2023 年应负担的费用 = 279 000 − 160 000 = 119 000(元)

借:管理费用   119 000

  贷:应付职工薪酬——股份支付   119 000

(5) 2024 年 1 月 1 日:

借:应付职工薪酬——股份支付   279 000

  贷:银行存款   279 000

5.(1) 2021 年 1 月 1 日,回购股票:

| 借:库存股 | 400 000 | |
| 贷:银行存款 | | 400 000 |

（2）2024年1月1日，职工行权：

向职工发行股票收取价款=5×100×155=77 500（元）

借:银行存款	77 000	
资本公积——其他资本公积	279 000	
贷:库存股		310 000
资本公积——股本溢价		46 000

（3）出售剩余股票：

收取价款=25×20 000×45÷200=112 500（元）

借:银行存款	112 500	
贷:库存股		90 000
资本公积——股本溢价		22 500

五、案例分析

1.（1）降低股权稀释风险。上市前，小米以权益融资的方式获取资金，其中股权融资方式会稀释创始人团队的股权，难以保障其对企业的实际控制权。经过六轮权益融资后，若在没有采取双重股权结构的同股同权情况下，雷军和林斌的股份仅为44%，虽然仍是最大的股东，但并不能决定公司的普通事项，没有绝对的话语权和决策权，创始人面临对小米实际控制权丧失的风险，企业将来的资金压力也逐步增大。而双重股权结构的股权融资形式带来的同股不同权使得创始人可以以44%的持股比例和获得87%的表决权，确保对企业的实际控制权。

（2）增强筹资能力。由于企业处于初创阶段，对资金需求较高，但企业还没能完全获得投资者的信任，难以获得较多的债权融资。而双重股权结构的股权融资形式减少企业对债权融资的依赖，从而降低还款压力，获取更多融资资金。

2.（1）保障创始人的实际控制权。以双重股权结构上市后，即使创始人所占股权比重降低，但仍然可以通过一股多权的形式持有87%的股权，以绝对优势实现创始人对小米的最终控制权。

（2）防止恶意收购。作为创新型科技类公司，企业快速发展的同时需要大量人力和资金的支持和保障，这也可能会被利用，致使被恶意收购。

（3）提升企业价值。企业发展方向和目标需要长远规划和及时调整，创始人在运营企业的同时有明确的企业运营方向，在双重股权制度下，有较大优势将较多地关注于企业的长期效益和企业价值目标，防止股权和资金压力对其造成的影响。

第十二章　收入、费用与利润

一、判断题

1. ×　2. √　3. √　4. ×　5. ×　6. √　7. √　8. ×　9. ×　10. √

判断题解析

二、单项选择题

1. D   2. B   3. D   4. B   5. C   6. B   7. C   8. C   9. C   10. C   11. C   12. C
13. D   14. A   15. A   16. A   17. C   18. C   19. C   20. D   21. C

单项选择题解析

三、多项选择题

1. ACD   2. ABCD   3. ABD   4. ABCD   5. ABC   6. ABC   7. ABD   8. ABD
9. ACD   10. ABC

多项选择题解析

四、计算分析题

1.（1）借:银行存款　　　　　　　　　　　　　360 000
　　　　贷:其他业务收入　　　　　　　　　　　　　360 000
（2）借:银行存款　　　　　　　　　　　　　　　550
　　　　贷:其他业务收入　　　　　　　　　　　　　　550
　　借:其他业务成本　　　　　　　　　　　　　　　50
　　　　贷:银行存款　　　　　　　　　　　　　　　　50
（3）借:营业外支出　　　　　　　　　　　　　1 400
　　　　贷:银行存款　　　　　　　　　　　　　　　1 400
（4）借:待处理财产损溢　　　　　　　　　　35 000
　　　　贷:库存商品　　　　　　　　　　　　　　35 000
　　借:其他应收款　　　　　　　　　　　　　26 250
　　　　营业外支出　　　　　　　　　　　　　8 750
　　　　贷:待处理财产损溢　　　　　　　　　　　35 000
2.（1）2024 年 3 月 31 日,收到客户预付的全部价款:
借:银行存款　　　　　　　　　　　　　　4 800 000
　　贷:预收账款　　　　　　　　　　　　　　　4 800 000

(2) 2024 年 6 月 30 日,云山公司交付软件且客户可以正常使用:

确认收入:

借:预收账款   3 840 000

  贷:主营业务收入   3 840 000

确认成本:

借:主营业务成本   3 000 000

  贷:库存商品   3 000 000

(3) 2024 年 7 月 31 日,确认当月技术服务收入 80 000 元(960 000÷12):

确认收入:

借:预收账款   80 000

  贷:主营业务收入   80 000

确认成本:

借:主营业务成本   50 000

  贷:应付职工薪酬   50 000

以后月份确认技术服务收入以此类推。

3. 借:利润分配——提取法定盈余公积   980 000

   ——提取任意盈余公积   490 000

   ——应付股利   300 000

   ——转作股本股利   2 500 000

  贷:盈余公积——法定盈余公积   980 000

     ——任意盈余公积   490 000

   应付股利   300 000

   股本   2 500 000

借:利润分配——未分配利润   4 270 000

  贷:利润分配——提取法定盈余公积   980 000

     ——提取任意盈余公积   490 000

     ——应付股利   300 000

     ——转作股本股利   2 500 000

4. (1) 2024 年 1 月 1 日,发出 A 产品:

借:应收账款   11 300 000

  贷:主营业务收入   9 000 000

   预计负债   1 000 000

   应交税费——应交增值税(销项税额)   1 300 000

借:主营业务成本   7 200 000

  应收退货成本   800 000

  贷:库存商品   8 000 000

（2）2月1日,收到乙公司支付的货款:

借:银行存款　　　　　　　　　　　　　　　　　11 300 000

　　贷:应收账款　　　　　　　　　　　　　　　　　11 300 000

（3）5月10日,乙公司发生退货600件。(实际发生退货600件小于预计发生退货1 000件):

借:预计负债　　　　　　　　　　　(1 000/10 000×600)600 000

　　应交税费——应交增值税(销项税额)

　　　　　　　　　　　　　　　　　(130/10 000×600)78 000

　　贷:银行存款　　　　　　　　　　　　　(60+7.8)678 000

借:库存商品　　　　　　　　　　　　　　　　　480 000

　　贷:应收退货成本　　　　　　　　(800/10 000×600)480 000

（4）6月30日,乙公司又发生退货500件(实际共发生退货1 100件,大于预计退货1 000件,需冲减110件产品的营业收入和营业成本):

借:预计负债　　　　　　　　　　　　　(100-60)400 000

　　主营业务收入　　　　　　　　　(1 000/10 000×100)100 000

　　应交税费——应交增值税(销项税额)

　　　　　　　　　　　　　　　　　(130/10 000×500)65 000

　　贷:银行存款　　　　　　　　　　　　　　　　　565 000

借:库存商品　　　　　　　　　　　(800/10 000×500)400 000

　　贷:应收退货成本　　　　　　　　　　　(80-48)320 000

　　　主营业务成本　　　　　　　　(800/10 000×100)80 000

五、案例分析

1. 收入的五步法模型包括:前提——识别与客户订立的合同;基础——识别合同中的单项履约义务;关键——确定交易价格;核心——将交易价格分摊至各单项履约义务;判断——履行各单项履约义务时确认收入。其中第一步、第二步和第五步主要与收入的确认有关,第三步和第四步主要与收入的计量有关。

新旧收入准则的主要差异:修订后的收入准则采用统一的收入确认模型来规范所有与客户之间的合同产生的收入,并且就"在一段时间内"还是"在某一时点"确认收入提供具体指引。以控制权转移替代风险报酬转移作为收入确认时点的判断标准。旧收入准则要求区分销售商品收入和提供劳务收入,并且强调在将商品所有权上的主要风险和报酬转移给购买方时确认销售商品收入,实务中有时难以判断。修订后的收入准则打破商品和劳务的界限,要求企业在履行合同中的履约义务,即客户取得相关商品(或服务)控制权时确认收入,从而能够更加科学合理地反映企业的收入确认过程。

传统行业实物商品转移给客户之后,公司通常就不再具有后续义务,商品的风险和报酬同时转移,所以应当在商品销售的时点确认收入;但网游行业的虚拟商品出售给玩家之后,公司仍具有后续义务,需要为玩家提供使用道具的虚拟环境,直到虚拟道具失效。也就是玩家购买虚拟道具时,虚拟道具的风险并没有转移,玩家此时只是拥有虚拟道具的使用权,恺英网络还没有为玩家提供虚拟产品所包含的服务,因此在销售时点确认收入的做法实质上提前确认了收入。

第十三章 财 务 报 表

一、判断题

1. √ 2. × 3. × 4. × 5. √ 6. √ 7. √ 8. × 9. × 10. √ 11. ×
12. √

判断题解析

二、单项选择题

1. A 2. A 3. C 4. C 5. C 6. A 7. B 8. D 9. C 10. A 11. B 12. A
13. A 14. A 15. B 16. C 17. D 18. A 19. B 20. C

单项选择题解析

三、多项选择题

1. ABD 2. ABCD 3. BD 4. ABC 5. AD 6. BCD 7. ABD 8. CD
9. AD

多项选择题解析

四、计算分析题

1. 销售商品、提供劳务收到的现金 = 840 000 + 109 200 + 64 800 + 113 000 − 3 000 = 1 124 000(元)

2. 营业利润 = 2 000 − 840 − 30 − 100 − 34 + 170 − 220 + 120 = 1 066(元)

利润总额 = 1 066 + 70 − 25 = 1 111(元)

3. 分配股利、利润或偿付利息的现金 = (170 - 45) + (60 - 0) = 185(万元)

4. 支付其他与经营活动有关的现金 = 4 200 - 1 260 - 19 - 870 - 600 = 1 451(万元)

5.

编制单位：云山公司　　　　　　　　2024 年 12 月 31 日　　　　　　　　单位：万元

资　　产	年初数	年末数	负债和所有者权益	年初数	年末数
应收账款	720	2 412	应付账款	800	300
预付款项	200	100	预收款项	230	430
存　　货	590	2 890			

五、案例分析

1.（1）成本投入增加。顺丰一直以速运闻名，有专用飞机提供时效件运送服务，这使得其成本大幅提高，与其他物流相关的固定资产成本也一直居高不下。2020年，顺丰公司加大了中转场自动化建设和对场地设备等固定资产的投入，导致折旧费用增加，同时对业务线路的改进调整也增加了成本。而随着公司市场业务量增加，人力资源的需求也在增加，顺丰在人力资源方面加大了投入力度。从报表来看，2020年顺丰支付给职工的工资为 239 亿元，行业平均为 73 亿元，而近十年来公司每年平均工资为 97 亿元，远高于行业平均工资 32 亿元，职工工资占据了大部分成本开销。

（2）利润减少。随着快递行业营业成本增加，管理费用不断上升已成为普遍现象，各个快递企业依然选择以低价策略来竞争客户，这使得各家企业净利润率都呈现较低的状态。新加入的竞争企业也利用更低价吸引市场，导致公司业务量增长速度减缓。从 2012 年起，国家便开始试点电子发票，2021 年进一步推广电子发票的试点运行。发票电子化也使得时效件业务较往年收入占比减少。作为顺丰优势的时效件业务占比逐年降低，而经济件占比居然逐年增加，但是定价并不高，因此也一定程度影响了公司的毛利率水平。

（3）扩展业务速度。随着业务量上升，公司开始加大运输能力的建设力度，加强了对中转场地的建设及物流线路资源调整，招聘大量快递运送人员。截至 2020 年末，顺丰拥有 185 个快运中转场，约 1 500 个快运集配站。但无论是场地建设还是对新员工的招聘培训都需要时间，如果建设的速度赶不上业务量增加的速度，就会导致企业无法获得足够的收益。为扩展业务购买大量设备和技术以及场地，都导致了成本上涨，减少了现金流。

2.（1）控制成本。随着大数据、智能化和物联网等新型技术的崛起，公司可以利用信息技术精简组织结构，减少营销费用。采取全程供应链的模式，缩短客户需求响应期，减少库存成本。在线路运送方面，使用网络进行物流规划，找出质量和成本之间的最优解，使用信息技术来提高物流运送效率和服务质量，减少相向运输、迂回运输等导致成本增加的现象。在人员方面,加强对员工培训和员工能力的培养,同时提高人员管理水平与管理效率。

（2）发展多种业务,提高利润率。商务件指的是企业之间（B2B）的文件或者工商业快递;客单价较高,相对于靠规模取胜的电商件,商务件毛利率更高。除了在传统快递业务方面发展,也可以尝试拓展其他业务,如冷运、医药、生鲜运送等,利用顺丰快速运送的优势,占领市场份额,进而增加收入。利用顺丰拥有的配送一体综合性高标准冷库和车载温控实时监控系统进行运输,以提高盈利。

（3）注意业务扩展速度。根据顺丰财报,公司正处于新业务拓展关键期,为扩大市场份额,打造长期核心竞争力,公司要继续加大新业务的前置投入,包括快运、丰网、同城急送、仓网的网络建设。因此,在加强运输能力建设的同时,顺丰公司还需注重影响经营收入的因素,以及业务扩展速度大幅提升导致的营业网点及服务质量问题。

第十四章　会计政策、会计估计变更与差错更正

一、判断题

1. √　2. ×　3. ×　4. √　5. ×　6. ×　7. ×　8. √　9. √　10. √

判断题解析

二、单项选择题

1. A　2. A　3. C　4. C　5. A　6. A　7. C　8. B　9. C　10. D　11. A　12. B　13. C　14. D　15. A　16. C　17. C　18. B　19. A

单项选择题解析

三、多项选择题

1. BC　2. BC　3. BCD　4. ABC　5. AB　6. AC　7. ABCD　8. ABD　9. AB　10. ABCD

多项选择题解析

四、计算分析题

1.（1）公司应于发现时进行更正,会计分录为:

借:周转材料 　　　　　　　　　　　　　　　29 000

　　贷:固定资产 　　　　　　　　　　　　　　　29 000

借:累计折旧 　　　　　　　　　　　　　　　2 900

　　贷:管理费用 　　　　　　　　　　　　　　　2 900

（2）公司在发现该项会计差错时,应补提固定资产折旧,会计分录为:

借:管理费用 　　　　　　　　　　　　　　　18 000

　　贷:累计折旧 　　　　　　　　　　　　　　　18 000

（3）因为属于不重要的会计差错,所以直接记入本期有关项目,会计分录为:

借:管理费用 　　　　　　　　　　　　　　　2 400

　　贷:累计折旧 　　　　　　　　　　　　　　　2 400

（4）因为属于不重要的会计差错,所以直接记入本期有关项目,会计分录为:

借:管理费用 　　　　　　　　　　　　　　　5 000

　　贷:应付职工薪酬 　　　　　　　　　　　　　　　5 000

（5）因发现的是当期差错,发现时在当期更正此项差错的会计分录为:

借:制造费用 　　　　　　　　　　　　　　　12 000

　　贷:管理费用 　　　　　　　　　　　　　　　12 000

2.（1）云山公司 2024 年度应计提的设备的折旧额 = (4 800 - 1 200) × 5 ÷ 15 = 1 200(万元)

（2）按照变更后的会计政策:

2022 年专利权摊余价值 = 3 200 - 3 200 ÷ 16 = 3 000(万元)

2022 年应计提的减值准备 = 3 000 - 2 100 = 900(万元)

2023 年应摊销专利权价值 = 2 100 ÷ 15 = 140(万元)

2023 年应计提的减值准备 = (2 100 - 140) - 1 800 = 160(万元)

2024 年应摊销专利权价值 = 1 800 ÷ 14 = 128.57(万元)

（3）按新的会计政策追溯调整:2024 年 1 月 1 日无形资产的账面价值 = 3 200 - 900 - 200 - 140 - 160 = 1 800(万元)

2024 年 1 月 1 日无形资产的计税基础 = 3 200 - 200 × 2 = 2 800(万元)

累计产生的可抵扣暂时性差异 = 2 800 - 1 800 = 1 000(万元)

编制与会计政策变更相关的会计分录:

借:利润分配——未分配利润 　　　　　　　　　　　　　7 500 000

　　递延所得税资产 　　　　　　　　　　　　　2 500 000

　　累计摊销 　　　　　　　　　　　　　600 000

　　贷:无形资产减值准备 　　　　　　　　　　　　　10 600 000

借:盈余公积 　　　　　　　　　　　　　1 125 000

　　贷:利润分配——未分配利润 　　　　　　　　　　　　　1 125 000

五、案例分析

1. 浪奇能够利用会计变更进行财务造假的原因在于：

（1）会计人员素质低，缺少应有的职业道德。会计人员的专业知识和素质太低，易混淆会计政策和会计估计的内容与原则，因无知导致会计造假。然而，更多的是会计人员私欲膨胀，在利益驱动下做出舞弊行为。

（2）内部约束机制不健全。一旦企业的内控制度存在漏洞或缺陷，就难以防范或者发现舞弊，因此会给舞弊者编造虚假会计信息提供机会。另外，企业内控制度不健全，董事会、监事会、经理层之间没能做到相互制约、相互协调的监督和被监督关系，导致企业受大股东的影响，从而为保全上市资格和保证股东利益等原因进行会计舞弊。

（3）注册会计师、会计事务所未能充分发挥其作用。审计的公司与事务所之间有着利益关系，这就使会计事务所处于很被动的地位，甚至可能会有事务所为了获得不正当的利益与企业相勾结，帮助企业粉饰报表欺骗广大投资者。

2. 浪奇公司利用会计变更进行财务造假带来的启示：

（1）完善会计规范体系。会计政策变更由于现在企业会计准则所赋予了企业更加足够的自由选择的空间，导致企业会计行为具有灵活性，可以依据会计人员的执业判断向公司有利的方面进行会计处理。因此，需要针对上市企业的实际情况，制定更加严格精准的会计准则，防止漏洞扩大，影响资本市场的有效运行。

（2）完善公司内部控制制度。要优化公司组织架构，优化决策机制。切实发挥组织架构在内部控制制度中的作用，建立高效、科学的组织架构。企业内部要实施职权分离，建立健全公司内部决策制度，保障管理层的权力，坚持集体决策制度。同时提升公司内部审计作用，巩固内部审计地位、保障审计人员权威性，明确内部审计责任，创造良好的内部审计环境，打造内部审计长效机制。

（3）强化注册会计师独立审计。独立审计在现代公司治理中有着不可取代的地位。通过对第三方独立性的保护，为投资者、监管部门和社会公众提高信息质量，进而提升公司治理水平、完善治理结构。因此，一方面，要持续提升注册会计师的职业能力，开展定期和不定期人员培训；另一方面，应该加强审计师职业道德教育，强化职业观念对审计独立性的建立有巨大作用。

主要参考文献

[1] 袁梅.基于金正大财务造假案的商业伦理与会计职业道德分析[J].会计师，2022(08)：38—40.

[2] 王晶晶，施宇轩，高垚.上市公司财务造假分析——来自金正大财务造假案例[J].新会计，2023(02)：33—37.

[3] 谢阿红，徐碧莹.职业道德视角下雅百特财务造假事件的反思与启示[J].中国乡镇企业会计，2019(1)：79—80.

[4] 张文强.基于舞弊风险因子视角下的金正大财务舞弊案例研究[D].大连：东北财经大学，2022.

[5] 侯振亚.浅析如何加强企业货币资金管理[J].现代经济信息，2019(21)：64＋120.

[6] 桂玉敏.企业货币资金内部控制及对策研究[J].纳税，2019，13(36)：288.

[7] 胡恒松，张宇.民营企业债券违约原因及对策研究——以东旭光电为例[J].会计之友，2020(13)：29—36.

[8] 杜雨烟.企业"存贷双高"的成因与财务风险分析——以东旭光电债权违约为例[J].商业会计，2020(11)：27—32.

[9] 李金璐.东旭光电公司债券违约问题研究[D].大连：东北财经大学，2022.

[10] 陈泽艺，李常青，黄忠煌.股权质押、股权激励与大股东资金占用[J].南方金融，2018(03)：23—32.

[11] 季炜然.企业存货管理存在的问题及对策[J].财会学习，2019(15)：183—185.

[12] 刘帆.化工企业存货内部控制问题研究[J].营销界，2019(21)：42—43.

[13] 王丽莉.企业存货管理中存在的问题及对策[J].会计之友，2011(35)：72—73.

[14] 张陆燕.企业存货的内部控制[J].财经问题研究，2016(S1)：74—77.

[15] 齐淑霞.化工公司存货内部控制的研究[J].上海化工，(40)：31—33.

[16] 陈小林.雅戈尔利用金融资产进行盈余管理的案例研究[D].广州：华南理工大学，2015.

[17] 耿建新.金融工具会计端倪的一角冰山——国际9号和我国22号准则之确

认与计量[J].会计研究,2017(4).

[18] 高雷,张杰.公司治理、机构投资者与盈余管理[J].会计研究,2008(09):64—72+96.

[19] 李文耀.公允价值计量与盈余管理动机:来自沪深上市公司的经验证据[J].经济评论,2015(6):118—131.

[20] 吕南,饶盛.以公允价值计量的金融资产分类现状考察[J].财会月刊,2014(1):110—112.

[21] 俞盛新.利用重大影响判断进行盈余管理问题研究——基于A股上市公司2014～2020年的案例[J].财务与会计,2021(04):45—48.

[22] 安小燕.权益法核算长期股权投资股权稀释后对被投资单位仍具有重大影响的情况下的账务处理探讨[J].财会学习,2018(14):145.

[23] 赵辉.股权投资被动稀释会计处理探讨[J].财会通讯,2021(07):98—101.

[24] 刘文英.长期股权投资增减变动的账务处理及思考[J].中国商论,2017(35):123—124.

[25] 黄芳.医药类上市公司舞弊行为分析——以康美药业、尔康制药为例[J].现代审计与经济,2021(06):44—47.

[26] 冯瑞.识别财务造假手段研究——以尔康制药为例[J].河北企业,2022(08):110—112.

[27] 高荣尚.医药类上市公司财务舞弊风险预警研究[D].昆明:云南财经大学,2021.

[28] 刘洪杰.大股东控制、内部控制缺陷与"隧道挖掘"效应研究[D].长春:吉林财经大学,2022.

[29] 唐葆君,王翔宇,王彬等.中国新能源汽车行业发展水平分析及展望[J].北京理工大学学报(社会科学版),2019(02):6—11.

[30] 张庆雨.新能源汽车企业品牌价值评估体系研究[D].北京:北京交通大学,2018.

[31] 苑泽明,金宇,王天培.上市公司无形资产评价指数研究——基于创业板上市公司的实证检验[J].会计研究,2015(05):72—79+95.

[32] 张越艳,李显君,孟祥莺等.汽车行业高管薪酬对企业创新能力的影响研究[J].管理评论,2017(06):106—117.

[33] 张驰,刘芳.企业创新研发投入的影响因素探究——以汽车行业上市公司为例[J].中国商论,2022(01):149—151.

[34] 张小有,黄冰冰,周晓盼.上市公司无形资产与企业价值相关性分析[J].会计之友,2016(10):70—72.

[35] 刘永泽,马妍.投资性房地产公允价值计量模式的应用困境与对策[J].当代财经,2011(8):102—109.

[36] 张菊侠.我国投资性房地产应用公允价值计量存在的问题研究——以上市公司为例[J].经济研究导刊,2017(18):67—68.

[37] 企业会计准则第3号——投资性房地产[S].

[38] 熊军,叶建平.关于投资性房地产公允价值模式计量的思考——以深圳中航地产为例[J].财会学习,2010(6):32—34.

[39] 赵佳祺.新疆百花村公允价值计量的投资性房地产案例研究[J].广西质量监督导报,2020(02):62—63.

[40] 孙朦朦.上市公司可转债融资与盈余管理动机的实证分析[J].上海管理科学,209(03):22—29.

[41] 孙艳娜.我国上市公司盈余管理动机研究[J].中国外资,2014(04):125—126.

[42] 王赞智.利用生物资产进行盈余管理的利弊[J].管理观察 2018(33):155—157.

[43] 周夏薇.獐子岛利用资产减值进行盈余管理的研究[D].抚州:东华理工大学,2020.

[44] 高庆寅.农业上市公司财务危机成因与对策研究——以獐子岛事件为例[J].现代商业 2014(32):240—241.

[45] 章琳.水产养殖业消耗性生物资产存货内部控制研究:以"獐子岛"为例[J].财会学习,2014(12):70—72.

[46] 田野.海航折翼:融资渠道骤变一条条债务"绞索"[J].中国石油企业,2022(09):117—119+127.

[47] 关键.好大与喜功者必定疯狂——海航、汇源和富贵鸟败局背后的必然性[J].国际品牌观察,2022(07):68—69.

[48] 黄若云,秦丹.海航集团重组事件对财务管理的启示[J].金融会计,2022(04):25—31.

[49] 胡迎霞.企业多元化经营下财务风险问题研究——以海航集团为例[J].老字号品牌营销,2022(16):115—118.

[50] 谢军,黄莉娟,柯朱颖,曾萍.海航集团内部资本市场有效性研究[J].会计之友,2020(05):125—132.

[51] 罗玲玲.小米采用双重股权结构上市是机遇也是挑战[J].河北企业,2022(07):41—43.

[52] 胡中青.双重股权结构下小米公司财务绩效研究[D].桂林:桂林电子科技大学,2022.

[53] 黄晓丹.小米集团实施双重股权结构的动因及效果分析[D].哈尔滨:黑龙江大学,2022.

[54] 刘柏伟.科创板双重股权结构优化分析——以小米集团为例[J].科技和产

业,2022(05):66—70.

[55] 池昭梅,陈炳均.双重股权结构对企业创始人控制权的影响——以小米集团赴港上市为例[J].财会月刊,2020(09):13—20.

[56] 牛晓童,于培友.双重股权结构对公司治理的影响研究——以小米公司为例[J].商业会计,2019(16):41—43.

[57] 钱润红,雷莹.小米集团实施双重股权结构的分析[J].商业经济,2020,(12):169—171.

[58] 蔡羽轩,张忠慧.现金流量表分析——以顺丰控股股份有限公司为例[J].中国管理信息化,2021(20):38—40.

[59] 胡磊.基于哈佛分析框架的顺丰控股财表分析[D].重庆:重庆大学,2017:26.

[60] 谭雅倩,陈湘州,高玉珍.顺丰控股成本管控及启示[J].中国乡镇企业会计,2020(3):123—125.

[61] 梁晓康.航空货运与快递业的有效合作策略探究[J].现代商业,2021(14):26—28.

[62] 陈莹玉.新冠疫情下苏宁易购现金流管理现状分析[J].商场现代化,2020(16):126—128.

[63] 王玉梅,赵玉.顺丰速运快递业务服务质量研究[J].中国市场,2021(6):163—166.